U0110978

大展好書　好書大展

生活廣場 2

366天 誕生花與誕生石

約翰・路易松岡／著

林 碧 清／譯

大展出版社有限公司　出版

品冠文化出版社　發行

目　錄

誕生花與誕生石

　　生日可說是一年當中最特別的日子。從以前，歐美就流傳著代表一年 365 天每天的花與寶石的傳說，生日當天用特定的花與寶石來打扮自己，被視為是一種獲得幸福的有效方法。

　　誕生花與誕生石的由來，可上溯至古希臘羅馬神話時期，那時大自然未受污染，處處碧海、藍天、綠樹，好不美麗，人類承受大自然的恩澤，不管是森林的原野，或僅只是路旁的一朵小花，都教人感受至深。

　　所羅門說：

　　「不管人類如何修飾自己，都敵不過一朵野百合的美麗。」

　　正因如此，花與樹木向來被認為具有神秘力量，具有來自神的訊息。希臘羅馬神話中有花的化身，也有相反地化身為花的眾神，許多誕生花的故事便是從中產生的。

　　而超越人類智慧、帶有神秘光芒的寶石，對當時的人而言，就好像是神的威光及力量。

　　那是一個視太陽、月亮為神的時代，於是，做為天體與星光之結晶的寶石、從星星的世界掉落至人間的殞石……，這些寶石及殞石擁有整頓不協調身心的力量，具有改變人類命運之力。其中，也包含一種寶石，一旦擁有它，就會令人離奇死去。

　　寶石包含著天的意義在內。會招致不祥命運的寶石，現在已經全數收藏在博物館，不再流入他人手中，這個事實，正說明了寶石蘊藏的力量。

　　在希臘羅馬時期，一旦擁有美麗的花或泛著神祕光芒的寶石，第一件事就是把它供奉到神明面前。

　　希臘羅馬時代的人相信，每一天都各有神明掌管，把神、花、寶石結合，做成日曆，就是誕生花和誕生石。

　　這些傳說馬上融入日常生活中。誕生日的花及寶石被視為守護神，不但能讓人獲得幸福與愛，更可帶來財富。

　　本書以此傳說為根本，彙整出 1 年 366 天的誕生花與誕生石。我把國內難以找到的花加以歸類，然而事實上，大部分的花都很容易尋得。

　　要是重要的人生日快到了，不妨打開本書，瞭解一下他的守護神花與寶石，可以當成送禮的指標。也可以事先知道屬於自己的花及寶石，說不定在你生日當天，就收到了這樣的禮物。

　　本書對花與寶石的說明，也可當成引導你走向未來幸福的指針。

　　預先把重要的人之生日詳細記在記事簿裡，可防止忘記。若把本書、花與寶石一起送給對方，更可顯示出你的誠摯之心，相信對方一定會更愉悅地接受你的祝福。

1月1日

側金盞花
花語：招來幸福

♥ 石榴石
寶石語言：真實的愛

〔誕生花占卜〕

因為被稱為裝飾正月的花，故又名為元旦草。在《本草要正》中，記載了126種品種，由此可知它頗受歡迎。經常以盆栽方式出售，一旦花謝之後，可將它移至庭院種植，如此到了隔年便能欣賞到它的美麗。

這天誕生的你，不善與人爭執，經常留意與朋友之間是否和氣，很難與男朋友達到朋友以上的關係。

〔寶石故事〕：石榴石

1月誕生石的寶石語言為「真實的愛」，它的顏色是會讓人聯想到上等紅酒波爾多的深紅色。這是一種紅色光芒會裊裊上升的神秘寶石，古埃及最初把它當作護身符，擁有它就能趨吉避凶，具強大的守護力量。不是在1月出生的人，也會希望擁有這樣一顆寶石。

當天誕生的名人

澤田亞矢子（1949・女演員）　堂本光一（1979・歌手演員）

今天是什麼日子？

中華民國開國紀念日（1912年）

他的生日

你的紀念日

1 2 日

雪花蓮
花語：希望

♥

蛋白石（貓眼石）
寶石語言：得到幸福

〔誕生花占卜〕

得知基督復活的瑪麗亞，將此花滿滿地裝進簍子裡，藉以表達內心的喜悅。若在庭院一角發現楚楚可憐的白花，就知道春天腳步已近了……。

在這天出生的你，具有能吸引他人的特質，也很容易對周遭的人產生依賴感，所以你必須有所自覺，才能靠自己的能力生活。與戀人間保持良好的距離感吧！

〔寶石故事〕：蛋白石(貓眼石)

英國作家沃爾·蘇格小說中的女主角，經常戴著蛋白石（貓眼石），這正象徵了女主角的內心。當女主角幸福時，它就綻放出薔薇色；悲傷時，就成為深藍色。一旦女主角香消玉殞，它便破碎、轉為灰色……。蛋白石（貓眼石）是短暫美麗的寶石，具容易碎裂的性質，一定要小心翼翼地保存。

───── 當天誕生的名人 ─────

伊丹萬作（1900·電影導演）　竹野內豐（1971·演員）

───── 今天是什麼日子？ ─────

名著『英雄傳』出版（1484年）

◆

他的生日

你的紀念日

1月3日

蒜 花　♥ 黃 金

花語：無限的悲哀　　寶石語言：幸福的時刻

〔誕生花占卜〕

在細細長長的莖上，開著一朵圓球般華麗的花朵，細看之下，會發現它是由無數朵小花聚集而成的。它給人的印象就如同煙火一般，華麗且讓人數不清，花期非常長。

在這天出生的你，非常討厭半途而廢，是對任何事都徹底追求的類型。在工作與求學方面求成功；但戀愛方面，則易在不知不覺中失敗，最好稍微彈性地接受對方的弱點與缺點。

〔寶石故事〕：黃金

古代的人相信，相愛的人在前世有一條繩子把他們緊緊圈住，戒指就是繩子的象徵。把戒指套進對方手指的瞬間，更能感受到雙方心意的相通。結婚典禮的高潮，就是在雙方交換黃金戒指的那一剎那。古代只允許身分地位高的人配戴戒指，11世紀以後，戒指才在平民百姓中廣為流傳。

當天誕生的名人

吉田榮作（1969・演員）　柳葉敏郎（1961・演員）

今天是什麼日子？

他的生日

你的紀念日

1│4日

喇叭水仙　♥　雲母（水晶）

花語：呼應愛情　　寶石語言：純粹

〔誕生花占卜〕

〔寶石故事〕：雲母（水晶）

在吹著冷風的早春，已開滿了綻放金黃的花朵。此花因為源於Ｎ・希巴尼克斯種，所以歐洲常可看見自由生長的喇叭水仙。詩人華滋華斯把花比喻為人生的喜悅，因此做了一首詩。

在這天出生的你，生性活潑，經常向自己的目標勇往直前。戀愛方面，是容易陷入自我陶醉型的人。偶爾也讓自己慎重的往前吧！

日本山梨縣的金櫻神社供奉著玉依公主。其神體為直徑18㎝的大水晶球，此乃天地之鏡，據說擁有者能長生不老，且能驅魔、達成願望，是一塊全能的玉。相傳這塊玉一旦轉為灰暗的顏色，就會天崩地裂、發生戰爭，出現震撼國土的災難。

───── 當天誕生的名人 ─────

牛頓（1643・科學家）　克里姆兄（1785・文學家）

竹內力（1964・演員）

───── 今天是什麼日子？ ─────

美國女孩珍・克拉克延續打了155天噴嚏（1966年）

他的生日

你的紀念日

1月5日

歐石南
花語：孤獨

♥ 紅縞瑪瑙
寶石語言：夫婦的幸福

〔誕生花占卜〕

　　別名菲斯。在著名的舞台劇《李爾王》的〈風暴丘陵〉中，裝飾英國丘陵地者，正是這種花。淺桃色的花聚集開滿在樹枝上，是那麼地淒美。

　　在這天出生的你，是不失冷靜判斷力、有理性的人。但戀愛方面，如果不照著自己的想法，便會失去平衡，此為缺點。下次約會，試著溫柔地滿足戀人的願望吧！

〔寶石故事〕：紅縞瑪瑙

　　紅與白的條紋互相交纏融合。據說此石具有將戀人的心合而為一的力量，能悄悄地將男女間的情感熱度提高，終至合為一體。從以前就有鑲了纏絲瑪瑙的印地安小飾物，讓人擺在充滿兩人愛的房間中，你想不想試試？

───── 當天誕生的名人 ─────

宮崎駿（1941・漫畫家）　夏日漱石（1867・作家）

澤松和子（1951・網球名將）

───── 今天是什麼日子？ ─────

公開立體電影（1955年）

◆

他的生日

你的紀念日

1月6日

蝴蝶蘭（粉紅色） ♥ 珍　珠

花語：愛你　　　　　　　　寶石語言：健康、長壽

〔誕生花占卜〕

　　花如其名，給人蝴蝶飛舞的印象，是最能輝映白紗禮服特色的花種之一。男性送此花給女性，意味愛的告白。

　　在這天出生的你，非常重視自己的信念，經常展現自己的行為，絕對需要來自周圍的信賴。即使是談戀愛，也有自己的步調。婚姻運較弱，待失敗一次後，才能真正掌握婚姻幸福的真諦。

〔寶石故事〕：珍珠

　　埃及女王在其頭髮到胸前，滿滿地戴上世界上所有的寶石。其中有一顆號稱世界上最大、最古老的珍珠，讓她十分引以為傲，參加任何盛大宴會，一定會把它裝飾在額頭上。女王辭世後，這顆珍珠就獻給萬神殿的維納斯女神當做飾物，現今下落不明。

――――――當天誕生的名人――――――

卡爾薩度巴克（1878・芝加哥詩人）　休里曼（1822・考古學家）

強納・達克（1412・聖人）

――――――今天是什麼日子？――――――

節入小寒

他的生日

你的紀念日

17日

葉牡丹　　♥　紫　晶

花語：利益　　　　　寶石語言：心的平靜

〔誕生花占卜〕

　　和高麗菜同類，雖不是花，卻是乏於色彩的冬季不可或缺的。被比為牡丹，故亦稱葉牡丹。生於歐洲，江戶時代流傳到日本。

　　在這天出生的你，不懂得放棄，只要是自己經手的事，絕不輕言放棄。常會因自己的任性而僵持不下，故須退後一步，改變自己的立場。

〔寶石故事〕：紫晶

　　希臘神話女神碧姬好戰，只要是她所到之處，戰亂就連綿不絕。天神宙斯得知此事，就送給她世上最美的紫晶。若仔細端詳這塊紫晶，則無論多麼憤怒、多富傲氣，都會像早晨風平浪靜的海一般，消逝無蹤，戴著紫晶的碧姬女神也不例外，她所到之處戰火全消，成為和平女神。

—————— 當天誕生的名人 ——————

森茉莉（1903・作家）　高橋由美子（1974・演藝人員）

—————— 今天是什麼日子？ ——————

他的生日

你的紀念日

1月8日

香雪球
花語：甜蜜的回憶

♥ 珊　瑚
寶石語言：聰明

〔誕生花占卜〕

花形呈噴霧狀散開，油菜科的十字架花，有從深粉紅色到淺粉紅色各種層次的品種，相當受歡迎。

在這天出生的你，有責任心，自我貫徹力強。稍微輕鬆對人較好。約會時可以多營造出一點羅曼蒂克的氣氛。

〔寶石故事〕：珊瑚

深橘色的珊瑚，有將蓄積的能源以最好型態散發出來的效果。心浮氣躁時，可以把它放在身邊，將有助於恢復氣的平衡。若想繼續維持內心的平靜，可把珊瑚磨成粉服用，則體力、氣力會加以提升。據說對於使用聲音工作的人效果更顯著。

──────── 當天誕生的名人 ────────

埃爾比斯・布瑞斯里（1935・歌手）

周恩來（1898・政治家）　大衛・柏伊（1947・音樂家）

──────── 今天是什麼日子？ ────────

他的生日

你的紀念日

1月9日

藏紅花 ♥ 海藍寶

花語：不悔的青春　　　寶石語言：最初的愛

〔誕生花占卜〕

等不及春天到來就綻放。希臘神話中的路克斯愛上牧羊女，但無法與之結合，於是便了斷自己的生命。天神看到這種情形，就把路克斯變成花，讓他每年都能見到牧羊女……。

在這天出生的你，具相當孤僻的傾向，此為缺點。稍微開拓你的視野是很重要的。談戀愛前，要用較為客觀的態度衡量對方。

〔寶石故事〕：海藍寶

乍看之下是藍寶石，但稍微改變一下角度，卻變成透明的水色，為一不可思議的寶石。別名水藍寶石。

據說在歐洲是處女寶石，女孩子初潮來時，雙親、祖母會把此寶石的小配件與祝福一起送給她。

當天誕生的名人

大林宣彥（1938・電影導演）

宗茂・猛（1953・馬拉松選手）

今天是什麼日子？

他的生日

你的紀念日

1 | 10 日

風信子　♥ 鑽　石

花語：心靈平靜的愛　　寶石語言：清淨無垢

〔誕生花占卜〕

受太陽阿波羅寵愛的少年希亞欽托斯，在與阿波羅遊戲時，意外喪命，那時地上血跡處開出的花就是風信子。用水栽培就能開花，可以購買自己喜歡的顏色來栽種。

在這天出生的你，具有能與大人、小孩同處一室的不可思議的魅力。選擇戀人，還是年齡差距大者優先，成功機率較高。

〔寶石故事〕：鑽石

「玉不琢不成器」，鑽石不切割、不研磨，就不過只是一塊石頭罷了，但一經切割，就會自內部綻放出令人頭昏目眩的光芒。

較為普及的多角切割法，是將表面平切，其餘切為58面，故其光芒會朝所有方向放射。

───── 當天誕生的名人 ─────

三遊亭圓歌（1929・喜劇演員）　長門裕之（1934・演員）

───── 今天是什麼日子？ ─────

他的生日

你的紀念日

1|11日

瓜葉菊　♥　孔雀石

花語：元氣　　　　寶石語言：再會

〔誕生花占卜〕

在原產地加那利群島上，開滿的小花瀰漾著明快的氣氛。主要是以盆栽栽種，只要不忘記澆水，就會有頗長的花期。

在這天出生的你，常有避免主控、引人矚目的傾向。你必須稍微有一點自我主張，積極推銷自己。對於長期暗戀的他，必須勇敢告白，才會成功。

〔寶石故事〕：孔雀石

穩定的綠色質地，清楚突顯出深淺的條紋。古埃及常用它來治病，尤其對當時最嚴重的眼病，更具有不可思議的神秘療效。

富裕階級常用孔雀石粉末彩繪眼瞼。現在據說孔雀石亦具趨吉避凶的力量。

———當天誕生的名人———

岡田茉莉子（1933・女演員）　深津繪里（1973・女演員）

黃舒駿（歌手・音樂創作者）

———今天是什麼日子？———

司法節（民35年訂）・中美、中英平等互惠新約成立（1943年）

他的生日

你的紀念日

1|12日

甜薺 ♥ 翡翠

花語：優美　　　寶石語言：幸運

〔誕生花占卜〕

日本名為「薺菜」。小花朵聚集在一起盛開，故經常被用來做為花壇的緣花，有玫瑰紅、深紫、白色等，任何一種看起來都楚楚可憐，盪漾著溫柔的氣氛。

在這天出生的你，具非常溫柔的性格，但這也是導致你失敗的原因。寧願為戀人犧牲，卻反而讓對方感到負擔。你要更明確地擁有自我的主張。

〔寶石故事〕：翡翠

翡翠是象徵東洋神秘的寶石。在中國，它象徵具備了「仁、義、禮、智、信」五德，據說只要擁有翡翠，就能齊聚五德於一身。

從古代中國的王墓中所發掘出來的寶飾品等，也以翡翠居多，即緣於擁有「五德」之說。

———— 當天誕生的名人 ————

三浦朱門（1926‧作家）　澤登正朗（1970‧足球選手）

———— 今天是什麼日子？ ————

台中市政府與關島締盟姐妹市（1973年）

◆

他的生日

你的紀念日

1 |13日

草珊瑚
花語：**富貴**

♥ 貓眼石
寶石語言：**變心**

〔誕生花占卜〕

　　草珊瑚是正月插花不可或缺的花材。開花期在6月左右，是綠色質地的花朵。

　　在這天出生的你，常常是這麼地正直。不誇耀自己固然很好，但還是多少學習一些表達自我的技巧比較好。在所愛的人面前，有必要展現一點演技。

〔寶石故事〕：貓眼石

　　在古埃及，被當成一塊給予洞察、審理事物能力的寶石。國王、高僧在做重大決策時，一定會戴著貓眼石戒指。其亦被認為具發掘潛能的力量，尤其對設計家、廣告撰稿人、從事創造者而言，這塊石頭具支持你的力量。尋找這塊石頭的眼睛，磨練一下自己的創造力吧！

當天誕生的名人

野澤那智（1938．聲樂家）　秋本奈緒美（1963．女演員）

今天是什麼日子？

他的生日

你的紀念日

1│14日

水 仙　　♥黃 玉

花語：驕傲自大　　寶石語言：希望

〔誕生花占卜〕

水仙的英文名為那魯西斯。希臘神話中世上罕見的美貌少年那客索斯違背神旨，把自己的容顏映在水面，結果被水吸進去了。於是水邊開滿了水仙……。

在這天出生的你，具天生令人難以抗拒的魅力，周圍眾人都很喜歡你。但若想得到心儀的人的心，必須採取主動攻勢才行。

〔寶石故事〕：黃玉

在夜色昏暗的星空下靜靜地摩擦，就會隱約綻放光芒。對恐懼黑暗的古代人而言，黃玉的黃金色光芒可驅走黑夜的懼意，由此可知，黃玉被認為具有治療失眠症的效力，每個王公貴族都有將黃玉放置在床邊的習慣。

―――――當天誕生的名人―――――

三島由紀夫（1925・作家）　石田純一（1955・演員）

―――――今天是什麼日子？―――――

他的生日

你的紀念日

1|15日

含羞草 ♥ 血 石

花語：敏感的心　　　　寶石語言：勇敢

〔誕生花占卜〕

用手指輕觸葉子，它就好像受到驚嚇般將葉子閉起，其模樣有如行禮，故得此名。

天保年間傳入日本，為不可思議的植物，風行一時。

在這天出生的你，有如此花般敏感，最適合從事設計方面的工作。跟戀人間的關係，常會擔心是否不夠穩固，殷勤一點吧！

〔寶石故事〕：血石

血石以效果強而有力的「治療石」而聞名。血石正如其名，對消除緊張還有血管疾病效果絕佳，心臟病、高血壓等成人病為其代表，甚至對頭痛、肩膀痠痛也有效。

羅馬時代把此石磨成粉狀服用，現在只需將它帶在身上就有效果。

當天誕生的名人

馬汀·路沙·金克（1929·牧師）　宮崎綠（1958·播音員）

今天是什麼日子？

藥師節

他的生日

你的紀念日

¹|16日

報春花
花語：青春

♥ 藍寶石
寶石語言：慈愛、誠實

〔誕生花占卜〕

　　傳說中花神弗洛拉的化身。日本名為櫻草花，可說是春天最早被裝飾在店面的盆栽。若細心照料，花期可延到夏季。

　　在這天出生的你，擁有能透視事物本質的能力，但過度拘泥於此，反而有走錯方向的可能。對戀人不可一勁兒地盛氣凌人，有時也得多關心對方。

〔寶石故事〕：藍寶石

　　據說與戀人分離的女神伊達，流下的淚集結成晶，產生了一顆藍寶石。藍寶石是純粹愛的結晶。相傳古埃及時代即有支持愛的力量，當埃及女王心有所屬時，就會把藍寶石浸泡在酒杯中，一飲而盡，祈求愛有所成。

―――――― 當天誕生的名人 ――――――

李登輝（政治家）　田村英里子（1973・歌手）

―――――― 今天是什麼日子？ ――――――

他的生日

你的紀念日

1|17日

鶴望蘭　♥　祖母綠

花語：時髦的戀愛者　　寶石語言：幸福

〔誕生花占卜〕

日本名為極樂鳥，讓人以為是頭上戴著彩色羽毛的熱帶鳥。英文名的由來與英國金格喬治三世妃歇爾魯德的娘家瑪蓮布魯格‧斯托李基家有關。明治5年傳入日本。

在這天出生的你，具能客觀審視自我的智慧，文采也非常好，若立志成為作家或編劇家，一定會成功。

〔寶石故事〕：祖母綠

在古羅馬時代，據說擁有此寶石者，能「免於野獸的攻擊和盜賊的侵害，就算生病也能立刻治癒」，與其當成時髦、權威的象徵，不如做為避開災難、守護身體的萬能護身符。

羅馬帝王的座位上，就鑲有一顆巨大的祖母綠，坐在此位者，可藉其力量獲得一生的榮華富貴。

──當天誕生的名人──

賓‧富蘭克林（1706‧科學、政治家）　李玟（歌手）

坂本龍一（1952‧音樂家）　山口百惠（1959‧歌手）

──今天是什麼日子？──

他的生日

你的紀念日

1｜18日

萬年青 ♥ 鑽 石

花語：母親的愛　　　寶石語言：清淨無垢

〔誕生花占卜〕

　　綠色的葉子，開著和風信子一般可愛的花。昔日為高價位盆栽。

　　在這天出生的你，是相當瞭解自己的聰明人，但有過於自我控制的傾向，年輕時還是必須有勇氣，偶爾出軌，放鬆自己。

　　約會時也不要太死板，可來點不同的驚喜。

〔寶石故事〕：鑽石

　　歐洲人於1726年發現鑽石。在此之前，鑽石只產於印度，為夢幻寶石。

　　當年葡萄牙軍人在巴西探險途中發現鑽石，將之送到葡萄牙。原來那是鑽石的原石，自此之後，那天就成了葡萄牙的休假日。

───── 當天誕生的名人 ─────

莫哈梅特・艾利（1942・拳擊手）

凱賓・克斯那（1955・演員）

───── 今天是什麼日子？ ─────

台南地區大地震（1964年晚上8時4分）

他的生日

你的紀念日

1|19日

梅花（白色） ♥ 綠松石

花語：高潔　　　　　寶石語言：成功

〔誕生花占卜〕	〔寶石故事〕：綠松石

昔日，梅花被認為是萬花之長，一提到「花」，就首推梅花。係屬薔薇科，不僅花形美，香味之高尚亦讓人醉心。

梅花為中華民國的國花。

在這天出生的你，是少見的努力家。追求優於現狀固然很好，但也要注意與周遭的協調。必須尊重戀人的個性和生存方式。

中、東的沙阿（皇帝）及蘇丹（士侯）出遠門時，都會攜帶綠松石除魔。人自馬或駱駝上跌落時，綠松石會裂成兩半，因此被認為能守護沙阿。

據說若不是從他人手中拿到綠松石，就不會產生效力，故綠松石是用來贈予最重要的人的寶石。

────── 當天誕生的名人 ──────

埃德卡·愛倫坡（1809·詩人、作家）　森鷗外（1862·作家）

────── 今天是什麼日子？ ──────

他的生日

你的紀念日

1月20日

金鳳花　♥　紅寶石

花語：無邪　　　　寶石語言：熱情

〔誕生花占卜〕　　　〔寶石故事〕：紅寶石

花如其名，形小、呈杯狀，顏色是上等奶油的黃色。若在歐洲的春天發現橫遍山野的黃色小花，那一定是金鳳花。

在這天出生的你，比一般人多出一倍以上的向上心，是努力實踐的人，但過於重視金錢。要知道，世上除了金錢之外，還有許多更珍貴的事物，若能瞭解這點，就會遇見你真正的戀人。

波斯的奈帝爾番征服了莫臥兒帝國後，得到一顆352.5克拉的巨大紅寶石，那就是「帝牧爾紅寶石」。「帝牧爾紅寶石」為其別名，據說是來自亞洲的貢品，本為每一次征服者的貢品，輾轉規定為需奉獻出來的石頭。擁有此石，即能得到亞洲王的認可。現今下落不明。

───── 當天誕生的名人 ─────

有吉佐和子（1931・作家）　南果步（1964・女演員）

菲狄利克・菲里尼（1920・電影導演）

───── 今天是什麼日子？ ─────

共軍攻戰－江山（1955）。美國35屆總統甘迺迪就任（1961）

◆

他的生日

你的紀念日

1月21日

苔蘚珊瑚　♥　海藍寶

花語：悄悄置之不理　　　寶石語言：聰明

〔誕生花占卜〕

小而紅的果實開滿大地，彩繪冬季。花季在初春，淡綠色的花朵給人纖弱的印象。希臘文的意思是「矮」，也被稱為奈魯泰拉。

在這天出生的你，具領導、約束眾人的力量，適合職業包括政治家、經營者等。但過於玩弄戀人，會漸漸為對方所嫌惡，必須注意。

〔寶石故事〕：海藍寶

海藍寶是水的寶石，如水鏡般反應出主人的心境：悲傷時呈淚的顏色；高興時則是船出水時海的顏色……，能微妙地變換顏色。

在珍愛這塊寶石的人手中時，就會映出海的光輝，若幾乎忘了這塊寶石的存在，就會失去原有的光澤。充滿光澤的海藍寶，具有防事故、災害於未然的力量，能守護主人。

當天誕生的名人

克莉斯汀・迪奧（1905・服裝設計師）

京本政樹（1959・演員）

今天是什麼日子？

◆

他的生日

你的紀念日

1月22日

長春藤
花語：友情

♥ 天青石、青金石
寶石語言：永遠的誓言

〔誕生花占卜〕

據說，是專司婚姻的女神休媚奈爾斯用長春藤將相愛的人結合在一起的，所以古埃及有在婚禮的祭壇上用長春藤裝飾的習慣。

在這天出生的你，考慮自己的幸福之前，會先想到朋友的幸福，這樣下去，你最中意的人也會被摯友搶走。所以你必須學習重視自己，以及不致與友情相衝突的方法。

〔寶石故事〕：天青石

舊約聖經中，藍寶石被用來讚美神的光榮，但從最近的研究中，得知那時所謂的藍寶石，其實是天青石。埃及人稱此光榮的寶石為「捷貝斯特」，大祭司為了宣揚神的真理，必須經常隨身攜帶這種寶石。若接觸到天青石，就能治癒長年久病，終生健康。

―――― 當天誕生的名人 ――――

拜倫（1788・詩人） 鳳蘭（1946・演員）

高橋惠子（1955・女演員）

―――― 今天是什麼日子？ ――――

他的生日

你的紀念日

1月23日

木瓜花　　♥　石榴石

花語：引導著我　　　　寶石語言：充滿希望

〔誕生花占卜〕

　　據說有刺的花特別美麗，木瓜花也不例外，開的是如梅花般艷麗的花朵。將果實釀成酒，不失為香醇的極品。

　　在這天出生的你，喜歡做夢。追求理想固然很好，但過於脫離現實，到頭來仍是一場空，必須要有自覺。無法談戀愛的原因也在於此，還是別做太多夢吧！

〔寶石故事〕：石榴石

　　拉丁文的意義是「肉」。很久以前，肉是最豐盛的食物，代表權力。

　　現在石榴石能提高能源的效果已被確定，只要隨身攜帶石榴石，不論工作或課業，成績都會顯著成長。心情低落時，它也會給我們恢復希望及勇氣的力量。

當天誕生的名人

艾德華・馬涅（1832・畫家）　　湯川秀樹（1907・物理學者）

傑安馬場（1938・職業摔角運動員）　　李心潔（歌手）

今天是什麼日子？

自由日。

他的生日

你的紀念日

1月24日

紫丁香
花語：不滅

♥ 金星石
寶石語言：幸運的鑰匙

〔誕生花占卜〕

別名「千里花」。相傳是阿波羅喜歡的達夫尼被愛神邱比特的箭射中後變成的花。

在這天出生的你，不遵循生活規範，生性自由奔放，即使是結婚，也是兩人到外國舉行婚禮。

若不稍微控制自己，婚姻會出現裂痕。

〔寶石故事〕：金星石

古時印度就已得知此石具增強智力的力量，現在則認為它有招來好運的力量。賭徒到賭場，有把金星石做的領帶夾、袖釦戴在身上的習慣。

在工作上，有招來人緣的效果。若要求有結果的戀情，別忘了約會時把它帶在身上。

當天誕生的名人

里中滿智子（1948．漫畫家）　五輪真弓（1951．歌手）

今天是什麼日子？

英國首相邱吉爾逝世（1965）

◆

他的生日

你的紀念日

1 月25日

紫羅蘭　♥　金綠石

花語：**尋找未來**　　寶石語言：**多情的心**

〔誕生花占卜〕　　〔寶石故事〕：金綠石

　　它與菜花同種，屬油菜科，除白色之外，尚有赤紫、淡紅、黃色等，香味也非常特別。

　　在這天出生的你，很有藝術方面的才能，順利的話，將來有可能成為世界知名人士。最大的阻礙，在於你自身不夠積極。謙虛一點，眼前的人就是你今後的另一半。

　　大部分的寶石都是自古即被發現，但金綠石發現距今僅有一百四十年，是歷史很短的寶石。它的顏色在紅與綠之間轉換，非常不可思議。在陽光不同的照射角度下，它會呈現出各種不同層次的光芒。或許因為它多彩，其主人亦常因為多情而被作弄。

──────── 當天誕生的名人 ────────

馬特‧毛姆（1874‧英國名作家）　森田芳光（1950‧電影導演）

──────── 今天是什麼日子？ ────────

他的生日

你的紀念日

1 26日

冬牡丹
花語：天才

♥ 印加玫瑰石
寶石語言：愛的火焰

〔誕生花占卜〕

以前形容美女會說：「立如芍藥，坐似牡丹」，可見它是出類拔萃、華麗的花。芍藥的英文名 peony 與醫療的神「pieon」有關，在東洋醫學上，此花則是治療婦女病的良藥。

在這天出生的你，一生的運勢極強，即使得到頭獎也絕非是夢。擊退情敵、擄獲男友之心的人，非你莫屬。

〔寶石故事〕：印加玫瑰石

為紅色的寶石，與紅寶石一樣，具有能讓我們獲得財富與名聲的力量，其效果較紅寶石有過之而無不及，與其說是裝飾品，不如說它是守護神來得貼切。

它是年輪狀的結晶，故年輪狀設計的耳環、胸針等，都很受歡迎。若是垂飾，把它置於內衣下，貼著身體，效果更好。

當天誕生的名人

保羅・紐曼（1925・演員）

長島一茂（1966・職業棒球選手）

今天是什麼日子？

他的生日

你的紀念日

1|27日

天竺葵　♥　琥　珀

花語：安慰　　　　　寶石語言：比任何人都溫柔

〔誕生花占卜〕

　　裝飾著歐洲公寓窗邊的花，就是天竺葵。明治時代傳入日本，當時一盆盆栽相當於二百萬日幣。大多為赤紅、深粉紅色，花期很長，在日本廣受歡迎。

　　在這天出生的你，事實上具(Dr.)Jekylland (Mr.) hyde 的雙重人格。交男朋友無法固定一人，最後終將失去所有。

〔寶石故事〕：琥珀

　　自古以來，琥珀就被當成具鎮靜與殺菌效果的石頭。據說只要戴在身上，輕觸表面，其力量將更加強化。

　　根據目前科學分析的結果，此石散發出獨特的磁性，熱傳導力相當低。

――――――――當天誕生的名人――――――――

路易士・加洛爾（1832・作家）　莫札特（1756・作曲家）

――――――今天是什麼日子？――――――

他的生日

你的紀念日

1|28日

藍絲花　　♥　白　金

花語：無言的愛　　　　寶石語言：強烈的牽絆

〔誕生花占卜〕

　　風一吹就搖曳生姿，故取名為藍絲花，形容其楚楚動人的樣子。水芹科植物，生長於美國南部原野，予人纖細的美感。

　　在這天出生的你，外表給人文靜的感覺，卻具有不服輸的強烈性格。約會時，容易與男友發生口頭上的爭執，必須注意。

〔寶石故事〕：白金

　　無論時代如何變遷，愛人的心卻是永遠不變的。亙古至今，女性左手的無名指被視為極重要，因為它是要戴上象徵婚約的戒指的。

　　永不褪色的白金，象徵二人永遠不變的心。

————— 當天誕生的名人 —————

史坦利（1841・美國探險家）　周俊三（1969・籃球選手）

————— 今天是什麼日子？ —————

他的生日

你的紀念日

1 29日

舟 蘭 ♥ 電氣石

花語：深閨的姑娘　　　　　寶石語言：正直的心

〔誕生花占卜〕

花開之時的美，好比女性的美達到巔峰。

在這天出生的你，任何事都是計畫性、理論性地進行。但戀愛卻是無法事先計算的。

不要猶豫，選擇能動搖你的心的人，才會幸福。

〔寶石故事〕：電氣石

這個名稱是由拉丁語中「很多顏色」的意思而得名，顧名思義，它具有紅、藍、黃、透明……等色，呈現多彩變化。其中粉紅色的電氣石，被選為10月的誕生石之一，是使愛與新的友情茁壯的寶石。

健康方面，它能穩定心情，達到深沈的睡眠，是能守護我們身心健康的寶石。

當天誕生的名人

鄧麗君（1953·歌手）　羅曼羅蘭（1866·作家）

曾國城（1968·節目主持人）

今天是什麼日子？

他的生日

你的紀念日

1 30日

仙人掌花　♥　碧　玉

花語：生命的喜悅　　　寶石語言：永遠的夢

〔誕生花占卜〕

　　開在酷炎沙漠中的仙人掌花，給人強烈的勇敢印象。有白、紅、粉紅等色，仙人掌花的根，為眾人所喜好，若好好加以栽培，隔年也會開花。

　　在這天出生的你，過於拘泥在小事上，忽視了整體。容易沈溺於戀愛中，所以結婚對象以周圍的人介紹的相親對象為佳。

〔寶石故事〕：碧玉

　　在古代，碧玉是以整腸健胃聞名的寶石。據說希臘醫師卡連告訴胃腸不適的埃及王奈契普蘇斯，經常將綠色碧玉塗在胃的附近，就能獲得療效，於是其名氣就此提升。

　　減肥時把碧玉戴在身上，不但可保持健康，也可得到塑身效果。

當天誕生的名人

勝海舟（1823・政治家）　長谷川町子（1920・漫畫家）

今天是什麼日子？

印度領袖甘地被刺（1948）

◆

他的生日

你的紀念日

1 31 日

毛 茛　♥　月 石

花語：開朗的魅力　　　寶石語言：純粹的愛

〔誕生花占卜〕

　　如絲絨般厚重的觸感，花瓣開了好幾層，很華麗，具花中之花的風情。本來是6月左右開的花，若以溫室栽培，花季可從此時開始。「濱之虹」這種直徑15cm以上的花品是絕品。

　　在這天出生的你，美貌才智兼備。雖然自信滿滿，但若把這點拿來自誇，則你喜歡的人也會逃之夭夭。

〔寶石故事〕：月石

　　乳白色中有稍許綠色，被稱為希臘的寶石。在印度極古老的年代，就做為聖石備受崇拜。

　　據說接到微弱的光線時，月石就變成似乎有水要從最深處冒出來的樣子，有透視未來的力量。預言者、占卜師在新月隔夜，會以月石對著月亮，以占卜未來運勢。

當天誕生的名人

弗倫斯・蕭邦（1797・作曲家）　香取慎吾（1977・歌手演員）

今天是什麼日子？

美國1號太空梭發射成功（1958）

◆

他的生日

你的紀念日

2月1日

菫花（白色）♥ 紫　晶

花語：深思熟慮　　　　寶石語言：內心的和平

〔誕生花占卜〕

「來到山路，不知是什麼，原來是菫花」（芭蕉詩集）。自古以來，在日本就是廣受喜愛的花，花雖小，仔細一看卻有非常高貴的姿態，溫柔而甜美的香味也是其魅力所在。移植到路邊的菫花雖然長得出來，但幾乎無法生根，所以把它連根拔起是很殘酷的事。

在這天出生的你，是對任何事都能溫柔對待的人，但要注意，不要成為八面玲瓏的人。

〔寶石故事〕：紫晶

2月誕生石，寶石語言是「內心的和平」。在古代中國、古代埃及等古文明中，紫色是最高級的顏色。克婁巴特拉於尼羅河上，乘坐紫色帆船會見凱撒大帝的插曲流傳至今。

寶石中紫色的只有紫晶，因此它是最有格調的高級寶石，只有王公貴族、高僧等人才可以配戴。

———————— 當天誕生的名人 ————————

克拉克・蓋博（1901・演員）　土田尚史（1967・足球選手）

———————— 今天是什麼日子？ ————————

他的生日

你的紀念日

2月2日

金鏤梅　♥　鑽　石
花語：靈感　　　寶石語言：清淨無垢

〔誕生花占卜〕

被早春的風一吹動，就像撒滿金粉，滿滿枝頭上都開著花。它在春天先群芳而開花，名字由此而來。金鏤梅開得格外茂盛的那年，不可思議地會發生災害，農家把大凶和大吉相通，便經常栽種這種花。

在這天出生的你，面對不擅長的事物也會積極挑戰。周圍反對的戀情，你一定會貫徹始終。

〔寶石故事〕：鑽石

鑽石的貴重，在於切割原石時，方向稍微不對，很容易就沿著紋路裂開。

現存的最大鑽石是「卡里蘭一號」的原石，有大人的拳頭那麼大。被任命切割的約瑟夫·菲夏，下刀切割時太緊張，結果昏倒了。這塊石頭被切割為9個大的及96個小的鑽石。

當天誕生的名人

詹姆斯·喬伊斯（1882·作家）　寺尾（1963·力士）

今天是什麼日子？

他的生日

你的紀念日

2月3日

草莓燭 ♥ 月光石

花語：不為人知的戀愛　　寶石語言：約定之日

〔誕生花占卜〕

三葉草的同種，在歐洲做為牧草及蜜源花栽培。把廣大原野染成一片紅紫色光景，只有美麗二字可以形容。向光性強，若拿去插花，欣賞期間會向有光線的方向蜿蜒。

在這天出生的你，是冷淡的熱情家。表面給人冷靜沈著的印象，事實上是容易迷戀、容易被點燃的人。把這種熱情坦率地對戀人表現出來吧！

〔寶石故事〕：月光石

讓人想起有透明感的珍珠，表面像大理石一樣，帶著多彩的光芒。水瓶座的守護石，據說具有讓人達成希望的力量。

把此寶石放在身邊，不知不覺體力會變好，可以消除緊張，會有一個達成願望的如意人生。把表面磨成圓形戴在身上，據說效果更好。

當天誕生的名人

河竹默阿彌（1816·劇作家）　檀一雄（1912·作家）

今天是什麼日子？

◆

他的生日

你的紀念日

2 4日

山月桂 ♥ 珍 珠

花語：很大的希望　　寶石語言：健康、長壽

〔誕生花占卜〕

　　日本名是雨傘花，其形狀就如同名字給人的感覺一樣，開著像張開洋傘般可愛的花。「KALMIA」是取自瑞典植物學權威林奈(Cal von Linne)一名弟子的名字。

　　在這天出生的你，是生活在戀愛中、燃燒在戀愛中的熱情家。為了喜歡的人，可以賭上自己的一切。但一味單方面給對方壓力，會變得盛氣凌人，要注意。戀愛時，伺機進退也是必要的。

〔寶石故事〕：珍珠

　　「在第凡爾吃早餐」，因此把第凡爾推向世界級寶石店，使之大大聞名的，是一顆珍珠。加利福尼亞州的紐澤西，一個無名的木工在一個貝殼上發現一顆巨大的珍珠。這顆珍珠後來被第凡爾買走，甚至吸引了拿破崙妻子溫妮的目光。

　　當時的法國宮廷是世界社交的中心，第凡爾的名號因此廣為世人所知。

───── 當天誕生的名人 ─────

山下達郎（1953．音樂家）　喜多郎（1953．音樂家）

小泉今日子（1966．歌手）

───── 今天是什麼日子？ ─────

農民節。

他的生日

你的紀念日

2月5日

燈籠花　　♥ 石　青
花語：隱藏的美　　　寶石語言：秘密的美

〔誕生花占卜〕　　　〔寶石故事〕：石青

若在早春的林中發現悄悄開放的白花，那就是燈籠花。義經的愛妾靜御前，和所愛的人分離後，據說被賴朝所抓。她在鎌倉的鶴岡八幡宮，一邊想著義經，一邊跳著舞，不由自主地流下眼淚。隱藏在心裡的美。

在這天出生的你，就像剛出生的嬰兒一樣，是個純潔的人。因為如此，所以易受欺騙，這是你的缺點。你的戀人也會希望你再成熟一點。

像是孔雀石的深綠色和綠松石的藍色混合在一起的寶石。如瑪瑙石一樣的硬石，能接受各種切割及研磨。

古代羅馬的催眠師，為了加強幻覺力量，據說就會活用這塊寶石的能源。這是愛情的寶石，如果弄不明白自己的心態，把這塊寶石戴在身上，輕輕撫摸，就能得知真正的心聲。

――――――― 當天誕生的名人 ―――――――
山田五十鈴（1917‧女演員）　　大地真央（1956‧女演員）

――――――― 今天是什麼日子？ ―――――――

他的生日

你的紀念日

2|6日

延命菊（單瓣） ♥ 黃 玉

花語：**真實的友情**　　寶石語言：希望

〔誕生花占卜〕

菊科裡最具華麗氣氛的花。「喜歡、不喜歡、喜歡、不喜歡……」，花瓣一片片剝下，隨風飄去，藉此占卜戀愛的方向。「花占卜」使用的就是這種花。是清純的花，可將戀愛方向信賴託付的一種花。

在這天出生的你，是對自己的失敗和失戀不服輸，繼續朝最後希望走去的人。和共度一生的人的相遇，相當富戲劇性。

〔寶石故事〕：黃玉

黃色是英明智慧的顏色，綻放出澄黃光芒的黃玉，據說是特別符合英明智慧之主人的寶石。不管再怎麼困難的事，據說只要戴上黃玉做的戒指，悄悄撫摸它，就能過關。

中世紀時若得到英國牛津大學和劍橋大學的學位，故鄉的領主會以鑲有黃玉的鋼筆和墨水壺等等相贈，據說這是獎勵英才的習慣。

當天誕生的名人

培布・路斯（1895・棒球選手）　福山雅治（1969・歌手）

羅那爾特・雷根（1911・政治家）

今天是什麼日子？

他的生日

你的紀念日

2 |7日

貝 母 ♥ 瑪 瑙

花語：誠實的心　　　寶石語言：夢的實現

〔誕生花占卜〕　　　〔寶石故事〕：瑪瑙

像是由兩個小貝殼組合起來的可愛的花。中國大陸野生多年草，江戶時代流傳到日本，因為成為治療感冒的藥，廣泛栽種，所以在日本也很常見。

在這天出生的你，有誇大妄想的傾向，若不覺悟，會落得「吹牛」的評價。戀愛運很強，一生中會有好幾次的戀愛，弄得自己焦頭爛額。

瑪瑙是指石英。有一種很透明的瑪瑙，對著光線時，可看到裡面有像暴風雪般的白色物質，這叫做銀瑪瑙，十分為人珍視。

據說銀瑪瑙是凝縮宇宙的石頭，在其小小的體積中，包含了宇宙的全部。這塊石頭的主人有心靈的動力，不知不覺中，不可思議地提高了預知能力。

———————當天誕生的名人———————

查理士・狄更斯（1812・英國小説家）　岳翎（演員）

———————今天是什麼日子？———————

他的生日

你的紀念日

²|8日

梅花（紅色） ♥ 水　晶
花語：忠實　　　　　　寶石語言：純粹

〔誕生花占卜〕

「東風吹起梅花香，主人不在也別忘了春天，要把花香飄過來」，跟著被流放到太宰府的菅原道真，飄到九州傳送花香的傳說，非常有名。萬葉時代，說到賞花，首先是賞梅花。

在這天出生的你，要說是慎重，還是猜忌……。迷失時，常錯過時機。若有在意的人，趕快和他約會吧！

〔寶石故事〕：水晶

所有寶石中透明度最高的寶石。據說透視的水晶，只有被選出的有能力者才能夠擁有它，這可以追溯到古代亞特蘭提斯時代的事物。

研究古代的歷史學家，藉水晶的透視能力探究無文字時代的歷史。水晶也有活性電子能源的力量，透過這塊石頭，物質更能發揮其潛在能力的最大限度。

──────── 當天誕生的名人 ────────
朱爾・貝奴（1828・法國作家）　辛曉琪（歌手）
詹姆斯・狄恩（1931・演員）
──────── 今天是什麼日子？ ────────

他的生日

你的紀念日

2月9日

虎耳草 ♥ 石榴石

花語：現實的愛情　　寶石語言：真實的愛

〔誕生花占卜〕

葉厚而毛多，悄悄綻開的花朵常被忽視。這是一種保守的花，拿在手上看，會浮現意想不到的可憐表情。把它做成押花，很適合當書籤等物。

在這天出生的你，是絕對不能通融的，在你的字典裡，沒有度量、疏通等字眼。雖然這麼任性，最後卻能贏得富貴。

〔寶石故事〕：石榴石

有「像種子」的意思，由拉丁語命名而來。古代印度認為這是地球的種子，被當做地球能源的泉源。

事實上，石榴石有移動時間的不可思議力量。據說凝視這塊石頭，能喚回過去的靈魂，可以與死者對話，被認為是慰藉靈魂的石頭。

當天誕生的名人

查理士・拉姆（1775・英國作家、詩人）　小林麻美（1952・女演員）

今天是什麼日子？

他的生日

你的紀念日

²|10日

薔薇(單瓣·紅色) ♥ 鋯 石

花語：靦腆的害羞　　　　寶石語言：只要凝視我

〔誕生花占卜〕　　　〔寶石故事〕：鋯石

　　希臘神話裡的美麗女神阿佛洛狄特從海浪中出現的時候，即以此花覆蓋在身上。其中如天鵝絨般的大紅薔薇，享盡「花之女王」的名聲，只送給最愛的人。

　　在這天出生的你，常常是誠心誠意、盡心盡力的。戀愛時非常投入，但在決定結婚時，會恢復冷靜，以時間決定一切。

　　以希臘神話中「美少年」之意被命名的寶石。是為了創造神的國度，而被選出的寶石。代替鑽石被使用，光芒的屈折率很高，十分富於光澤。從以前鋯石就被認為具有安全地守護生產的力量。有個習慣是，丈夫和公婆要送鋯石給剛生下嬰兒的妻子。中世紀時，為了逃避瘟疫保護身體，鋯石的力量也被運用。

————— 當天誕生的名人 —————

杜德偉（歌手）　葛雷克·諾曼（1955·職業高爾夫運動員）

————— 今天是什麼日子？—————

他的生日

你的紀念日

2|11日

三色紫羅蘭(黃色) ♥ 紅縞瑪瑙

花語：請思念著我　　　　寶石語言：夫妻的幸福

〔誕生花占卜〕

如其三色紫羅蘭名字一般，其主要顏色為白、紫、黃三色，語源是拉丁語「考慮」的意思。花的姿態像是人在深思的樣子，其命名即由此而來。據說在情人節的時候，把巧克力和這種花一起送給對方的話，可以傳達思念。

在這天出生的你，有非凡的才能，即使周圍的人反對，也會邁向自己的道路，最後終會成功。

〔寶石故事〕：紅縞瑪瑙

如同《古事紀》裡所歌頌的，古代日本人最喜歡的寶石是紅瑪瑙，因為他們相信，紅瑪瑙有去污血、治療疾病及不老不死的神秘力量。把它磨成圓形，做成項鍊或手環戴在身上，可以做為守護石。

―― 當天誕生的名人 ――

愛迪生（1847・發明家）　長谷川祥之（1969・足球選手）

―― 今天是什麼日子？――

觀光節。

他的生日

你的紀念日

² |12日

蜂 花　♥　石榴石

花語：同情　　　　寶石語言：充滿希望

〔誕生花占卜〕

　　在歐洲從以前就是具特別藥效的貴重的草。啤酒裡加入這種葉子，就成為治療心臟病的妙藥。花開在葉根，有讓人悄悄嚇一跳的溫柔感覺。

　　在這天出生的你，好像是要為這個世界散布溫柔而出生。但在現代競爭的社會，時常傷痕累累，會把戀人讓給朋友。對自己好一點吧！

〔寶石故事〕：石榴石

　　水瓶座的守護神。宙斯不僅不放過美女，也不放過美少年，他趁土樂的王子卡尼美都司去提水的時候，引誘他出來，把他帶到天上去。這個美少年手指上戴的就是大紅的石榴石。戴著這個寶石的話，無論主人遇到什麼困難，它都能解救主人，具有強大的力量。考試、工作面臨重要關卡時，不要忘了戴這顆寶石。

———————— 當天誕生的名人 ————————

林肯（1809・政治家）　達爾文（1809・博物學者）

———————— 今天是什麼日子？ ————————

他的生日

你的紀念日

2|13日

孤挺花　　♥　橄欖石

花語：華麗之美　　　寶石語言：信賴的心

〔誕生花占卜〕

這是植物學家林奈最喜歡的花，以希臘神話裡最美的女神 amaryllis 命名。在其長長的莖上，開著百合一般的花，像揮劍的光榮騎士般令人讚嘆。

在這天出生的你，看似文靜，事實上卻是偏激而努力的人。對自己喜歡的人如果只是想念，並不能傳達意念，還是要積極行動才行……。

〔寶石故事〕：橄欖石

橄欖石是深茶青色的寶石，別名晚祖母綠（evening・emerald）。從地球最深處採掘出來，據說其成分和從宇宙中飛來的隕石相同，因此具有太陽的能源，有趕走人生黑暗的力量。古代埃及遇到陽光不足引起飢荒時，法老就會透過橄欖石向太陽神祈求晴天的到來。

──────當天誕生的名人──────

法蘭基一堺（1929・演員）　南原清隆（1965・歌手・主持人）

──────今天是什麼日子？──────

他的生日

你的紀念日

2|14日

扁　桃　♥　紅寶石

花語：無分別　　　寶石語言：熱情

〔誕生花占卜〕

希臘少女菲利斯和特洛依的騎士帝莫波安陷入熱戀。但是帝莫波安回國後，就和別人結婚了，把菲利斯給忘得一乾二淨。神可憐菲利斯，把她變成花，那就是扁桃。

在這天出生的你，要靠催化劑在人生之路上前進。戀愛時，剎車和催化劑都是必需的。

〔寶石故事〕：紅寶石

「紅色的寶玉，像是從我們胸口流出的血」，詩人北原白秋如此描述紅寶石。

清晨，似乎是湧出熱情燃燒著的紅寶石。紅寶石可說是最符合激烈、執著之愛的寶石。現在的地球上，或許有著和紅寶石一樣數量的戀人，悄悄構築兩人愛的世界。

———— 當天誕生的名人 ————

莫涅（1840・畫家）　豐田佐吉（1867・發明家）

涂善妮（演員）　酒井法子（1971・演員・歌手）

———— 今天是什麼日子？ ————

西洋情人節。

他的生日

你的紀念日

²|15日

香雪蘭(黃色) ♥ 鑽 石

花語：天真的　　　　寶石語言：清淨無垢

〔誕生花占卜〕

這是初春裡帶有甜味、色彩的花，感覺上有些歐洲味，但原產地是非洲肯亞。不耐寒，最喜歡陽光，就算只是用來插花，最好晴天也放在窗邊讓它接受陽光。

在這天出生的你，是愛做夢、富羅曼蒂克的人，學生時代還好，但在現實社會裡，要見機而行。30歲層會有很大的轉機。

〔寶石故事〕：鑽石

很多鑽石會帶給主人奇妙的命運，典型的例子是希望之鑽，凡得到這顆鑽石的人，命運齒輪就開始微妙運轉……。

據說希望之鑽共有4顆，但現在只有1顆為人所知，其它3顆行蹤不明。或許擁有者正被命運作弄也不一定。

—— 當天誕生的名人 ——

井伏鱒二（1898‧作家）　尤秋興（動力火車‧歌手）

—— 今天是什麼日子？ ——

戲劇節（1944年訂）

◆

他的生日

你的紀念日

²|16日

絲帶草　　♥　黃　玉

花語：有耐心　　　　寶石語言：希望

| 〔誕生花占卜〕 | 〔寶石故事〕：黃玉 |

〔誕生花占卜〕

　　生在水邊，高達1~2公尺，花朵顏色如檸檬般清純。要把開著這種花的水景找回來才行，這似乎是我們身邊環境的問題。

　　在這天出生的你，具自閉個性。大多的時間都花在自己的興趣上，但也要重視和上司、同事的交往，到時可能就會被愛神邱比特的箭射中。

〔寶石故事〕：黃玉

　　據說世界上最美的黃玉是在紐約博物館，有1463克拉。黃玉中最上等的是水色的，由巨大的原石磨成蛋形，是世上最華麗的裝飾品。

　　其實這原石就在日本岐阜縣。日本曾是黃玉、青玉、紅玉等的寶石列島，因為無計畫隨意開採，現在礦脈幾乎已經枯竭。

──────── 當天誕生的名人 ────────

大岡信（1931‧詩人）　高倉健（1931‧演員）

約翰‧馬凱隆（1959‧網球選手）

──────── 今天是什麼日子？ ────────

他的生日

你的紀念日

2 |17日

茉 莉
花語：官能的

♥ 紫 晶
寶石語言：內心的和平

〔誕生花占卜〕

桂花樹科，花香迷人。白色小花給人清純之感，在基督教裡是象徵聖母瑪利亞的花朵。茉莉花茶用的茶種為其別種。

在這天出生的你，是不會轉彎的人。在人生路上直直往前走，結果脫軌了。是不是喜歡鏡中的自己呢？約會時好好凝視對方吧！

〔寶石故事〕：紫晶

以希臘神話裡一命運乖舛者之名命名。她走在森林時迷路了，為了使自己不受夜晚棲息於森林的怪物的侵害，化身為石頭，但卻把回復為人身的咒語忘了。

她的戀人非常悲哀，抱著這塊石頭結束了自己的生命。隔天清晨，這塊石頭變成了紫晶。

―――――― 當天誕生的名人 ――――――
岡本喜八（1924・電影導演） 舞海秀平（1968・力士）

―――――― 今天是什麼日子？ ――――――

他的生日

你的紀念日

2|18日

刺 槐　♥　翡 翠

花語：秘密的戀愛　　寶石語言：幸運

〔誕生花占卜〕

豆科植物，房狀花朵教人格外憐惜。印第安人要做愛的告白時，便靜靜拿出開著花的刺槐。

在埃及，刺槐是象徵國家統治的花。

在這天出生的你，有非常好的直覺能力。以敏銳的感覺來思考，就不會失敗，戀愛的感應度也會上升。要信任男朋友。

〔寶石故事〕：翡翠

翡翠的翡表示雄鳥，意味其非常美麗的紅色羽毛。翠是雌鳥，表示其美麗的綠色羽毛。

從雄雌合一之美來看，可以知道翡翠被當做夫婦和合的象徵。古時候，國王王妃結婚時，床的旁邊會放用翡翠打造的香爐，夜裡室內會充滿濃郁的花香。

婚禮儀式中的茶碗也是用翡翠做的。

———————— 當天誕生的名人 ————————

馬特・狄龍（1964・演員）　馬利安（1962・演員）

陳水扁（政治家）

———————— 今天是什麼日子？————————

他的生日

你的紀念日

2 | 19日

雛 菊　♥　石榴石

花語：和平　　　　寶石語言：真實的愛

〔誕生花占卜〕

　　放在枕頭下，睡覺時能免於魔女的詛咒，具有守護身體的神祕力量。住在森林中的妖精，為春神不可理喻地愛戀著，在不知如何是好的時候，變成了雛菊。神話是這麼流傳的。

　　在這天出生的你，不奢華，只要簡單的生活就覺得幸福，但若有一點點貪慾也是不錯的。在現在這個時代，還考慮和戀人間的身分差異的話，就太落伍了。

〔寶石故事〕：石榴石

　　古代亞洲相信石榴石具有增強感情的力量。美國印第安人傳說，得憂鬱症時，把石榴石放在枕頭下，休息一下，馬上就可恢復活力，同時回復心理上的健康。容易莫名其妙心情低落的人，可以把石榴石當守護石，不離身地戴著，可以得到很強的精神力量。

當天誕生的名人

克貝爾尼克斯（1473・天文學家）

村上龍（1952・作家）

今天是什麼日子？

炬光節。

他的生日

你的紀念日

2|20日

小鳶尾　♥　祖母綠

花語：心情持平　　　寶石語言：幸福

〔誕生花占卜〕

只用小指觸摸就會折斷似的花。像針般細的莖的頂點，開著純白稻穗般的小粒花朵。

花開時，如菖蒲科般展現出特有的華麗，其變化之妙具無法言喻的魅力。

在這天出生的你，在沒人看到之處，也誠心誠意非常努力。對戀人太過一頭熱的話，是有點辛苦的，在他面前稍微放輕鬆一點吧！

〔寶石故事〕：祖母綠

有如領導人類的古代賢者。具預知的智慧，非常透明，閃耀著綠色光輝。

中世紀的咒語術書裡寫著，祖母綠是智慧之泉，咒術者、醫者、預言家在施行法術前，會把祖母綠放在手上不斷觸摸，據說這樣能把祖母綠的力量引導自己身上。但祖母綠的力量和邪惡的咒語是不會相通的。

————當天誕生的名人————

長島茂雄（1936・職業棒球選手）　石野陽子（1968・演員）

安東尼・豬木（1943・職業角力者・政治家）

————今天是什麼日子？————

他的生日

你的紀念日

2 |21日

母 菊 ♥ 鑽 石

花語：心情持平　　　寶石語言：清淨無垢

〔誕生花占卜〕

　　最近流行把這種花的葉子弄乾製成茶葉來喝。它在古代巴比倫是萬能藥，在日本自古以來就是感冒藥為人重用。類似雛菊，狀似可憐，香味似蘋果般清爽甜蜜散布四周。

　　在這天出生的你，寬大有包容力，但會流於對自己太好，有時也該嚴格的審視自己。

〔寶石故事〕：鑽石

　　最先把鑽石當成婚戒的是澳洲「最後的騎士」馬克西里安公爵。1477年，他和深愛的人瑪麗訂下婚約時，把鑲在劍柄上的鑽石切割為二，一個給自己，另一個做成戒指，與唇印一起套上瑪麗的手指。

　　後來這在維也納宮廷成為流行，流傳至今。

──────── 當天誕生的名人 ────────
沙姆・貝金巴（1925・電影導演）

──────── 今天是什麼日子？────────
法國的施爾貝德騎竹馬旅行（1891）。

◆

他的生日

你的紀念日

2│22日

銀蓮花　♥　藍寶石

花語：清純　　　　寶石語言：慈愛・誠實

〔誕生花占卜〕

銀蓮花的希臘語是「風」的意思，春風吹起時，花開滿地，因此得名。原產地為地中海沿岸。

據說新約裡的就是指銀蓮花。

在這天出生的你，反覆無常，常常改變目標，半途而廢。約會對象若不專注於一人，很快就會失去。

〔寶石故事〕：藍寶石

1875年在卡西米爾發現了藍寶石最大的礦山。此地發生大地震，山的一大部分被削掉一大半時，發現了迎面閃耀著光輝的石頭，當地人不知道那是有價值的寶石，把它拿來和路過商人交換香煙、茶葉、砂糖等，最後引起寶石商人的注意，才知道那是藍寶石。

───── 當天誕生的名人 ─────

高浜虛子（1874・演員）　都春見（1948・歌手）

───── 今天是什麼日子？ ─────

美國商船「中國皇后號」首航（1784）。

他的生日

你的紀念日

2 |23 日

水 楊 ♥ 石榴石
花語：努力的代價　　寶石語言：真實的愛

〔誕生花占卜〕

因其發出的新芽有如動物鬆軟的毛一般而得名，正式名稱為楊柳。花形像動物尾巴一般，大大地向下垂。

在這天出生的你，比任何人都有才氣，健康方面常有問題，心臟比較弱，平常要注意。

和同事結婚的話，一定能生出遺傳你們才能的天才。

〔寶石故事〕：石榴石

石榴石的紅色光芒中帶有的橙色物稱為 glossary，其成分中的鎂會轉換成鈣，如極光般華麗，具貴重價值。

格婁沙利的寶石力量是「向可能性挑戰」，把它戴在身上，會覺得心的深處湧出超越想像的力量，向不可能的事情挑戰，一定會成功。

───── 當天誕生的名人 ─────

淺野哲也（1967・足球選手）　橫山典弘（1968・騎士）

───── 今天是什麼日子？ ─────

他的生日

你的紀念日

²|24日

喜林草　♥　鑽　石

花語：愛國心　　　　寶石語言：清淨無垢

〔誕生花占卜〕

　　無論如何都要和她結合……，青年向神發誓，如果如願以償，死也不足惜，結果在婚禮上喪命。可憐這個新娘的神把她變成喜林草。喜林草背後的神話故事就是這樣。

　　在這天出生的你，很溫柔，很適合保母等和小孩子接觸的職業。年齡上有差距的戀人是最好的伴侶。

〔寶石故事〕：鑽石

　　瑪利安東華特得知自己要上斷頭台的命運時，取下了從不離身的鑽石戒指，花一筆小錢買通獄卒把戒指和一封信送給愛人菲魯仁。100年後，在瑞典發現了這個戒指和那封信，戒指下發現了「所有一切引導我到你的國度」，使其愛人不致於陷身危險之中。

　　這是安東華特死前的願望，留下一段佳話。

————— 當天誕生的名人 —————

阿朗·普羅斯托（1955·F1競走者）

菲瑞拉（1964·足球選手）

————— 今天是什麼日子？ —————

高雄市政府與美國佛羅里達州的潘沙克拉市締結姊妹市（1977）。

他的生日

你的紀念日

2|25日

木 槿　♥　翡 翠

花語：纖細的愛　　　　寶石語言：幸運

〔誕生花占卜〕

開著大朵花，據說是在日本萬葉時代傳自中國，最近很多都提早開花，成為可以長期欣賞的花。

如「槿花一期之榮」所言，早上開的花，到了傍晚就枯萎，象徵忠貞，因而為人珍視。

在這天出生的你，多才多藝，容易淪為樣樣都通，但也樣樣不精。勸你早點決定將來的目標，向它邁進。

〔寶石故事〕：翡翠

古時日本評價最高的寶石是翡翠和珍珠，被讚為青玉和白玉。

從2000年前伊都國國王妃墓中挖掘出的翡翠勾玉，十分巨大，長約4.5公分，周圍有12個翡翠項鍊。翡翠的誕生需要1億年以上的時間，這個巨大的翡翠可說是地球有史以來的縮影。

―――――――――― 當天誕生的名人 ――――――――――

喬治‧哈里遜（1943‧音樂家）　田中勝春（1971‧騎士）

―――――――――― 今天是什麼日子？ ――――――――――

他的生日

你的紀念日

2|26日

珍珠花　　♥　藍寶石

花語：象徵花　　　　寶石語言：慈愛・誠實

〔誕生花占卜〕

　　一朵一朵極小的花，要用放大鏡才能看得清楚。這種小花開放時一片雪白的光景，與其說是雪景，不如說是在告訴我們春天到了。把它從枝頭剪下插在地上，很容易就能生根成長，所以就算是外行人也易於栽培。

　　在這天出生的你，喜歡奢侈，對周圍的人索求過多，最好多要求自己，多磨練自己比較好。約會地點在書店較佳。

〔寶石故事〕：藍寶石

　　藍寶石十分珍貴，只要觸摸它、看著它，就能得到神的恩寵。在中世紀的歐洲，每年有一天，領主住所的每一顆藍寶石都必須向民眾公開。只有在特定的這天，人們才能看到藍寶石。

　　藍寶石確實有恢復生命力的不可思議的力量。

―――――― 當天誕生的名人 ――――――

黃品冠（1972・無印良品・歌手）　桑田佳祐（1956・音樂家）

―――――― 今天是什麼日子？ ――――――

巴拿馬運河開通紀念日。

他的生日

你的紀念日

2|27日

皂 樹 ♥ 珍 珠

花語：反覆無常的戀情　　寶石語言：健康・長壽

〔誕生花占卜〕

　　在伸得細細長長的莖上，開著小小、結成球狀的淡紫色花朵。原產地是南美，近來日本也開始上市。花香溫柔。

　　在這天出生的你，不重視本質，容易沈醉於表象，喜歡豪華、完美。選擇戀人時，不會也太過於喜愛完美吧？

〔寶石故事〕：珍珠

　　以人工把異物放入珍珠母，然後放回海裡，經過長時間，就會形成珍珠。

　　這是以前歐洲十分盛行的實驗的養殖法，1905年日本的御木本幸吉終於研究成功。

　　據說發明大王愛迪生說過，他無法發明的東西是鑽石和珍珠，以此來誇讚御木的成就。

──────── 當天誕生的名人 ────────

伊莉莎白・泰勒（1932・女演員）　高田賢二（1939・服裝設計師）

──────── 今天是什麼日子？ ────────

他的生日

你的紀念日

2 | 28日

龍爪花　♥　祖母綠

花語：挑戰　　　　寶石語言：幸福

〔誕生花占卜〕

　　英文名為秘魯百合或印加百合，花如其名，模樣就有如百合花一般。好像等不及春天來到，大紅、黃的、白的各色花朵很早就喜孜孜地開放了。

　　在這天出生的你，很容易受誘惑，對別人的誘惑很難拒絕，結果堆積了許多工作，偶爾也要有勇氣說不。約會的誘惑也要拒絕。

〔寶石故事〕：祖母綠

　　古代希臘亞歷山大大王出征打戰時，常攜帶祖母綠。祖母綠是勝利的象徵。

　　所向無敵的亞歷山大，其力量是祖母綠帶來的，失去了祖母綠，亞歷山大就失去了神通力，被勝利女神放棄了。

　　想成為戀愛的勝利者嗎？帶著祖母綠吧！

當天誕生的名人

原田芳雄（1941・演員）　田原俊彥（1961・歌手）

今天是什麼日子？

和平紀念日。

他的生日

你的紀念日

2|29日

唐椿(山茶花的一種) ♥ 水 晶

花語：十分謹慎　　　　寶石語言：純潔

〔誕生花占卜〕

它屬於艷麗的山茶花，花朵很小，淡紅色，有清爽的感覺，很受喜愛。據說是豐臣秀吉征討朝鮮時，一個叫做佗助的人帶回來的。

在這天出生的你，遇到岐路時，會選擇簡單輕鬆的路走，把理想訂高一點吧！20到25歲之間結婚運最好，不要錯過機會。

〔寶石故事〕：水晶

水晶出現在日本歷史，最早是在繩文時代。想像當時在水晶上穿洞串起來掛在脖子上的水晶玉，說是裝飾品，不如說是具有咒術的除魔用品。

把磨得圓圓的水晶玉對著日照，從燃燒火焰般的地方照，水晶一定是火塊狀，這個現象很讓人感興趣。

───── 當天誕生的名人 ─────

羅西尼（1792・作曲家）　飯島直子（1968・演員）

───── 今天是什麼日子？ ─────

「青年之神」鄒容烈士殉國紀念日（1905）。

◆

他的生日

你的紀念日

3│1日

石斛花 ♥ 血 石
花語：任性的美人　　　寶石語言：勇敢

〔誕生花占卜〕

這是由希臘文的「樹木」和「生活」命名的，花如其名，是繞著樹木成長的著生纖匐枝。在日本很普及，一般都是盆栽。

在這天出生的你，覺得世界是以自己為中心在轉動，行動很醒目，雖然任性，相對的也有魅力。若是不體貼一點的話，人家是不會把你當做對象的。

〔寶石故事〕：血石

血石是3月的誕生石，寶石語言是「勇敢」。女性把它戴在身上，可以超越任何障礙，據說可以貫徹自己愛的勇氣和信念。

纖細而易受傷害的人，活用血石的力量，可以增加性格的強度，協調性會提高，和周圍的人關係也會順利，會帶來工作上的成功。

——————當天誕生的名人——————

芥川龍之介（1892‧作家）　中山美穗（1970‧歌手演員）

——————今天是什麼日子？——————

兵役節。

他的生日

你的紀念日

3 2日

紫雲英 ♥ 祖母綠

花語：我的幸福　　　　寶石語言：幸福

〔誕生花占卜〕

豆科植物，彩繪春天的原野。希臘神話時代，某一個山林水澤女神摘下蓮花時，其根流出血來，這告訴我們「花是女神的變形，不可摘」。此花及其葉具有藥效，採集花汁做成的蜜汁是上等的高級品。

在這天出生的你，非常反覆無常，換好幾個戀人也心安理得，快點固定一個真命天子吧!

〔寶石故事〕：祖母綠

世界上最大的祖母綠在泰國的佛教機構裡。這個寺廟的本尊是用祖母綠做成的佛像，用整塊祖母綠雕刻出來，大小差不多像小孩那樣，這樣原石有多大就不難想像了。

但泰國並無祖母綠的礦山，因此原石來自何處至今仍是個謎。

當天誕生的名人

米哈尹・S・戈巴契夫（1931・政治家）

卡瑞・卡本特（1950・歌手）

今天是什麼日子？

他的生日

你的紀念日

3 月 3 日

桃 花 ♥ 紫 晶

花語：戀愛的俘虜　　寶石語言：內心的和平

〔誕生花占卜〕

把祈求女子平安、健康成長的祭祀說成「桃花的節句」，這是多麼美麗的形容啊!據說自古以來桃花就具有驅除邪氣的靈力。在寒冷的山區，開滿粉紅色的桃花，春天就真的來了。

在這天出生的你，很溫柔，對真命天子以外的人太過注意了，要多學習何謂本位行動，要貫徹自己的意志。工作運比戀愛運強。

〔寶石故事〕：紫晶

在歐洲，耶穌和瑪利亞留下來的奇蹟之地有好幾處，北義大利的一個洞穴也是其中之一，這個洞穴裡面全是紫晶砌成的。

知道耶穌已死的瑪利亞躲在這個洞穴裡祈求耶穌復活，願望終於實現。從這段佳話可知，這一帶的紫晶有產生奇蹟的力量。

—————— 當天誕生的名人 ——————

徐懷鈺（1978・歌手）　小蟲（本名陳煥昌・音樂創作者）

—————— 今天是什麼日子？ ——————

他的生日

你的紀念日

3 4日

馬醉木　♥　黃　玉

花語：獻身　　　　寶石語言：希望

〔誕生花占卜〕　　〔寶石故事〕：黃玉

萬葉集中歌頌馬醉木的詩很多。早春馬醉木開滿純白的小花時，是考試結果發表的季節，喜悅的眼淚、悲悔的眼淚……悲喜的眼淚好似馬醉木。為杜鵑花科常綠樹木。

在這天出生的你，總是精神百倍，如果不放鬆一點，約會對象會很疲憊。

以前，天使常下凡到人間作弄人類。那時，有一個天使悄悄把裝飾在神殿的黃玉偷走，剎那之間，天使變成石頭，回不了天上。

天使的親友每天向神祈求原諒，到了1000天才好不容易得到原諒。在這之後，黃玉被當做友情的象徵。

───────── 當天誕生的名人 ─────────

佐野史郎（1955・演員）　淺野温子（1961・女演員）

───────── 今天是什麼日子？ ─────────

哥倫布發現美國的處女島（1943）。

他的生日

你的紀念日

3月5日

矢車草
花語：幸福感

♥ 藍寶石
寶石語言：慈愛・誠實

〔誕生花占卜〕

被拿破崙追趕的普魯士國路易士皇后躲在小麥田裡，因為矢車草做成的花冠而逃過一劫。此花被制定為德國國花，和這段插曲有關。

在這天出生的你，在自由開放的環境下生長，因此變得很有魅力，但是不太能分辨常識和非常識的看法。工作場所上的戀愛不得意，最好相親結婚。

〔寶石故事〕：藍寶石

自古以來，藍寶石就因會帶來神的祝福而被珍視。據說，在結婚那天，新娘要在身上戴著某種藍色的，才能得到幸福。

會有這個習慣，是因為古代國王把女性嫁出去時，會把藍寶石戴在她們身上的緣故。現在歐洲的上流階層把藍寶石縫在內衣，以求得幸福。

當天誕生的名人

會田雄次（1916・評論家）　中村真一郎（1918・作家）

今天是什麼日子？

童子軍節。

◆

他的生日

你的紀念日

3 | 6日

羽扇豆(黃色) ♥ 青 石

花語：母愛　　　　　寶石語言：永遠的誓言

〔誕生花占卜〕

像紫藤花倒開般，所以日本名為立藤花。花色以紫色為主。黃色的花並非豪華飾物，在歐洲做為牧草而栽植。

在這天出生的你，如果不那麼善變，其實是具有成功的才能的。暫把戀愛放在一邊，不要猶豫，在工作上向前邁進，會有新的際遇。

〔寶石故事〕：青石

自古就被當成豐收與喜悅的象徵。在亞述，是國王胸前的七寶石之一。羅馬時代把這種寶石削成粉末，可治憂鬱心情，在酒宴上與酒混合，供人飲用。

後來和金屬和琺瑯組合加工，做成裝飾品戴在身上，是成功者榮耀象徵的最高理想，很多都流傳至今。

───────── 當天誕生的名人 ─────────

米開朗基羅（1475・藝術家）　培瑞拉（1960・足球選手）

───────── 今天是什麼日子？─────────

他的生日

你的紀念日

3月7日

麝香蘭
花語：野望

♥ 瑪瑙
寶石語言：夢的實現

〔誕生花占卜〕

一朵花穗上有無數青紫色小花，開起花來像是攀爬在地，給人的印象像葡萄，所以也稱葡萄風信子。其羽毛宛如小貴婦人般，盆栽或拿來插花都可以享受到欣賞的樂趣。

在這天出生的你，文靜中自有穩定的自我世界，了解你這種個性的人出現，才算是你真正的戀愛。

〔寶石故事〕：瑪瑙

巴比倫時代，被認為能帶給主人勇氣和安定感，男孩子被生下來時，習慣上會給他瑪瑙當護身符。但是，這塊石頭就像有的特效藥，有很強的副作用，主人如果沒有很好的體力和精神力，反而會傷害身體和心靈。

若和其它寶石組合戴在身上，更能發揮瑪瑙的力量，可成為一生的支柱。

──────當天誕生的名人──────

萊威爾（1875·作曲家）　安部公房（1924·作家）

──────今天是什麼日子？──────

◆

他的生日

你的紀念日

3月8日

麴草(屬菊科的越本草) ♥ 珍 珠

花語：經常思念　　　　寶石語言：健康‧長壽

〔誕生花占卜〕

〔寶石故事〕：珍珠

　　菊科。早春，淡黃色小花緊緊挨著初生新芽開放。它是春天七草之一，據說在日本平安時代把嫩葉放進粥裡一起煮，有略微綠色的香味。

　　在這天出生的你，頭腦清晰，應該沒有偏差的煩惱，但在社會上需要的能力和偏差值是不一樣的。不稍微裝傻一點，愛神不會到來。

　　相傳深海之底住著人魚，人魚失戀流下的淚被貝殼吸進去，這就是珍珠。因為這個傳說，所以戴著珍珠，眼淚就會立刻乾掉，珍珠因此變成幸福的象徵。

　　最適合婚紗的寶石是珍珠。愛人死去時戴上珍珠的話，眼淚會立刻乾掉。

──────當天誕生的名人──────

水上勉（1919‧作家）　反町康治（1964‧足球選手）

────── 今天是什麼日子？──────

國際婦女節（1909）。

他的生日

你的紀念日

3 9日

香雪蘭（淡紫色）♥ 貓眼石

花語：**豐富的感受性**　　　　寶石語言：**善變的心**

〔誕生花占卜〕

早春的插花用花最受歡迎的是菖蒲科，其花莖上的花苞並列，然後會一個個開花，可以長時間欣賞。具甜蜜的感覺，但香味不是很強。

在這天出生的你，很受周圍人們的重視和喜愛。但過於受寵愛是不行的，要盡早改掉隨之而來的仗人之勢的壞習慣。

〔寶石故事〕：貓眼石

在暗茶青色中，有著很強的光芒，古代印度人認為這是有精靈住在裡面的石頭，發現這種石頭時，會捧著獻給神明，如果拿來戴在自己身上，會覺得很惶恐。在印度，貓眼石代表九個天體之一。在錫蘭，現在仍被視為驅除魔女的護身符，十分受珍視。在阿拉伯，產婦難以生出小孩時，據說把貓眼石放在產婦頭髮，就可以輕鬆地生出來。

當天誕生的名人

梅原龍三郎（1888・畫家）　木梨憲武（1962・演員）

今天是什麼日子？

他的生日

你的紀念日

3 | 10日

杏
花語：少女的羞怯

♥ 蛋白石
寶石語言：得到幸福

〔誕生花占卜〕

比櫻花早一步把春日的天空染成淡紅色的花，就是杏花。薔薇科，原產地在中國。在中國，只要杏花一開，就表示農作可以開始了。摘一朵放在手上，看起來真是惹人憐惜。

在這天出生的你，無法忍受辛苦的家庭生活。但擁有人人羨慕的外表，能得到周圍人們的重視。晚年運氣非常好。

〔寶石故事〕：蛋白石

白、深紫、深紅、紅、綠、藍、黑，閃耀各種色彩，像萬花筒般有各式各樣的表情，在古代被認為代表神所有一切，如果人類持有它，就太過奢華了。

其色彩如此富於變化，是因為含有33%水分的緣故，所以不可放在乾燥之處，收藏時要用布包起來，注意保持不使乾燥。

——— 當天誕生的名人 ———

松田聖子（1962・歌手演員）

曾智偵（1959・職棒教練）

——— 今天是什麼日子？———

他的生日

你的紀念日

3|11日

榆　樹　♥　紅寶石

花語：高貴　　　　　寶石語言：熱情

〔誕生花占卜〕

在法國，女性要去拜訪男性前，要在信上加上榆樹的押花或葉子，一起送過去。北歐方言中，榆樹是「衣裝」的意思。

在這天出生的你，比一般人深情一倍，很容易陷入別人的事情，但這也是你的優點。有人會注意到你的這個優點。

〔寶石故事〕：紅寶石

會讓人想到身體裡流的血液就是紅寶石。紅寶石在《舊約聖經》裡是寶石中的寶石，被認為是至高無上的。像是要燃燒起來、鮮艷大紅的紅寶石，被認為是最具力量的。

「紅」這個字，從以前就被比喻是血跡、火焰，對血液、心臟、瘟疫方面的疾病是有效的藥。

―――――當天誕生的名人―――――

歐斯曼・桑克（1949・演員）　大澤隆夫（1968・演員）

―――――今天是什麼日子？―――――

他的生日

你的紀念日

3|12日

透百合 ♥ 鑽　石

花語：引人矚目　　　　寶石語言：清淨無垢

〔誕生花占卜〕

　　獨自生長在沙灘的花，類似黃色百合。最近出現這種花和百合科的花交配出來的混合種，成為受歡迎花的一種。

　　在這天出生的你，自小就被認為是神童而受矚目，但因為不努力表現出來，結果演變成受利用的情形。勇於實行才能開拓人生，這是關鍵點。

〔寶石故事〕：鑽石

　　1849年，數十名士兵接受維多利亞女王的命令到印度去，任務是護送一顆鑽石回來英國。

　　伊斯蘭教徒酋長送給維多利亞女王的鑽石超乎想像的大，約有10625克拉。這顆鑽石送抵皇宮時，舉行了盛大的宴會，由此可知，這顆鑽石如何受珍視。

──────── 當天誕生的名人 ────────

傑克・凱爾艾克（1922・作家）　瑞琦・米妮莉（1946・女演員）

──────── 今天是什麼日子？ ────────

植樹節。

他的生日

你的紀念日

3 |13日

蒲公英
花語：輕薄

♥ 紅縞瑪瑙
寶石語言：夫婦的幸福

〔誕生花占卜〕

　　說到蒲公英，就讓人想到鮮黃色的花只要輕輕一吹就飄走了。一口氣就能把帶有絨毛的種子吹走的話，幸運就會來拜訪。

　　在法國如果要摘草，就是摘蒲公英。把嫩葉摘下來，可以做成沙拉來吃。

　　在這天出生的你，太過於慎重，容易錯過時機。有時要以壓過別人的積極態度行事。

〔寶石故事〕：紅縞瑪瑙

　　古代地中海文明正強盛的時候，紅縞瑪瑙是具有治癒疾病神祕力量的寶石，只准神官等特別的人擁有它。紅白二色混合的紅縞瑪瑙，能行治癒絕症的奇蹟，可達成長生不老的願望。

　　若送禮物給最重要的人，這是最合適的。

──────── 當天誕生的名人 ────────

吉永小百合（1945・演員）　卡爾薩（1967・足球選手）

──────── 今天是什麼日子？ ────────

台北市政府與美國亞利桑那州的鳳凰城締結姊妹市（1979）。

他的生日

你的紀念日

³|14日

安修里昂　　♥　水　晶

花語：不修飾的愛　　　寶石語言：純粹

〔誕生花占卜〕

　　或許很多人認為這是很紅、很稀奇的花，其實紅色的部分是花苞，花苞裡像小動物的尾巴似的伸出來的東西才是花。原產地在南美的哥倫比亞。最近青白種的各式各樣顏色已被栽種出來。

　　在這天出生的你，防衛性很強，是不和人交心的典型。稍微開放自己的心房，會有想像不到的際遇。

〔寶石故事〕：水晶

　　水晶的透明被當做是集聚所有力量的「完備」。在古希臘，水晶被認為是「用神的手做成的水晶靈之魂」，被認為是全能的石頭，十分受重視，且被認為可以結合潛意識和意識，才會有水晶球占卜那樣神秘的使用方法。

────── 當天誕生的名人 ──────

阿爾貝特・愛因斯坦（1879・物理學家）

────── 今天是什麼日子？──────

他的生日

你的紀念日

3 |15日

辛 夷 ♥ 鑽 石

花語：自然的愛　　　　寶石語言：清淨無垢

〔誕生花占卜〕

〔寶石故事〕：鑽石

走在春天的山野，迎面而來的大樹上開滿了純白的花朵，那就是辛夷。木蘭科，因為花朵較小而命名。漢方中，此花乾燥後製成的感冒藥很受重用。

在這天出生的你，只要是眼前的東西，什麼都想要。現在的戀愛也是掠奪愛。你要覺悟，有一天會成為戀愛的失敗者。

16世紀的佛羅倫斯發生了一件事。當時，他們認為鑽石裡面有毒，有一個貴族把一顆鑽石交給雕刻家，要他把鑽石切成小塊，混入國王的飲食中。

但是雕刻家把鑽石據為己有，以水晶代替給國王食用，國王因此撿回一條命。不過鑽石有毒的說法後來也遭到否定。

———— 當天誕生的名人 ————

五味川純平（1916・作家）　武豐（1969・騎士）

———— 今天是什麼日子？ ————

他的生日

你的紀念日

3|16日

君子蘭
花語：愛慕虛榮

♥ 海藍寶
寶石語言：聰明

〔誕生花占卜〕

　　雖然名字裡有個蘭字，事實上屬龍爪花科，原產地是南非。其學名有高貴的意思。在伸得長長的莖上，好幾朵花束在一起，開得很華麗。

　　在這天出生的你，即使已經是大人了，個性仍像個小孩，在社會上做事這樣是不行的。善於戀愛卻難於結婚，原因就在此。

〔寶石故事〕：海藍寶

　　海藍寶是3月的誕生石，寶石語言是「聰明」。其透明感很高，讓人想到海的透明度，是很純粹的結晶石，對於初次戀愛的情侶最合適。第一次喜歡某人時，據說只要每天晚上對著海藍寶祈求，訴以愛的語言，就可以達成願望。這是反映月之女神力量的寶石，會帶來豐碩的成果。結婚生活中會有寶貝兒子。

────── 當天誕生的名人 ──────

柏原崇（1977．歌手演員）　淺利慶太（1933．演出家）

────── 今天是什麼日子？ ──────

美國郵局發行世界上第一本郵票簿（1900）。

◆

他的生日

你的紀念日

3│17日

竹香蘭 ♥ 祖母綠

花語：愛情的束縛　　寶石語言：幸福

〔誕生花占卜〕

這是蘇格蘭古堡的傳說。住在古堡的美麗少女陷入愛河，戀人用花草結成長長的蔓藤投進古堡。少女要沿著蔓藤下來的時候，蔓藤斷了，少女失去生命。隔年，蔓藤旁就開滿紅色的花朵。

在這天出生的你，缺點是精神意志非常薄弱。你是屬於有能源的人，可以經由坐禪鍛鍊精神，為人生開闢出一條道路。

〔寶石故事〕：祖母綠

埃及女王克婁巴特拉以喜愛寶石聞名，她特別喜愛祖母綠。當時有座礦山誇稱其祖母綠出產量是世界第一，克婁巴特拉就將此礦山以自己的名字命名為「克婁巴特拉礦山」。

這座礦山出產的祖母綠，幾乎都獻給這位女王。大顆的祖母綠做成裝飾品或是縫入她的衣服，小顆的就磨成粉，當做化粧用品。

――――――當天誕生的名人――――――

洛勃·羅（1964·演員）　山本陽子（1942·女演員）

――――――今天是什麼日子？――――――

國醫節·東京巨蛋完成日。

◆

他的生日

你的紀念日

3 | 18日

折鶴蘭　♥　金綠石

花語：祝賀　　　寶石語言：隱藏想法

〔誕生花占卜〕

這是陽台園藝最受歡迎的花。生長得很快的莖上，一下子長出新株，這新株讓人想到折鶴，因此而得名。花如米粒般小，細看十分惹人憐惜。

在這天出生的你，是所謂「訂單很多的料理店」型。把自己的事擱著不管，花太多時間去應付別人要求的事，是無法培養友情和愛情的。如果轉而要求自己，你會像脫一層皮似的，成為很好的女孩。

〔寶石故事〕：金綠石

在太陽光下、自然光下，是草的顏色；在蠟燭光下，則像草莓一般。這種寶石被發現時，人們一定不得不瞪大眼睛吧。其顏色上的兩面性，使它被選為雙子座的象徵，6月的誕生石。以及星期五誕生者的誕生星期石。這是非常罕見的寶石，寶石店幾乎找不到，如果有的話，也是天文價格。

──────── 當天誕生的名人 ────────

史蒂芬・馬拉梅（1842・詩人）　約翰・阿柏泰克（1932・作家）

──────── 今天是什麼日子？ ────────

◆

他的生日

你的紀念日

3|19日

含羞草　♥　珍　珠

花語：溫暖的友情　　　寶石語言：健康・長壽

〔誕生花占卜〕

這是生長在歐洲的花，長長的枝頭上開著黃色的花群，很受喜愛。現在廣泛栽種於全世界，成為普遍的花。

在這天出生的你，特徵是人體節律的波期很大。低調時要充電，可以考慮做長期旅行。在旅途中相遇的人，很可能成為今後人生的重要人物。晚年運最好，不要著急。

〔寶石故事〕：珍珠

英國的王冠上鑲了7個大珍珠，這珍珠是菲連茲的富豪邁吉茲家嫁到法國的卡多利時，其伯父送的禮物。她嫁給法國國王不久就成為寡婦，回到英國後，把珍珠轉送給英格蘭女王。

女王死後，就拿去裝飾王室的王冠。

當天誕生的名人

徐若瑄（1975・演員歌手）　布魯斯・威廉（1955・演員）

今是什麼日子？

他的生日

你的紀念日

3 | 20 日

菊 苣　　♥ 貓眼石

花語：節約　　　　寶石語言：變心

〔誕生花占卜〕

　　沐浴在春意正濃的陽光下，帶有藍紫、紅色的白花開成一片，好似「太陽的花園」。其別名即為「太陽花」，種子具媚藥效果。

　　在這天出生的你，是不是有點喜歡猜臆？稍微放寬心胸一點。開創人生要靠自己的力量，要用積極的方法手段，才能點燃愛人的心。

〔寶石故事〕：貓眼石

　　是礦物，但又像具有生命似的，有著朦朧的光澤。貓眼石自古就十分稀有，被認為不存在這個世上，傳說貓眼石出現時，就是救世主來訪的時刻。

　　貓眼石也被視為神明的眼睛。據說，遇到困難時若向貓眼石求救，再困難的事都能突破。

───── 當天誕生的名人 ─────

梅原猛（1925・古代史學者）　郭泰源（1962・職業棒球選手）

───── 今天是什麼日子？ ─────

郵政節。

他的生日

你的紀念日

3 |21日

寒 櫻　♥　鑽 石

花語：自立　　　　寶石語言：清淨無垢

〔誕生花占卜〕

　　花如其名，春天時最早開的花就是寒櫻。小小的花朵給人溫柔的印象，很適合春天剛來的時候。

　　易於自生自長，所以山中只要有一株，立即就滿山落英繽紛，真是一幅自立的心象風景。

　　在這天出生的你，非常欠缺體貼心，十分富於金錢慾，所以一生富有。

〔寶石故事〕：鑽石

　　鑽石是希臘語，據說其意為什麼都不會被征服。是所有礦石裡硬度最硬，不會被任何東西刮傷。

　　「不會被征服」，是古代到中世紀國王的最高願望。所以鑽石象徵守護國家的平安，國王大都以大的鑽石原石，來做為祈求國泰民安。

――――――― 當天誕生的名人 ―――――――

約翰・歇巴斯狄安・巴哈（1685・作曲家）

――――――― 今天是什麼日子？―――――――

他的生日

你的紀念日

3 |22日

淫羊藿　　♥　珍　珠

花語：不放棄你　　　　寶石語言：健康・長壽

〔誕生花占卜〕　　　　　〔寶石故事〕：珍珠

細細的莖梢，開著有如船隻靠港停泊樣子的花，因此而得名。花色為淡紫、紅紫，野生在日本東北以南各地。

在這天出生的你，十分奢侈浪費，一點也不知道現實的嚴酷，屬於天真浪漫型。這樣的你，做為遊玩的同伴是很好，但不被選擇為人生的伴侶，這點要稍微有所自覺。

古代埃及被羅馬軍隊占領時，埃及第一美人埃及女王在羅馬將軍凱撒死後，馬上成為安東尼的愛人。

當她感到安東尼不再愛她時，便把世上最大的珍珠弄碎，放入醋中飲乾，欲以全身珍珠般的光輝來吸引安東尼。這是和珍珠相關的愛情故事。

———— 當天誕生的名人 ————

米利根（1868・物理學者）　大橋巨泉（1934・演員）

———— 今天是什麼日子？ ————

他的生日

你的紀念日

3 | 23日

三色紫羅蘭（紫色）♥ 印加玫瑰石

花語：只有兩個人的愛　　　寶石語言：隱藏的熱情

〔誕生花占卜〕

　　這是會讓人想起天鵝絨的濃厚紫色的花朵，給人蝴蝶般的可愛印象，那麼輕快，富於春天氣氛。這種花被稱為邱比特的箭，兩人一起凝視這種花，愛情一定會發芽。

　　在這天出生的你，有一點難纏，認為自己的價值觀很重要。藝術家或明星都是合適的職業。對戀人一點也不願妥協，所以結婚對象以成熟的人較好。

〔寶石故事〕：印加玫瑰石

　　是牡羊座的守護石，其紅色比紅寶石的還要紅，是世界上極為美麗的寶石。

　　原石經過琢磨，露出美麗的結晶，將之放在身上，據說能遠離人生苦難。小的飾品放在身上，可帶來戀愛的喜悅。

　　對婚前女性而言，這是塊藏了盡善盡美力量的神祕寶石。

當天誕生的名人

黑澤明（1910‧電影導演）　川上哲治（1920‧職業棒球選手）

今天是什麼日子？

世界氣象節（1961）。

◆

他的生日

你的紀念日

3月24日

秋海棠 ♥ 紫 晶
花語：單戀　　　　寶石語言：內心的和平

〔誕生花占卜〕

　　請仔細看一下秋海棠的葉子，其中一邊比另一邊大……。原產地在北印度，世界上大約有900種，還有各式各樣的改良品種，不論是盆栽還是花圃，它都占有一席之地。

　　在這天出生的你，個性認真開朗。工作上很有才能，一生安泰，但是愛情運有難，親子運似乎特別薄。

〔寶石故事〕：紫晶

　　透明的，像黃昏彩霞般，給人隱約朦朧之感，以及清淨之感，被當做純潔的象徵。對戒律極嚴的天主教徒而言，清淨被當做至高無上的美德，所以他們一生最大的願望就是擁有紫晶做成的念珠。

　　用紫晶念珠祈求願望，只要願望是純潔的，不管什麼都能達成。

───── 當天誕生的名人 ─────

威廉・莫利斯（1834・詩人）　史蒂芬・馬克恩（1930・演員）

───── 今天是什麼日子？ ─────

世界結核病日。

◆

他的生日

你的紀念日

3月25日

山慈姑　　♥　紅寶石

花語：初戀　　　寶石語言：熱情

〔誕生花占卜〕

在冬雪初融的山野，若看到淡紫色的小花隨風搖曳，那就是山慈姑。群聚而生是其特徵。太白粉是從其花的鱗莖取得的，現在大多以馬鈴薯的澱粉代用。

在這天出生的你，十分努力，卻總是功敗垂成，但仍不氣餒，這正是你了不起的地方。愛情運特別好，可以談數也數不清的戀愛。

〔寶石故事〕：紅寶石

3000年前，現在的歐洲有個「夢幻美麗王國」，這個國家有個美麗的公主叫做曼達雷，世界上的王子、勇者都想和她結婚，但不知為什麼，只要一靠近她就會為怪物殺死。

有一個王子打敗了怪物，娶到公主時，天地裂開，掉出一顆非常紅的紅寶石。紅寶石象徵愛的火焰。

當天誕生的名人

梁詠琪（1976．歌手演員）　的場均（1957．騎士）

陳文茜（政治家）

今天是什麼日子？

美術節（1944）。

◆

他的生日

你的紀念日

3月26日

西府海棠
花語：溫和

♥ 黃　玉
寶石語言：希望

〔誕生花占卜〕

晚春時分，花芽才緩緩在嫩葉間開出大紅色的花。與其說它是美麗的，不如說它是艷麗的，讓人想起美女身著和服的姿態。

在這天出生的你，常常語不驚人死不休。比一般人有耐性，必定會功成名就。可能是發表婚約或是得到新人獎，總之一定會因自己所重視的事發出光芒。

〔寶石故事〕：黃玉

狂歡節時，修善奴喜歡帶一個戴著獨角獸面具的年輕人，這個面具無論如何都拿不下來。修善奴在教會跪下來祈禱時，神告訴他，「解除魔咒的方法，是用金線穿過黃玉戴在胸前，等年輕人來的時候，把黃玉發出的光朝向面具」。修善奴照著這話做，於是解除惡魔的咒語，面具隨之破碎。面具後面是一個王子的臉孔……，修善奴很歡喜地和王子結婚了。這是法國的民間故事。

────── 當天誕生的名人 ──────
張信哲（歌手）　後藤久美子（1974．女演員）

────── 今天是什麼日子？ ──────
廣播節（1925）。

◆

他的生日

你的紀念日

3|27日

櫻　蘭　♥　水　晶

花語：人生的出發　　寶石語言：純潔

〔誕生花占卜〕

　　花像櫻花，葉子像蘭，因此而得名，是很受歡迎的觀葉植物。原產地在熱帶亞洲，不耐寒，溫度管理是照顧時的重點。

　　在這天出生的你，是非常道地的努力家。與其做一些虛有其表的工作，不如做能實地累積成果的研究工作。和志同道合的戀人結婚的話，兩人三腳，絕對會有很好的工作成績，就像居里夫婦一樣……。

〔寶石故事〕：水晶

　　在南美宏都拉斯叢林中，有長眠的古代馬雅文明。從遺跡挖出被稱為「安娜·貝幾斯水晶」的水晶，形狀不可思議地類似人的頭蓋骨。事實上，這是從重約5188克的巨大水晶原石，經過精密計算製造出來的。但為何用水晶進行這樣的細工，永遠是個謎。

當天誕生的名人

田邊聖子（1928·作家）　高峰秀子（1924·演員）

今天是什麼日子？

他的生日

你的紀念日

3 |28日

紫 荊 ♥ 黃 金

花語：背叛　　　　　寶石語言：至福之時

〔誕生花占卜〕

武士禮服是平安貴族很憧憬的，那是很高貴的顏色，只有身分高的人才可以穿。這個顏色是用紫荊花染成的。豆科，在西歐象徵背叛。

在這天出生的你，有著無人可比的魅力，但戀人老是被搶。不過，守護你的人永遠都在那裡，這個人最近可能會向你做愛的告白。

〔寶石故事〕：黃金

知道嬰兒要誕生了，就去打金鍊子……，這是歐洲名家流傳的習慣。進行洗禮儀式時，把鍊子掛在嬰兒胸前，成為守護終生的護身符。隨著成長，可把長度加長，或是改成手鐲……。

給女孩子的鍊子可採用纖細的蕾絲邊設計。由於各家傳統不同，流傳的樣式也有所不同。

──────── 當天誕生的名人 ────────

邱永漢（1924・商界名人）　的場浩司（1969・演員）

──────── 今天是什麼日子？ ────────

他的生日

你的紀念日

3|29日

杜鵑花(荷蘭改良種) ♥ 祖母綠

花語：知道愛的喜悅　　　寶石語言：幸福

〔誕生花占卜〕

當做盆栽很受歡迎。杜鵑花科，花朵大又艷麗。據說此名是源自希臘語「乾燥」的意思，請注意的意思不要給它太多的水。

在這天出生的你，非常受歡迎，是所謂的性格美人。初戀沒有結果，快30歲時，會有命運性的邂逅，這是你一生所追求的戀愛。

〔寶石故事〕：祖母綠

這是人類最早愛用的寶石，西元前4000年古埃及時代就開始挖掘，其礦山遺跡到現在還留著，被稱為克婁巴特拉礦山。從這座礦山出土的祖母綠都要送給國王。

古埃及的法老和神有同樣的地位，國王把祖母綠磨成粉食用，據說也可以得到和神一樣神聖的力量。

———— 當天誕生的名人 ————

蔣宋美齡（蔣介石夫人）　野澤直子（1963‧演員）

———— 今天是什麼日子？ ————

青年節。

他的生日

你的紀念日

³|30日

金盞花　♥　珍　珠
花語：跟你一樣的心情　　寶石語言：健康・長壽

〔誕生花占卜〕

　　花圃園藝中經常看得到雛菊，它可能是最為人熟悉的一種花。金盞花經常是在早上開花，晚上就閉起花苞，所以常用在戀愛占卜上。

　　在這天出生的你，不要陷在小框框裡，要更大膽地生活。要相信自己的才能。你的戀人正在等待你投向他的懷抱。

〔寶石故事〕：珍珠

　　克婁巴特拉神話裡，把珍珠溶化拿來喝的故事很有名。在中世紀，寶石被認為具有醫學效能和靈界的力量。羅馬法王為了提高自己在靈界上的指導力，在舉行重要宗教儀式的前一天，會把珍珠磨成粉，和做為耶穌血證的酒混在一起喝下去，此外還要在法衣上別上珍珠，更不用說了。

────── 當天誕生的名人 ──────
艾利克・庫拉布頓（1945・音樂家）

────── 今天是什麼日子？ ──────
出版節。

他的生日

你的紀念日

3月31日

油菜花　　♥　水　晶
花語：快活　　　　寶石語言：純潔

〔誕生花占卜〕

　　從冬眠甦醒過來的原野，被油菜花染成一片黃色。也可以做為插花來欣賞，但野生成群菜花的豐饒，更能直接帶給我們春天到來的喜悅。

　　在這天出生的你，個性調皮可愛。你知道周圍都被你弄亂了嗎？要避免從傍晚開始的約會，野外、海邊等等戶外場所比較健康。

〔寶石故事〕：水晶

　　水晶是一經磨擦，力量就會提高的愛情石之一。因為磨擦後會出現彩虹的色澤，所以自古就傳說它是光的結晶石。身上戴著隱藏了彩虹色的水晶石，內在潛力會提高到極限，能完成偉大的工作。牛頓藉著折透光線的水晶，而有光譜的世紀發現，非常有名。

──────── 當天誕生的名人 ────────

大島渚（1932．電影導演）　筒井道隆（1971．演員）

──────── 今天是什麼日子？ ────────

他的生日

你的紀念日

4月1日

珍珠梅
花語：友情‧努力

♥ 鑽　石
寶石語言：清淨無垢

〔誕生花占卜〕

　　櫻花花瓣片片掉落，其下開著純白的花，結成球狀，枝芽以溫柔的彎度下垂，那就是珍珠梅。薔薇科，每一朵花都有五片花瓣。

　　在這天出生的你，是離不開父母庇蔭的典型。如果再怎麼糟都不願獨立的話，結果會像連續劇那樣悲慘。

〔寶石故事〕：鑽石

　　鑽石是4月的誕生石，寶石語言是「清淨無垢」。非常透明，大小不及小指頭尖，卻能發出無限光芒，據說是神之靈魂的結晶。酸、光線、水分等都不能侵蝕它，這種不變的特質被當做愛的誓言的象徵。

　　訂婚戒指不管大小，一顆鑽石就是一個決定。

———— 當天誕生的名人 ————
三船敏郎（1920‧演員）　相原勇（1967‧演員）

———— 今天是什麼日子？ ————
主計節‧愚人節。

◆

他的生日

你的紀念日

4 12日

水晶花
花語：秘密

♥ 紫 晶
寶石語言：內心的和平

〔誕生花占卜〕

〔寶石故事〕：紫晶

「在水晶花飄香的籬笆裡……」就像這首歌一樣，水晶花是從春到初夏盛開著的代表花。有白色多層次的、也有大朵單層的各個種類，因為看來楚楚可憐，這種風情吸引人們的注意。虎耳草科，原產地是日本。莖中空，所以也稱為水晶花束。

在這天出生的你，是個自我陶醉愛穿洋裝的人。對他人嚴厲，所以他人也會批判你。必須反省。

在中世紀的歐洲，wine是表示解凍神血的酒，把wine解凍的紫晶裡，包含了聖父、聖子、聖靈三位一體的愛，是象徵崇高信仰的寶石，評價極高。

據說建造教會時，會在地基埋藏質地很好的紫晶。教會完成時，紫晶發出的光芒就象徵神的榮光。

———— 當天誕生的名人 ————
安迪遜（1805・作家）

———— 今天是什麼日子？ ————

他的生日

你的紀念日

4|3日

延命菊（多重瓣）♥ 藍寶石

花語：**誠實的愛**　　　寶石語言：**慈愛・誠實**

〔誕生花占卜〕

　　阿爾卑斯山少女海姬拿來做成花束的，一定是這種花。花開多層，在園藝裡很受喜愛。延命菊的希臘語是「珍珠」之意，可能是其白色花朵給人放了一層珍珠的印象之故。菊科多年草，在園藝裡有越年的可能。

　　在這天出生的你，屬於堅固耐用型。不注重小節，毫無風趣反而是你的優點。戀愛裡欠缺協調，是你和他之間的紅燈信號。

〔寶石故事〕：藍寶石

　　真正清澄的水，帶有隱約的藍色。藍寶石象徵世上的純潔之最。藍寶石具有讓主人有求必應的神秘力量，這或許就是它本身的純潔所帶來的。

　　據說古代神明治理這個世界時，透過藍寶石的光，看到真實，瞭解真實。

當天誕生的名人

艾迪・墨菲（1961・演員）　大谷直子（1950・演員）

今天是什麼日子？

◆

他的生日

你的紀念日

4│4日

三葉草（白色）❤ 水　晶

花語：幸運的預感　　　　寶石語言：純潔

〔誕生花占卜〕

在春天的原野上，讓人想起戴著用三葉草的花編織花冠的少女。據說4片葉子的三葉草是幸運的護身符。三葉草通常是3片，要是尋找到4片葉子，是非常幸運的，想來是沒注意到天黑了，拼了命找才找到的。

在這天出生的你，是盲目型的人。那麼急，是要到哪裡去？讓對方跑掉的情形，應該不少次吧！

〔寶石故事〕：水晶

就像水和水會合就成為河川，河川和河川會合就成為更大的河川一樣，水的寶石水晶，使人與人之間結合後，會產生更大的不可思議的力量。遇到某人和他結合，當然並非全靠水晶的力量。重視緣的佛教，誦經時，會一邊撥動念珠，一邊祈禱更好的緣。

水晶對祈求要相遇的人來說，是最好的守護石。

——當天誕生的名人——

馬格利特・狄拉斯（1914・作家）

——今天是什麼日子？——

婦幼節。

◆

他的生日

你的紀念日

4|5日

金雀花
花語：清楚

♥ 祖母綠
寶石語言：幸福

〔誕生花占卜〕

映入眼簾的若是開在矮木上的金黃色花朵，那就是金雀花。巫女乘坐的掃把就是用這種樹枝做成的。基督教裡傳說耶穌被追趕時，因為躲在金雀花樹蔭下而逃過一劫。

在這天出生的你，從事要用到靈巧的雙手的職業較好。10幾歲就結婚並非天方夜譚。二次結婚是在30多歲。有孩子運。

〔寶石故事〕：祖母綠

天父知道耶穌被釘在十字架上，就用祖母綠做成杯子，命令天使把耶穌胸口流出的血盛起來，澆到耶穌身上。瞬間，失去生命的耶穌復活了。拿著聖杯的約瑟夫改名為甫列斯敦‧強，到印度去，把聖杯埋在地底深處。人們相信總有一天聖杯會被找出來。

當天誕生的名人
黑貝爾特‧馮‧卡拉夏（1908‧指揮家）

今天是什麼日子？
清明節、音樂節。

◆

他的生日

你的紀念日

4|6日

木　蘭　♥　血　石

花語：對自然的愛　　　寶石語言：勇敢

〔誕生花占卜〕

　　樹高2公尺左右，屬於中高的樹木，花很大朵。花瓣形狀有如刮刀，自古就稱為木蘭。根據化石，一億年以前它就存在於地球。

　　在這天出生的你，給家族、友人平等的愛。金錢運不強，所以要懂得存小錢。音樂可能是找到戀人的緣份所在。

〔寶石故事〕：血石

　　血石是牡羊座的守護石，有終生守護在這個星座出身之人的力量。在古代，據說這種石頭是神血凝固成的，把它戴在身上，就可和神長相左右。據說開天闢地時，太陽是在牡羊座的位置。在這個星座出生的人，是天生的領導者，血石能更加提高其領導能力。

────── 當天誕生的名人 ──────

宮澤里惠（1973・演員）　別役實（1937・劇作家）

────── 今天是什麼日子？ ──────

◆

他的生日

你的紀念日

4 7日

楊 柳 ♥ 鑽 石

花語：順從　　　　　寶石語言：清淨無垢

〔誕生花占卜〕

說到楊柳，就讓人想起它低垂在水面，有高有低，優美伸展的姿態。它開花嗎？它分雌雄，從春到初夏在尾端聚集了許多花穗。

在這天出生的你，關於戀愛，是只聞樓梯響的典型。不會失敗，當然也不會成功。要有遇到挫折的覺悟，趕快打電話給喜歡的人吧……！

〔寶石故事〕：鑽石

鑽石自古就被尊為神，據說擁有這種石頭的人，就是被神選出的特別的人。不可思議的是，一般百姓如果偷偷藏著鑽石，就會遭到很大的不幸，所以挖到鑽石的原石時，會馬上獻給國王，國王就給予禮金。

挖到鑽石，象徵子孫可以過著富裕的生活。

當天誕生的名人

比利・荷里地（1915・歌手）　成龍（1954・演員）

今天是什麼日子？

衛生節。（1940）

◆

他的生日

你的紀念日

4 8 日

櫻 花 ♥ 紅寶石

花語：精神美 寶石語言：熱情

〔誕生花占卜〕　　　　〔寶石故事〕：紅寶石

這是日本的國花，滿滿開遍時散發出的美，特別符合日本人的心情。栽種在很多賞花名地的櫻花，是源自江戶時代的花種。古代受喜愛的櫻花是山櫻。

在這天出生的你，年齡不大人生經驗已很豐富。你要享受更年輕一點的生活。戀人和結婚是兩回事，老是什麼事都知道的話，對方是會離開的。

紅寶石是牡羊座的守護石，常常成為代罪羔羊，守護主人的身體。自古就被當做叫出靈界力量的寶石。現在的自己強烈地感覺到不知如何是好時，把紅寶石戴在身上，內在的自我馬上就會甦醒過來，找到自我，得到滿足的人生。

據說，它還能招來戀人，幫我們找到理想的戀人。

———— 當天誕生的名人 ————
釋迦牟尼（BC 564） 桃井薫（1952．女演員）

———— 今天是什麼日子？ ————

他的生日

你的紀念日

4 | 9日

海州骨碎補(忍草) ♥ 紅縞瑪瑙

花語：快一點來吧　　　　　寶石語言：夫婦的幸福

〔誕生花占卜〕

　　紫色的小花覆蓋著2公尺高的樹木，滿滿開著，和葉子交互穿插生長，花景非常漂亮。英文名為「雅各的梯子」。據說這樹繼續生長，將可上達天國。

　　在這天出生的你，是把喜怒哀樂放在臉上的正直的人。若能讓表情深不可測，工作成績應該會更加提高。改變上班的路線，愛情的機會就會到來。

〔寶石故事〕：紅縞瑪瑙

　　紅縞瑪瑙是牡羊座的守護石。這個星座的人的缺點是無法抑制自己的多情。雖然已有深愛自己的人，但很快又會被其他人吸引，這是宿命。要預防不倫和家庭破裂，只有把紅縞瑪瑙放在身上。和男朋友處得不好時，紅白兩色的紅縞瑪瑙更能發揮力量，恢復兩人間的友好。

———————— 當天誕生的名人 ————————

波特雷爾（1821・詩人）　佐藤春夫（1892・詩人）

———————— 今天是什麼日子？ ————————

他的生日

你的紀念日

4|10日

紫　草　♥　水　晶

花語：快活　　　寶石語言：純潔

〔誕生花占卜〕	〔寶石故事〕：水晶
非常像蓮花，但稍微大一點。江戶時代從荷蘭進口玻璃器具時，紫草因做為填塞物而得名。 　　在這天出生的你，經常在解決迫於眉睫的事情，總是顯得焦頭爛額。在海邊避暑勝地的約會，會讓戀愛有結果。	古代腓尼基夫婦在結婚典禮上要使用水晶杯。水晶是最透明的，如果愛情不純潔，水晶杯就會蒙上一層陰影，那麼婚禮就不能成立。 　　現在當地仍傳說著，水晶會守護因純潔的愛而結合的人。年輕的戀人在首次約會時，如果戴著水晶飾品，就會被守護。

當天誕生的名人

堂本剛（1979・歌手演員）　松永幹夫（1967・騎士）

今天是什麼日子？

他的生日

你的紀念日

4|11日

棣　棠
花語：典雅

♥石榴石
寶石語言：**真實的愛**

〔誕生花占卜〕

很久以前，天使灑落天國的金幣，落到地上，就變成了這種花……。花有單層和多層的，多層的不會結果，有一首著名的歌曲是這樣的，「花兒開了七層八層，但一個果實也結不出來，實在是很悲哀」。

在這天出生的你，不和別人好好相處，反而嫉妒心很強，這就是被人討厭的原因。把人和人之間分得太清楚了。不要急於結婚，要等待和自己最合適的人相遇。

〔寶石故事〕：石榴石

石榴石中，有一種紅色中帶有些微的黃色，像清晨的雲一般閃耀著光輝，像是凝聚了即將升起的太陽光芒。它可以達成世上的願望，充滿強大的力量。不少人想要擁有的第一個寶石，就是這種寶石。從貧窮舞者成領主王妃的可奈莉亞，經常戴著這種寶石。

──────── 當天誕生的名人 ────────

小林秀雄（1902・評論家）　森高千里（1969・音樂家）

──────── 今天是什麼日子？────────

他的生日

你的紀念日

4|12日

松葉菊
花語：忍耐

♥ 藍寶石
寶石語言：慈愛・誠實

〔誕生花占卜〕

葉像松葉，花似菊花，由此得名。非花草種類，為番杏科的多肉植物，別名仙人掌菊由此而來。原產地在南非。花朵色彩鮮艷，太陽下山時，花會閉起來，下雨天也不開花。

在這天出生的你，個性非常活潑，適合做電視主播。和年紀比你小的人結婚是命中註定的。

〔寶石故事〕：藍寶石

猶太教唯一的神耶和華的玉座使用的寶石，就是藍寶石。耶和華把這個玉座的一部分剝下來遮住天，讓人知道神的威光。

據說耶和華的忠實僕人摩西，是當時少數能讀文字的智者。他能透過藍寶石讀取神記下的法律。藉此法律，他在神所約束的土地上，領導人民。

當天誕生的名人

森川由加里（1963・歌手）　田中康夫（1956・作家）

今天是什麼日子？

華航自台北經紐約至荷蘭的航線首航（1980）。

◆

他的生日

你的紀念日

4 |13日

霞 草 ♥ 鑽 石

花語：清心　　　　　寶石語言：清淨無垢

〔誕生花占卜〕　　　　〔寶石故事〕：鑽石

很小朵的花，一點一點開在細細的莖上，在春野像雲霞繚繞般而得名。白色、淡紅色的花外，還有好像吸到水一樣變化出藍色、紫色的花，花色極多。

在這天出生的你，太過時髦，常常會下不了台。偶爾穿和服約會，你的他會另眼相看。

要是有人自誇地說：「他送了我一顆鑽石」，馬上就會有人問：「是幾克拉的」。不只是鑽石，寶石的大小單位都是以克拉計，此單位源自印度的豆子。

這種小豆子的大小不可思議地平均，在過去欠缺精密度量儀器的時代，凡和這豆子一樣大小的就稱為「1克拉」。

────── 當天誕生的名人 ──────

西城秀樹（1955・歌手）　萬田久子（1958・演員）

────── 今天是什麼日子？──────

他的生日

你的紀念日

4|14日

波斯菊　　♥　貓眼石

花語：競爭心　　　　寶石語言：得到幸福

〔誕生花占卜〕

　　菊科，花小而不起眼，因此也被喚做「三蒲的種子」這種可憐的別名。但是細看之下，它也是動人的花。

　　在這天出生的你，是隨遇而安的人。但人生之路不會永遠平坦，要事先培養忍耐試鍊時的堅強。現在正進行的戀愛對象，周圍的人都很反對，經濟上的難題很棘手。

〔寶石故事〕：貓眼石

　　貓眼石以白底帶有各種色調的為代表。墨西哥貓眼石有紅、綠、紫、彩霞色等各種質地顏色，其中最受珍視的是被稱為懷亞的紅色質地的。

　　澳洲黑色質地的貓眼石被稱為黑貓眼石，像孔雀羽毛般，在深綠色中，各種顏色色調忽而浮現忽而消失。

──────── 當天誕生的名人 ────────

今井美樹（1964．歌手）　工藤靜香（1970．歌手）

──────── 今天是什麼日子？ ────────

台灣實施「三七五減租」、「耕者有其田」政策（1949）。

◆

他的生日

你的紀念日

4│15日

蝦脊蘭　♥　珍　珠

花語：謙虛的願望　　寶石語言：健康・長壽

〔誕生花占卜〕

　　蘭科多年草。開著蘭科般的華麗花朵，學名意為「2色」，一朵花上有兩種色調，這個不可思議的現象吸引了很多人。它的名字是取自其地下的球根彎曲像蝦，結成數珠狀。

　　在這天出生的你，是討厭失敗的超自信家。這樣下去，會成為牽著別人鼻子走的人，最好謙虛一點。

〔寶石故事〕：珍珠

　　據說歷史上最美的女人是克麗巴特拉，她每天都把一顆珍珠磨成粉來喝，保持她的美麗。說到巴麗巴特拉與珍珠，就會想到她在安東尼的宴會上，把戴在耳朵的大珍珠放到醋裡喝掉，這段軼事十分有名。

　　據當時的珍珠商說，那顆珍珠值37萬5千的埃及磅。換算成現在的幣值，大約是三千萬台幣。

―――――― 當天誕生的名人 ――――――

范文雀（1948・演員）　柴玲（1966・民運人士）

澎恰恰（演員・節目主持人）

―――――― 今天是什麼日子？ ――――――

他的生日

你的紀念日

4|16日

飛燕草 ♥ 紅寶石
花語：晴朗　　　寶石語言：熱情

〔誕生花占卜〕 　　〔寶石故事〕：紅寶石

在日正當中酷熱時，開著淡紫色或白色的花。金鳳花科，花瓣稍微捲曲，像燕子飛翔的姿態，因此叫做飛燕草，或許，是因為在燕子飛來時開花吧。原產地在南歐，明治左右傳到日本。

在這天出生的你，無法拒絕誘惑。做為成熟的女人要學會說不。換工作後，會有命運性的相遇。

這是紅色的鋼玉礦石。鋼玉是產量極豐，但紅色的鋼玉很稀有，在很多國家，紅寶石正是做為守護一國命運的護國石。

質地甚優的紅寶石，顏色有如鳩之血，只在某些山地可以開採到。

────當天誕生的名人────

查爾斯·查普林（1889·演員）　季芹（1976·演員）

────今天是什麼日子？────

他的生日

你的紀念日

4月17日

月桂樹
花語：光榮

♥ 水　晶
寶石語言：純潔

〔誕生花占卜〕

古代奧林匹克勝利者的頭上戴的就是這種葉子、小枝編成的環冠。現在馬拉松賽的勝利者也戴這種環冠。它有除魔的效果，香氣濃郁芬芳，非常適合誇讚榮耀。花雖不醒目，但很可愛。

在這天出生的你，缺點是太任性。你的娛樂方式很多，在你身邊，有很多迷戀你的人……。

〔寶石故事〕：水晶

一萬年前甚至更久以前，就以水或冰占卜靈的事物及未來。但水會蒸發，冰會溶解，直到發現水晶，才欣喜若狂，覺得這種寶石才是永久不變的象徵。

之後，只准許向神發誓愛情永遠不變的少女把水晶戴在身上。打破和神之間的誓言時，水晶也會粉碎。

───────── 當天誕生的名人 ─────────

板垣退助（1850・政治家）　尼基達・S・赫魯雪夫（1894・政治家）

───────── 今天是什麼日子？ ─────────

中華婦女反共抗俄聯合會正式成立（1950）

◆

他的生日

你的紀念日

4|18日

杜鵑花 ♥ 黃 玉

花語：典雅　　　　寶石語言：希望

〔誕生花占卜〕

這是在庭院、公園、圍牆最容易找到的花之一。花色有白、粉紅、紫、紅、雜色斑紋各種色彩，把春天彩繪得十分熱鬧。摘下花吸食花芯蜜汁的孩童時代多令人懷念。

在這天出生的你，擁有很棒的才能，但因為畏首畏尾，所以才能無法開花結果。你要積極一點。戀愛也是一樣，你要學習主動。

〔寶石故事〕：黃玉

有一種說法是，黃玉在希臘語的語源是「追求探索」。從前，為尋找寶石而出城的男人，在紅海的浮島上，發現了金黃色寶石。但該島濃霧迷漫，對島上叫著「黃玉、黃玉」，結果走出的迷道，也發現了這金黃色的寶石，於是就叫它做黃玉。這名稱反映了人心中所憧憬的事物。

―――――― 當天誕生的名人 ――――――

島尾敏雄（1917．作家）　宅麻伸（1956．演員）

―――――― 今天是什麼日子？ ――――――

國民政府奠都南京紀念日（1927）

◆

他的生日

你的紀念日

4|19日

大飛燕草　♥　藍寶石

花語：反覆無常　　　寶石語言：慈愛・誠實

〔誕生花占卜〕

這恐怕是街上花店裡最受歡迎的花。它有蘭花的艷麗，金鳳花科。希臘語是海豚的意思。花形和躍動有關聯。花有單瓣、多瓣的，花色有藍到紫多種變化。

在這天出生的你，好像會走路的百科事典，精明能幹。和男朋友之間可能有暗礁。

〔寶石故事〕：藍寶石

在古代波斯，藍寶石是支撐天地的寶石。

據說大地是巨大的藍寶石原石製造出來的，所以天空反映為藍色，大海也是藍的。大地孕育所有生物、食物，大地的碎片即為藍寶石的光芒，被認為很貴重。

當天誕生的名人

周俊偉（歌手）　礒貝洋光（1969・足球選手）

今天是什麼日子？

第一次世界小姐選拔在英國舉行（1951）

他的生日

你的紀念日

4│20日

黃紫藤
花語：淒美

♥ 印加玫瑰石
寶石語言：隱藏的熱情

〔誕生花占卜〕

提起黃色的紫藤，大概就可以想見這種花的風情。盛開於復活節，成為復活節不可少的裝飾。豆科，原產地在南歐。最近在日本已看得到。

在這天出生的你，是裝模作樣的名人。受批評只是時間的問題。和男朋友最好坦誠相見。

〔寶石故事〕：印加玫瑰石

產於安地斯山脈，蘊藏著燃燒似的紅色光輝。這裡的礦物為最高純度的結晶，使地底下開出大紅色的花。

據說這種寶石具有激發潛藏的生命力的效果。在印加，若有人因死亡、背叛而失去愛人，則這種寶石是送給他的最高級禮物。把這塊礦石配戴在身上，慢慢地才能受惠於大愛。

───────── 當天誕生的名人 ─────────

米羅（1893・畫家）　潔西卡・蘭克（1949・演員）　彭佳慧（歌手）

───────── 今天是什麼日子？ ─────────

他的生日

你的紀念日

4|21日

繁星花(紫色) ♥ 水 晶

花語：知識　　　　　寶石語言：純潔

〔誕生花占卜〕

春夏之間想種花的話，這是不可欠缺的花。它像沙沙作響的紙花，是觸感細緻的花。最近因生物的進步，給人華麗之感的芭蕾舞者、玫瑰也都上市了，更加受到歡迎。

在這天出生的你，應該有很多關係深於朋友但又未達到戀人程度的男朋友。血型 B 型的話，是灰姑娘型的。財運為飛黃騰達。

〔寶石故事〕：水晶

古代埃及把死者做成木乃伊時，會在其額上放一小塊小水晶玉。這個水晶玉成為人死後走在黃泉路上必要的第三隻眼。

死者藉著水晶，才能看到靈界。地上的圓形水晶，是看過靈界各式各樣事物後，被送回到世上的，具靈界力量，因此很受珍重。

當天誕生的名人

伊莉莎白二世（1926・英國女王）

今天是什麼日子？

新竹地區發生強度六級大地震（1935年）

他的生日

你的紀念日

4│22日

金鏈花 ♥ 鑽 石

花語：戀愛的火焰　　寶石語言：清淨無垢

〔誕生花占卜〕

〔寶石故事〕：鑽石

　　蔓藤類、沿圍籬而開的紅色、深橘鮮艷花朵。葉子覆蓋著花，像是古代戰士用鐵鋼盔保護身體的樣子，所以在歐洲是祈禱戰勝的花，拿來贈送給出征的戰士。

　　在這天出生的你，永遠不脫少女稚氣。對此有給予好評的，也有加以批評的。異性運不怎麼好，你要有自覺。

　　這是4月的誕生石。被當做結婚戒指，對女性來說是重要的寶石之一。其理由是，它是地球上硬度最高、最難刮傷的寶石，光輝永遠不變，對永遠不變的愛的誓言來說，這是最適合的寶石。最近像水晶一樣的下墜切割法及四角形切割的多角鑽石都很受歡迎。

―――――― 當天誕生的名人 ――――――

三宅一生（1938・服裝設計師）

―――――― 今天是什麼日子？ ――――――

他的生日

你的紀念日

4 | 23 日

瞿 麥 ♥ 翡 翠

花語：長久持續的友情　　寶石語言：幸運

〔誕生花占卜〕

少女犧牲自己的生命，解救遭惡魔詛咒的王子。王子把少女變成一朵花，回到城堡再把她變成人，兩人終於結婚。關於瞿麥，流傳了這樣的故事。瞿麥是秋天七草之一，但花期卻從春至秋，長期供人欣賞。

在這天出生的你，像神仙似的具慈悲之心，因此，卻被戀人嫉妒。

〔寶石故事〕：翡翠

古來中國提到玉便是指翡翠，可見其十分受喜愛。從玉座、玉璽、玉詔可知，玉並非單指寶石之意，泛指國家。

圓圓的綠色石頭中有很多上品，像炒銀杏的綠色就被稱為「琅玕」，5000年的中國歷史中，只開採出數個。

當天誕生的名人

雪莉‧坦普爾（1928‧演員）　園山俊二（1935‧漫畫家）

今天是什麼日子？

他的生日

你的紀念日

4|24日

加利福尼亞罌粟 ♥ 水　晶

花語：希望　　　　　　　寶石語言：純潔

〔誕生花占卜〕

如其英文名加利福尼亞罌粟般，這種花具罌粟科特有的風情。花如太陽般閃耀著金黃色，很多人大概都想去看看盛開著這種花的美國西海岸吧。

在這天出生的你，以很慢的步調前進，最後終告勝利，是烏龜型的人。丈夫是青梅竹馬的同伴，這之前的數次戀情是青春的回憶。

〔寶石故事〕：水晶

水晶之名得自希臘語「crystallo 清澄之水」。清澄的水在地球結凍，就成為水晶。據說把水晶磨成粉狀喝下，可以永生。

古代醫生在國王病倒時，就拿水晶粉給他飲用，他們相信，這樣即使肉體凋零，靈魂也可長在。

———————— 當天誕生的名人 ————————

雪莉・馬克連（1934・演員）　加藤久（1956・足球選手）

———————— 今天是什麼日子？ ————————

蔣經國在紐約的廣場旅社遭手槍射擊，幸無人傷亡（1970）。

他的生日

你的紀念日

4 |25日

松蟲草 ♥ 紅縞瑪瑙

花語：容易感覺的心　　寶石語言：夫婦的幸福

〔誕生花占卜〕

其花，可以種得更大更艷麗，不會失去野草的可愛的風情，常和茶花搭配。有紫、白、粉紅、乳白等顏色，十分豐富。

在這天出生的你，把肯定否定分得很清楚，是典型文科的人，也要放一點心力在理科上。學生時代碰到的人是你的真命天子。

〔寶石故事〕：紅縞瑪瑙

紅縞瑪瑙在紅色的質地裡有白色的細絲條紋，若條紋間隔均等，則為上品。神話故鄉島根一帶，是世上少有的瑪瑙產地。天皇傳家之寶3種神器之一「勾玉」，是比紅色質地的瑪瑙還要稀少的寶石，那是深藍色的瑪瑙首飾。

只有把它戴在身上，才被認為是國家之神，這瑪瑙之貴重由此可見。

── 當天誕生的名人 ──

阿爾・帕契諾（1940・演員）　三浦綾子（1922・作家）

── 今天是什麼日子？ ──

蘇伊士運河開工（1859）。

他的生日

你的紀念日

4｜26日

山 莓 ♥ 鑽 石

花語：愛情　　　　寶石語言：清淨無垢

〔誕生花占卜〕

　　陽光漸暖，在郊外山野能尋到橘色、小粒的果實。果實酸中帶甜，別有野趣，和栽培的草莓風味不同。薔薇科，花朵很可愛。

　　在這天出生的你，是超級差不多小姐，與緊張無緣。周圍的人卻為這樣的你窮緊張，你要稍微用心一點。

〔寶石故事〕：鑽石

　　據說史上最喜歡寶石的國王是路易十四。凡是獻上寶石的人，這個國王會毫不吝惜給予貴族的稱號。奉上現在法國有「榮耀」之稱的鑽石的人，路易十四除了給他貴族封號外，另外又加上金幣10萬鎊（約5萬公斤），但這人仍不知足，到東洋旅行繼續尋找寶石，結果在途中以84歲之齡去世。

當天誕生的名人

風間杜夫（1949‧演員）　陳沖（演員‧導演）

今天是什麼日子？

他的生日

你的紀念日

4 |27日

馬達加斯加茉莉 ♥ 鋯 石

花語：兩個人直到永遠　　　　寶石語言：只要凝視著我

〔誕生花占卜〕

雖然名中有茉莉，但為茉莉的別種。狀似大朵的茉莉，香味也十分像茉莉，十分香甜。漸漸成為受歡迎的新娘捧花。盆栽中經常看得到。

在這天出生的你，完全信任某人時，會十分拼命，即使方向不對，也沒關係……，這是教人困擾的地方。有金錢運和事業運較佳，愛情運在結婚後似乎較弱。

〔寶石故事〕：鋯石

乍見之下，和鑽石幾乎無所分別，具有相當亮的光澤。和鑽石一樣，被選為4月的誕生石。據說是為此世帶來天國的守護石，把它戴在身上，可以冷卻激情，阻止因感情對立而導致的失敗。因吵架分開的情人，見面時戴著這個寶石，一定能再度點燃愛的火花。

─────── 當天誕生的名人 ───────

莫爾斯（1791·發明家）　加藤雅也（1963·演員）

─────── 今天是什麼日子？ ───────

他的生日

你的紀念日

4 |28日

國槐花
花語：高貴

♥ 祖母綠
寶石語言：幸福

〔誕生花占卜〕

在很高的樹上，粉紅色的花開得滿滿的，盛況不輸櫻花，讓人想一見其美麗。和金合歡很像，豆科。木材成為建材新歡，極受矚目。

在這天出生的你，是喜歡講排場的名牌愛用者。到海外買名牌的習慣早點改掉吧！選擇男朋友也採名牌本位的話，是找不到幸福的。

〔寶石故事〕：祖母綠

在2000年前，祖母綠是埃及礦山才挖掘得出來的寶石。克婁巴特拉下了一道命令，只有她才可以配戴祖母綠，獨佔祖母綠蘊藏的永生的寶石力量。

據說克婁巴特拉被毒蛇咬死的那天，身上只戴了一條祖母綠做的項鍊。

當天誕生的名人

喬・戴利（1966・職業高爾夫球選手）

今天是什麼日子？

中日和約在台北舉行簽署儀式（1953）。

◆

他的生日

你的紀念日

4|29日

蘋果花　♥　珍　珠

花語：戀愛的誘惑　　　寶石語言：健康・長壽

〔誕生花占卜〕

在伊甸園，亞當和夏娃吃的禁果就是蘋果。在希臘神話裡，沒被邀請參加結婚典禮的女神艾莉斯寫下「給最美麗的人」，連同蘋果丟到宴席上，典雅娜、阿弗洛等女神就爭執起來，引起特洛伊戰爭。所以蘋果是麻煩的標誌。薔薇科，和櫻花類似，花朵很美。

在這天出生的你，是熱情、自我毀滅型的人。戀愛的電壓稍微降低一點吧！

〔寶石故事〕：珍珠

一般說到珍珠，乳白色或略顯粉紅色就是很高級的了，在這之上，還有黃金珍珠。

所謂黃金珍珠，物如其名，閃耀金黃色的光輝，在南洋好幾年才發現一次，被認為是神明再來世上的前兆。據說出產黃金珍珠的海邊島嶼，會成為世上的樂園。

當天誕生的名人

田中裕子（1955・演員）　李立群（1952・演員）

今天是什麼日子？

中國太空人王贛駿博士搭「挑戰者號」太空梭升空（1985）。

◆

他的生日

你的紀念日

4 |30 日

紫 藤 ♥ 鑽 石
花語：陶醉在戀愛裡　　寶石語言：清淨無垢

〔誕生花占卜〕

花穗大大地向下垂，其優美的程度是其它花朵比不上的。顏色除了紫色外，還有白色，都是櫻花期結束後賞花主角。春日大社有花穗長2公尺的紫藤，很有一看的價值。

在這天出生的你，是個受歡迎的活動者，在喜劇方面成功的機率很大。金錢運、投機運都很好。

〔寶石故事〕：鑽石

1917年，因為俄羅斯革命，羅馬洛夫王朝下台時，從王家起出25200克拉鑽石、1200克拉祖母綠、4300克拉藍寶石、6300克拉珍珠，可見該王朝多麼富有。

其中有一顆189.6克拉的「歐魯洛夫之鑽」及一顆87.7克拉的「霞之鑽」。

————當天誕生的名人————
高思（1777‧數學家）　常盤貴子（1972‧演員）

————今天是什麼日子？————
希特勒在柏林近郊舉槍自盡（1945）。

他的生日

你的紀念日

5 | 1日

鈴　蘭　♥　祖母綠
花語：幸福的來訪　　寶石語言：幸福

〔誕生花占卜〕

　　在這天收到鈴蘭花束，會永遠幸福……，相傳歐洲因此把5月1日稱為「鈴蘭之日」。其香味有如香甜性感的麝香。

　　在這天出生的你，非常沒有主見，總是人云亦云，不自己做決定、自己負責。但選擇結婚對象時，一定要堅定自己的意志。

〔寶石故事〕：祖母綠

　　祖母綠是5月的誕生石，寶石語言是「幸福」。它是希臘神話裡送給維納斯的寶石。石如其名所示，是美與幸福的象徵，自古就吸引了很多人。

　　綠色有消除心靈疲勞的力量，綠之結晶的祖母綠更把這個力量強化了。它同時具有死後鎮定靈魂的力量，所以古代法老的墓裡，放了數不清的祖母綠。

──────當天誕生的名人──────
圓山應舉（1733・畫家）

──────今天是什麼日子？──────
勞動節。

他的生日
你的紀念日

5|2日

牡 丹 ♥ 石榴石

花語：羞恥·富貴　　　寶石語言：充滿希望

〔誕生花占卜〕

從以前牡丹就被稱為「百花之王」，還被稱為「坐著的美人」，外貌艷麗華貴，原產地在中國。聖武天皇時傳到日本，廣泛用於裝飾宮廷。民間大量栽種則從江戶時代開始。奈良長谷寺是有名的牡丹勝地。

在這天出生的你，很正直，喜歡坦白。男朋友和你之間若沒有秘密，更能堅定你結婚的決心。

〔寶石故事〕：石榴石

印度河流域是人類古老文明誕生地之一。理由是，在此發現像火一樣的大寶石。古代人相信世上綻放出稀少光芒的寶石，代表了神的意思。神要讓世上的人知道，這種寶石具有神的旨意，所以讓人們在發現這種寶石的地方蓋神殿，人們聚集在神殿四周，終於發展出文明。

——————當天誕生的名人——————

武藏丸（1971·力士）　夏木馬里（1952·女演員）

——————今天是什麼日子？——————

他的生日

你的紀念日

5月3日

栀子（單瓣）　♥　綠玉髓

花語：豐富的才能　　　寶石語言：信任的心

〔誕生花占卜〕

　　香甜的味道乘著5月的風，不知從哪裡飄來，這香味的主人就是栀子。很久以前，據說摘下這種花，放進袖中，可以把香味裝起來。把栀子的果實和芋頭一起煮，會煮出黃色的東西，在正月是不可少的甜點。

　　在這天出生的你，是與其被愛不如主動去愛的典型。年齡大一點或小一點都好，總之，和你年齡差距較大的戀愛較好。

〔寶石故事〕：綠玉髓

　　這種寶石是金牛座的守護石，守護在這個星座出生的人的一生幸福。它像綠松石那麼硬，是不透明的綠色，據說是金星的守護神阿佛洛狄特最喜歡的寶石。大決戰之後，被視為裝飾新世界之門的12種寶石之一。

　　統一古代世界的亞歷山大，把此寶石當做守護石，他失去守護石的那天突然死亡。

──────── 當天誕生的名人 ────────

詹姆斯·布朗（1934·歌手）　野村宏伸（1965·演員）

──────── 今天是什麼日子？────────

濟南事變紀念日（1928）。

◆

他的生日

你的紀念日

5 | 4 日

鳶尾（紫色）　♥　鑽　石

花語：戀愛的訊息　　　　寶石語言：清淨無垢

〔誕生花占卜〕

　　和希臘神話裡掌管彩虹的女神伊麗絲（英文讀做愛麗絲）有關而得名。和菖蒲同種，比菖蒲小，花色有白、黃、甚至紫、藍等，十分多。在乾燥之地更能開花。

　　在這天出生的你，個性開朗大膽，一生都在得與失之間搖晃。愛情運是急轉彎型的，30歲前後有結婚機會。

〔寶石故事〕：鑽石

　　鑽石成為寶石之王是從18世紀之初開始的。鑽石之所以吸引人們的注意，是因為1700年寶石商人發明了多角切割法，才把鑽石的魅力推到最高點。

　　這種切割法把鑽石切成58面，使之可從各個方向發出光芒，成為光之結晶體。

————————當天誕生的名人————————

奧戴莉·赫本（1929·女演員）　田中角榮（1918·政治家）

菊池桃子（1968·演員）

———————— 今天是什麼日子？————————

文藝節（1915）、牙醫師節。英國柴契爾首相就任（1979）

他的生日

你的紀念日

5月5日

菖蒲　♥　孔雀石

花語：優雅的心情　　　寶石語言：再會

〔誕生花占卜〕

　　菖蒲的節日到來時，其形狀特出的花，有白、藍、紫色等，大大地在水邊搖曳，正是告訴我們夏天到了。菖蒲賞花名地很多。菖蒲是古名，古時的菖蒲花是圓柱形的，和現在的是不一樣的種類。

　　在這天出生的你，易因世間事物而搖擺不定。要重視自己的價值觀。你喜歡的人，就是你人生中最適合你的人。

〔寶石故事〕：孔雀石

　　孔雀石是金牛座的守護石，守護在這個星座的人的健康，蘊藏著最低限度的防止災難的力量。綠色質地裡，浮現出如孔雀羽毛般美麗的條紋，不僅可來當做服飾的小配件，也可運用在室內裝飾上。俄羅斯帝政時代，羅馬洛夫王朝的沙皇為金牛座的公主設計了一個房間，在宮殿貼上孔雀石，這是非常有名的。

────── 當天誕生的名人 ──────

金田一京助（1882・語言學者）

────── 今天是什麼日子？ ──────

舞蹈節（1955）。

◆

他的生日

你的紀念日

5 | 6日

山　楂
花語：希望

♥ 玫瑰石
寶石語言：尋夢

〔誕生花占卜〕

　　有很尖的刺，花纖細潔白，在初夏天空裡發出溫柔的香味。在英國，用這種花來裝飾5月的女皇。在古希臘，新娘習慣用這種花做成花冠，用美麗的花來祝福自己重視的愛情。刺是為了防止他人侵襲。

　　在這天出生的你，要告別一直以來都失敗的日子。重新出發的機會終會到來，可以期待在海外的活躍。

〔寶石故事〕：玫瑰石

　　又稱為粉紅水晶，是具有粉紅色溫柔氣氛的寶石。追求愛情，但方式不對，於是不知不覺地在內心築起高高的圍牆，開始拒絕愛。

　　玫瑰石具有把你的心直接向所愛的人敞開的力量。戴上玫瑰石，藉其蘊藏的力量，你的愛將如漲潮般，愛的波動會提升，兩人的愛自然會得到結果。

――――――當天誕生的名人――――――

泰戈爾（1861・詩人）　林海峯（1942・圍棋名家）

――――――今天是什麼日子？――――――

天主教教宗若望保祿二世在漢城遇刺，安然無恙（1984）。
世界首次郵票發行（英國1840）

◆

他的生日

你的紀念日

5 |7日

康乃馨（粉紅色）♥ 紫　晶

花語：感動　　　　　　寶石語言：內心的和平

〔誕生花占卜〕

　　這花很普通，不須多加說明。這是古希臘一個很會做花冠的名人變成的花。據說希臘少女用康乃馨的花瓣把春天裝扮得多彩多姿。

　　在這天出生的你，是會走路的計算機，凡事都不須計算。你是超直線的人，到哪裡都可通行，自身就是個實驗體。但你這種什麼都不保留，完全敞開的個性，在戀愛中會對自己造成很大的傷害。

〔寶石故事〕：紫晶

　　神話的舞台，也就是古代遺跡的挖掘中，發現最多的寶石就是紫晶。紫色是所有顏色中最高貴的顏色，這是因為神話中的神變身時，身上某處總是會戴著紫晶的緣故。

　　也就是說，戴在身上的紫晶是身為神的證明。國王、王后也會把紫晶戴在身上裝飾，以示自己和神身分相同。

──────── 當天誕生的名人 ────────

柴可夫斯基（1840·作曲家）　勃拉姆斯（1833·作曲家）

──────── 今天是什麼日子？ ────────

◆

他的生日

你的紀念日

5 8日

薄雪草 ♥ 祖母綠

花語：重要的想念　　　　寶石語言：幸福

〔誕生花占卜〕

　　歐洲阿爾卑斯山的人，把這種花做成押花當書籤或是做成胸花的很多。這種閃耀著銀色光輝的星型花，也稱為阿爾卑斯山的星星。音樂劇「Song of Music」中，對這種花的歌頌帶給人的感動令人忘不了。

　　在這天出生的你，非常自傲，有輕視周圍人的傾向。等你能真正注視自己內心時，才能找到真正的戀愛對象。

〔寶石故事〕：祖母綠

　　祖母綠是金牛座的守護石，蘊藏著提升這個星座的人特有的創造性的力量。它像雨後聚集的森林妖精，具有森林妖精的溫柔，能鎮定眼睛和神經，是天然的精神安定劑。

　　它也代表了不死不老，據說古代國王用祖母綠裝飾身體，可以遠離疾病與死亡。

--- 當天誕生的名人 ---

櫻桃子（1965・漫畫家）　曙太郎（1969・力士）

--- 今天是什麼日子？ ---

馬提尼加小島琵利火山爆發，聖比雷城毀滅（1902）。
第一次母親節（1949・以後改為5月第2星期日）。

◆

他的生日

你的紀念日

5 |9日

甜 菊 ♥ 鑽 石

花語：感謝　　　　寶石語言：清淨無垢

〔誕生花占卜〕

　　長長伸展的枝頭上，開著黃、白、紫、淡紅的美麗花朵。其味道又香又甜，日本名取為甜矢車草。菊科，常用來做戀愛占卜。

　　在這天出生的你，愛情是人生的全部！這也是生活的一種方式吧，但要能好好堅定自己的立場。只有自立，才能真的去愛一個人。24歲遇到的人，是你一生的關鍵人物。

〔寶石故事〕：鑽石

　　以鑽石為婚約證明的習慣，是從文藝復興時代的義大利開始的。

　　鑽石非常硬，拿來象徵夫婦間情感的堅固，是其它任何石頭都比不上的。鑽石純潔無垢的光輝被認為具有消除惡魔詛咒的力量，想要守護所愛的人，讓其永遠免受邪惡侵襲，就在其指上戴上大鑽戒。

────── 當天誕生的名人──────

比利·喬艾爾（1949·音樂家）

────── 今天是什麼日子？──────

他的生日

你的紀念日

5月10日

燕子花 ♥ 印加玫瑰石

花語：幸運的預兆　　寶石語言：隱藏的熱情

〔誕生花占卜〕

「哪一種是菖蒲哪一種是燕子花」，燕子花沐浴在初夏的陽光下，開著深紫色的花，和菖蒲競美。菖蒲科，喜濕地，經過五月雨的洗禮，更見其美麗。

在這天出生的你，不喜歡起起落落，想要有平穩的一生。如果連年輕人才有的衝勁都沒有，當然就飛不起來……。安全圈中選出的戀人較適合結婚。可以嘗試脫軌挑戰。

〔寶石故事〕：印加玫瑰石

在安地斯山旅行時，可以看到巨大的原石切成兩半，火燄樹年輪般的結晶物展示在眼前。這就是印加玫瑰。把此石配戴在身上，據說災難就不會靠近。

力衰或低潮時，把此石拿在手上，用手心靜靜撫摸……就會感覺到內心深處能源正漸漸恢復。

————當天誕生的名人————

山口洋子（1937・作家）

————今天是什麼日子？————

他的生日

你的紀念日

5|11日

水芋(黃色) ♥ 水 晶

花語：合力　　　　　寶石語言：純潔

〔誕生花占卜〕

水芋給人印象較深的是純白色的，但也有黃色的。花朵可見的部分是山芋科的特徵，花中心像動物尾巴。這種花很具野趣，顏色特殊，很適合種在日本人工庭園水邊。

在這天出生的你，是見機行事敏捷型的人。善於抓住機會。是同年次中最早結婚的。

〔寶石故事〕：水晶

世界上所有一切都是因靈魂力量而動作的。所有的事情都受靈魂力量強弱影響。把水晶佩在身上，靈魂的力量馬上會寄託在身上，運勢會走向自己所希望的方向。

戀愛有煩惱，達不到目的時，可在約會前把水晶緊緊握住，以得到力量。

──────當天誕生的名人──────

薩爾博特・達利（1904・畫家）

──────今天是什麼日子？──────

他的生日

你的紀念日

5 |12日|

縷斗菜　　♥　電氣石
花語：勝利的誓言　　寶石語言：成功

〔誕生花占卜〕

　　所謂縷斗菜，也是指空心毛線球。花朵小小的，仔細一看，樣子就像空心毛線球，因此而得名。它就像捲起來的白、藍、紫……色的線，花色很多。「靜悄悄啊靜悄悄，靜悄悄的毛線球來回地織，想起以前……」，想念義經的靜御前一邊跳舞一邊流淚的逸話。

　　在這天出生的你，熱衷於戀愛。但戀愛中會有強敵出現。金錢運十分好。

〔寶石故事〕：電氣石

　　這是金牛座的守護石，據說能帶來成功的喜悅。這個寶石的名字是斯里蘭卡語，據說和多彩的意思有關，就像畫家的調色盤一樣，有各式各樣的顏色。一塊石頭裡醞藏了許多顏色的寶石，有達成主人願望的力量，最適合在長大成人的時候拿來慶祝。

───── 當天誕生的名人 ─────

EPO（1960・音樂家）　奧田民生（1965・音樂家）

───── 今天是什麼日子？ ─────

護士節。

他的生日

你的紀念日

5|13日

芍藥 ♥ 黃玉

花語：蘊藏著害羞　　　寶石語言：希望

〔誕生花占卜〕

　　站著的是芍藥……這是被喻為美人的花。花開在長長莖上很高的位置，所以被稱為站著的……。色彩鮮艷，很大朵，給人很華麗的感覺。根有藥效，所以被廣泛栽培。

　　在這天出生的你，構想源源不斷，才氣煥發。工作地方沒有你就像熄了火似的。戀愛上你也要能這樣。

〔寶石故事〕：黃玉

　　任何人生都會有掉到谷底感到絕望的時候，這時，蘊藏了回復的希望的寶石就是黃玉。

　　用黃玉黃色的光芒照射的話，再怎麼困難的事都能迎刃而解，而且能找到開啟智慧之窗的鑰匙。戒律森嚴的修道院只允許配戴這種寶石，就是這個原因。

──────── 當天誕生的名人 ────────

顏志琳（動力火車・歌手）　史蒂芬・華達（1950・音樂家）

──────── 今天是什麼日子？ ────────

上海南北和平會議破裂（1919）。

◆

他的生日

你的紀念日

5 | 14日

<table>
<tr><td>矮牽牛
花語：安心</td><td>♥ 珊 瑚
寶石語言：聰明</td></tr>
</table>

〔誕生花占卜〕

這是現在盆栽界最受歡迎的花之一。艷麗的花陸續開放，花期從初夏到秋，相當地長。「矮牽牛」葡萄牙語的意思是「香煙」。有清柔的香味，寂寞時、高興時……，可以把心情襯托出來。

在這天出生的你，對自己和別人都很嚴格，不知不覺讓周圍的人都感到疲倦。你要放輕鬆一點。

〔寶石故事〕：珊瑚

珊瑚的寶石語言是「聰明」。寶石中只有珊瑚和珍珠不是礦石，它們其實是動物，是海洋的兩大寶石。珊瑚是住在海底的腔腸動物的分泌物結塊，主要成分是碳酸鈣、碳酸鎂等分泌物，和珍珠硬度相同。

遇到酸時會產生二氧化碳氣泡，所以可用酸來判定真假。

———— 當天誕生的名人 ————

喬治·洛克（1944·電影導演）

———— 今天是什麼日子？ ————

他的生日

你的紀念日

5|15日

野薔薇
花語：詩的心

♥

蛋白石
寶石語言：得到幸福

〔誕生花占卜〕

「小孩看見野外的薔薇」，學生時代很多人都唱過這首歌。野外的薔薇和栽植的薔薇有不同的清爽之美，再美也不會想要摘下來，只想好好地欣賞……。

在這天出生的你，遇到大事時，有選擇容易方式的傾向，稍微給自己一點壓力，做些困難的事吧！異性關係好像不能長期維繫。

〔寶石故事〕：蛋白石

關於蛋白石，有打亂主人命運的迷信，在中世紀的歐洲不太受歡迎。大英帝國很強盛的時候，在澳洲發現了蛋白石的大礦脈，維多利亞便破除此迷信，把蛋白石做成胸針使用。

之後迷信就沒有了，蛋白石成為女王喜愛的寶石之一，為很受歡迎的石頭。

—— 當天誕生的名人 ——

伊丹十三（1933·電影導演）

—— 今天是什麼日子？——

歷史上第一位空中小姐艾倫乞爾琪，第一次服勤（1930）。

他的生日

你的紀念日

5 |16日

白山千鳥蘭 ♥ 珍 珠
花語：主人的優點　寶石語言：健康・長壽

〔誕生花占卜〕

　　蘭科，花朵惹人憐愛，有野草的樸質。雖然沒有吸引很多人的目光，但欣賞它的人可以盡情觀賞……。花兒似乎傳達了這樣的心意。

　　在這天出生的你，是不氣餒的人。戀愛上也要發揮這種個性，不到最後不放棄，他現在一定會回到你的身邊。

〔寶石故事〕：珍珠

　　珍珠據說是月和水製造出來的神祕寶石，遇到不純之物，馬上變成灰色。很久以前，一位年輕人想送珍珠給他的愛人，潛到海底發現非常漂亮的珍珠，當他想以高價賣出時，珍珠就變成灰色。

　　悔不當初的他，流著淚把珍珠拿給戀人時，瞬間珍珠即恢復了光采。

當天誕生的名人
加弗利艾拉・薩巴奇尼（1970・網球選手）

單小琳（政治家）

今天是什麼日子？

他的生日

你的紀念日

5 |17日

鐵線蓮 ♥ 祖母綠

花語：清爽美麗的心　　寶石語言：幸福

〔誕生花占卜〕

初夏時分，開著大朵的花，花色有白、紫等淺淺深深的顏色，都很鮮艷。蔓藤類，做為盆栽需要支架。常常看到它攀附網球場的圍欄開花。

在這天出生的你，不知要說是強悍還是懦弱？你雖然有自信，但卻不把責任放在自己身上。你要更信任自己一點。戀愛方面運氣很好，一定能得到你所要的。

〔寶石故事〕：祖母綠

就像長出新綠的樹木一樣，是充滿生命力的寶石。被尊為生命結晶的祖母綠，在希臘神話中，為愛神維納斯所支配。

綠色是男女結合的愛的色彩，只要善用祖母綠，古代人認為一定可以和所愛的人結合。愈小的祖母綠，例如耳垂，佩戴在胸前效果愈好。

──── 當天誕生的名人 ────

王力宏（歌手）　約翰·蓋普（1904·演員）

──── 今天是什麼日子？ ────

歷史上第一張彩色照片在蘇格蘭皇家學院公開（1861）。

他的生日

你的紀念日

5|18日

吊鐘花
花語：初戀的懷念

水　晶
寶石語言：純潔

〔誕生花占卜〕

　　細細的花梗上花朵下垂地開放，深粉紅色的花中心露出紫色，給人時髦的印象，最近做為盆栽很受歡迎。上面部分是花萼，向下的部分是花。垂下的花有如女性的耳飾，其英文名即為「女性的耳環」。

　　在這天出生的你，是個完美主義者，所以自己和周圍的人都快窒息了，你要放輕鬆些。

〔寶石故事〕：水晶

　　水晶是靈媒、靈魂等超人類力量與人類連結的媒介。靈魂想和人類溝通時，只能透過水晶的光傳送訊息。

　　適合水晶的人會綻放出神秘的魅力，也是可以理解的。把它做成長長的垂飾，戴在靠近心臟的地方，最能讓水晶力量強烈地發揮出來。

──────當天誕生的名人──────
謝長廷（政治家）　尾崎直道（1956・職業高爾夫球手）

──────今天是什麼日子？──────
革命先烈陳英士殉難紀念日（1916）。

◆

他的生日

你的紀念日

5 | 19日

天芥菜　　♥　石榴石

花語：永遠的愛　　　　寶石語言：**真實的愛**

〔誕生花占卜〕　　　　〔寶石故事〕：石榴石

　　就像初夏的風一樣，有清爽的香味。這種香味可以做成香水原料，日本名為香水木。花色以白色較普遍，最近紫色的愈來愈受歡迎。

　　在這天出生的你，一旦決定要做的事，一定具有實行的力量，所以成功一定屬於你。你很受歡迎，但要趕快決定一個真命天子，否則結婚的機會會消失。

　　石榴石的硬度是5~6度，就寶石而言較為脆弱，多少會有一點刮傷或裂痕，據說這樣反而可以得知是不是真品。

　　此石具永遠守護主人命運的力量。若在寶石上發現新的裂痕，那是它代你承受了一次災難，使你免於受傷。據說有裂傷的石榴石會惹人憐愛，原因就在於此。

──────**當天誕生的名人**──────

胡志明（1890・政治家）　吳清源（1914・棋師）

──────**今天是什麼日子？**──────

他的生日

你的紀念日

5 | 20日

大岩桐 ♥ 藍寶石

花語：慾望　　　寶石語言：慈愛・誠實

〔誕生花占卜〕

常被用來當成盆花，非常受歡迎。厚葉的中心有一朵吊鐘型的花，看起來很大方。屬於苦苣苔科植物，葉與花均給人很厚實的印象。花有紅、粉紅、紫、藍等，爭奇鬥艷，魅力無限。

今生誕生的你，最重視自由。不適合朝九晚五的工作，所以選擇工作方面受到限制。和他在海邊約會最好。

〔寶石故事〕：藍寶石

史上最有名的藍寶石，被稱為「印度之星」，有563克拉。而且是發射6條光的星藍寶，持有人為美國億萬富翁摩根。

摩根對於此藍寶石的來歷守口如瓶，因此引起各界猜測，也有人傳言得自珠寶竊盜集團。現在則被鑲於刀柄上，陳列在位於紐約的摩根博物館。

當天誕生的名人
永井龍男(1904・作家)　王貞治(1940・職業棒球選手)

今天是什麼日子？
中華民國第一屆總、副總統就職大典（1948）、新東京國際機場啟用（1978）

◆

他的生日

你的紀念日

5｜21日

甜茴香　♥　玫瑰石英

花語：力量有限　　寶石語言：做夢

〔誕生花占卜〕

　　黃色如蔥般的球狀花呈放射狀，看起來像線香的火花一樣。拿在手邊欣賞，發現它呈現令人難以置信的可憐表情。歐洲地方盛傳，薰茴香葉可驅邪。

　　今天誕生的妳，全身綻放生命力，想掌握周圍的一切。妳的魅力能讓男人發狂。

〔寶石故事〕：玫瑰石英

　　這是一種帶有粉紅色澤的寶石，與水晶是同伴。大家都知道，配戴這種寶石，具有讓人提高愛慾的神奇力量。在歐洲地區，它被稱為是送給「愛的戰士」的寶石。為了讚美不懼愛情障礙者的勇氣與努力，也有送這種寶石的習慣。

　　不要只等待被愛，應該自己積極追求愛，享受愛的喜悅……。抱有這顆寶石的人，應該得到這分喜悅。

當天誕生的名人

沙卡諾夫（1921・物理學家）

原田貴和子（1965・女演員）

今天是什麼日子？

林道巴古橫渡大西洋成功（1927）

◆

他的生日

你的紀念日

5 | 22 日

勿忘草 ♥ 綠寶石

花語：勿忘我　　　　寶石語言：幸福

〔誕生花占卜〕

　　彷彿與天空融為一體的湛藍色小花。二人手牽手在多瑙河邊漫步，他為她摘一朵花，卻不慎跌落河裡。他手中握著花，嘴中叫著：「勿忘我。」就這樣隨著河水……。這是一則悲傷的傳說故事。

　　今天誕生的妳，還不知道人生最重要的是什麼。提起勇氣，投入他的懷抱吧！

〔寶石故事〕：綠寶石

　　中世紀有關咒語的書寫道：「將綠寶石含在舌頭底下，即有預言的能力。」實際上，預言家們都是口中含著綠寶石，預言將來的事。在眾多預言當中，最受大眾關心的，是人類歷史在二十世紀末，將有一大轉機的預言。這個預言是真是假呢？其關鍵可說正是含在預言者口中的那粒綠寶石。

當天誕生的名人

華格納（1813・作曲家）

羅倫斯・歐利比（1907・演員）

今天是什麼日子？

瓦特發明蒸氣機（1775）

◆

他的生日

你的紀念日

5│23日

檸 檬 ♥ 貓眼石

花語：誠實的愛　　　寶石語言：變心

〔誕生花占卜〕

　　檸檬可說是如維他命C 寶庫般的果實，一提到檸檬就讓人想起檸檬汁。但它的花香也是令人無法抗拒的。檸檬是裝點南歐、地中海沿岸春天的美麗花朵之一。

　　今天誕生的你，就像剛生下來的嬰兒般，具有一顆單純的心。你不懂得懷疑別人、無防備的生活方式，使你成為最後勝利者。決定你命運的紅絲線，另一端就繫在與你最親近的人手上。

〔寶石故事〕：貓眼石

　　只不過是放在手掌心把玩的小石頭而已，但當你凝視它時，會好像黑貓凝視一般，開始魂體脫離。等你特地注意時，魂魄開始自由地在超空間活動……。這種具有靈力的貓眼石，也有人稱之為連繫人界與靈界的靈石。能夠藉由貓眼石魂體脫離，之後再回到現實的人，據稱就是能發揮窺視另一世界潛力的人。

──── 當天誕生的名人 ────

高橋治（1929‧作家）　沙都‧哈奇洛（1903‧詩人）

西川峰子（1958‧歌手）

──── 今天是什麼日子？ ────

義大利對奧匈國宣戰（1915）。

他的生日

你的紀念日

5月24日

薄 荷 ♥ 藍寶石

花語：美德　　　　　寶石語言：慈愛、誠實

〔誕生花占卜〕

葉子有種特別的清涼感，是最大眾化的香草之一。美麗的仙女曼蒂受到惡魔的詛咒，被變成一支草……。就這樣，曼蒂變成了「mint」（薄荷）。輕柔的香味、優美的花。

今天誕生的你，腦筋轉得快，不論什麼事都講求速度。在工作場所是令人矚目的焦點。但對於喜歡的對象，為什麼卻慢吞吞的態度呢？

〔寶石故事〕：藍寶石

猶太教徒相信，藍寶石是神擲於這個世上，用於傳達其心的石頭。藍寶石是猶太教造世主耶和華的王座，為了給陷於混沌迷惘中的猶太人民一道光明，因此剝下王座的一部分，擲於地面上。

猶太人民相信，在寶石光芒引導處，便有耶和華允諾的土地，在這裡必定可以渡過和平富足的日子。

當天誕生的名人

波布・狄蘭（1941・音樂家）

鈴木清順（1923・電影導演）

今天是什麼日子？

日本第一所盲人學校啟用（1878）

◆

他的生日

你的紀念日

5 | 25日

紫丁香（粉紅色）♥ 天青石

花語：多一點體貼　　　　寶石語言：永恆誓言

〔誕生花占卜〕

歐洲地區，將紫丁香當成街道樹的不少。初夏時分，淡粉紅色的花將街道團團圍住。大家都知道有紫丁花香水，它的香味真的是無限迷人……。「lilas」是紫丁香的別名。

今天誕生的你，是不是只要有錢，就不考慮到幸福了？失去他之後，你才了解真正重要的是什麼。健康運不太好，做個健康檢查吧！

〔寶石故事〕：天青石

如果說這是黛安娜王妃最喜歡的寶石，一定會立刻風靡全世界。自古以來，天青石就被認為是帶來幸福的象徵，非常珍貴。

古代埃及將藍色視是治病醫學之神的顏色，天青石則被認是具有這種力量的寶石。尤其為了預防風沙引起的眼疾，富裕階級有將天青石溶在香油中，像塗眼影般塗在眼皮上的習慣。

當天誕生的名人

麥路斯・大衛（1926・音樂家）

荒木經惟（1940・攝影家）

今天是什麼日子？

他的生日

你的紀念日

5|26日

大丁草 ♥ 翡翠

花語：天真爛漫　　寶石語言：幸運

〔誕生花占卜〕　　　　〔寶石故事〕：翡翠

　　纖細莖部的尖端，開了一大朵花，讓人覺得非常華麗。不論插花、盆花，這都是最受歡迎的花之一。雖然一支只開一朵花，但綁成一大束，就很有分量。最近也看到雙層花瓣出現，感覺更豪華了。

　　今天誕生的你，是天生藝術家，只要腳踏實地努力，一定會開花結果的。而且在一旁注視你的他，也會向你做愛的告白。

　　翡翠可說是東方的秘寶，自古以來即受中國、日本人格外重視。日本人很喜歡將它鑲在帶扣、髮簪上，所以和綠寶石共同進入5月的誕生石行列裡。

　　寶石語言是「幸運」。翡翠戒指盡量選擇上等品，可以母傳子代代相傳，使幸運一代代傳下去。當裝飾品的是軟玉，正式稱為nephlight。

──────── 當天誕生的名人 ────────

約翰・維恩（1907・演員）

佩琪・李（1922・歌手）

──────── 今天是什麼日子？ ────────

世界上最豪華的遊艇「阿布杜・亞基茲」號首航（1984）。

◆

他的生日

你的紀念日

5|27日

薑　黃　♥　鑽　石

花語：愛情因緣　　　　寶石語言：清淨無垢

〔誕生花占卜〕

花在哪裡？一看見這種花，大部分人都會不解地問這個問題。粉紅色的花苞包住真正的花，是個性獨特的花。別名「蓮・忍者」，和蓮花相似。淡紅色的花可當食品著色劑。

今天誕生的你，天生個性大而化之，不是忘了東西就是掉了東西。如果不克服這種粗枝大葉的性格，恐怕連他的心都掉了。

〔寶石故事〕：鑽石

十七世紀，法國王室御用寶石商強・巴帝斯托・達威魯尼，悄悄竊取裝在印度某印度教寺廟神殿中，神妃西達像額頭上的藍色鑽石，帶回法國後獻給太陽王路易14世。

據說這就是法國宮廷流傳的夢幻鑽石「法式藍寶石」。但歷經法國革命等混亂後，這顆寶石已經行蹤不明了。

當天誕生的名人

魯歐（1871・畫家）

中曾根康弘（1918・政治家）

今天是什麼日子？

舊金山金門大橋完成（1937）

◆

他的生日

你的紀念日

5 | 28日

棉棗兒
花語：忍耐力強

♥ 紅寶石
寶石語言：熱情

〔誕生花占卜〕

棉棗兒日本名為「參內傘」。又矮又胖的花，彷彿王族祭拜神社時用的傘。百合科的花，仔細盯著它看，發現它呈現如迷你百合花束般的表情。

今天誕生的你，是能闖出一番事業，名留歷史的人。你的人生比別人激烈一點，但也能得到同等回報。你不斷地相親，離婚姻之途好像蠻遙遠的。

〔寶石故事〕：紅寶石

據說，紅寶石有平息嫉妒心的力量。就像莎士比亞的『奧賽羅』所描寫的悲劇象徵一樣，自古以來，因嫉妒心而導致悲劇的例子不少。總而言之，對女性而言，嫉妒是最可恥的邪惡心。

看見紅寶石的鮮紅光芒，即可知獲贈紅寶石的女性，內心已經滿足，嫉妒心根本變得微不足道。可見寶石力量的偉大。

──────當天誕生的名人──────

黑井千次（1932．作家）

立花隆（1940．評論家）

──────今天是什麼日子？──────

法國最小行政單位瓦解（commune．1871）

◆

他的生日

你的紀念日

5|29日

薔薇（深紅色）♥ 鑽 石

花語：只了解你一人　　　寶石語言：清淨無垢

〔誕生花占卜〕

　　如果有人送妳一朵觸感如天鵝絨般的鮮紅色薔薇，那就是由心底對妳發出的呼喚。古代希臘，對於在薔薇花下許下的誓言，一定不可違背。

　　今天誕生的你，很會處理朋友們的糾紛。你很樂於助人。但逐漸地，你一定要下決心使自己成為主角。想要美滿的生活、想要小孩，就得結婚。

〔寶石故事〕：鑽石

　　據稱史上最高級的鑽石是希望鑽石，只要擁有它的人，就一定會遭遇意外死亡。這種不祥之物的擁有者，每個人都有悲劇般的命運。這顆希望鑽石，最後落在紐約珠寶商「溫斯頓」手中，時間是1958年。

　　他將這顆希望鑽石交給史密索尼安博物館，現在，寶石的詛咒力則被封閉起來。

───── 當天誕生的名人 ─────

約翰・F・甘迺迪（1917・政治家）

美空雲雀（1937・歌手）

───── 今天是什麼日子？ ─────

海利拉成功登上阿爾卑斯山頂（1953）

◆

他的生日

你的紀念日

5 |30日

橄欖樹
花語：和平

♥ 紫水晶
寶石語言：內心平和

〔誕生花占卜〕

〔寶石故事〕：紫水晶

希臘神話中，方舟諾亞看見含著橄欖枝回來的鴿子，便知地球洪水已退。從此以後，橄欖樹就被稱為和平的象徵。據說，在玄關處以橄欖樹佈置，可避免惡靈附身。

今天誕生的你，是不斷往前走的百科辭典。你的確很懂事，但結果如何呢？工作結果與知識量未必成比例。每天藉著電話或信件，加深二人愛情關係。

天空一端佈滿深紅色，不久之後充滿紫色光……。神秘的夜，從這種微妙光的對面造訪。紫水晶裡面存在著精靈，大家相信那是一種特別的神奇力量。尤其以琢磨過的紫水晶裝飾二人房間，則在此房間中生活的二個人，能過得幸福而快樂。

此外，紫水晶也潛藏拯極救二人危機的神秘力量。

──────當天誕生的名人──────

但丁（1265・詩人） 培尼・古德曼（1909・爵士音樂家）

安岡章太郎（1920・作家）

──────今天是什麼日子？──────

他的生日

你的紀念日

5|31日

蝴蝶花
花語：反抗

♥

綠寶石
寶石語言：幸福

〔誕生花占卜〕

類似菖蒲的小型花，悄悄地開在庭院石縫處。屬於鳶尾科鳶尾屬（Iris）。一般人印象中，原產地是日本，但實際上原產於中國。日本於奈良時代前引進，被栽培於庭院，隨後逐漸野性化。

今天誕生的你，了解一件事有正反兩面，當你看清楚這兩面時，結婚對象就出現了。

〔寶石故事〕：綠寶石

神話中上場的眾神，均因擁有閃閃發光的寶石，而具有超能力。了解寶石、擁有寶石，可說與神之間的距離拉近了一大步。其中，綠寶石被指為反映出宇宙真理的寶石。

這種寶石蘊藏的神秘威力，可以在不知不覺中移轉至配戴者身上。因此，配戴綠寶石的人，其感性能得到琢磨，越來越有魅力。

—— 當天誕生的名人 ——

科林頓・伊斯德渥特（1930・演員）　惠特曼（1819・詩人）

布魯克雪德絲（1965・女演員）

—— 今天是什麼日子？ ——

他的生日

你的紀念日

6／1日

海芋（白色）♥ 珍　珠

花語：文雅　　　　寶石語言：健康、長壽

〔誕生花占卜〕

　　沈浸在結婚進行曲當中的新娘……。這種花就帶有這種印象。就像靜靜佇立在水邊的仙女一樣，流露出清淡的氣氛。海芋屬於芋頭科，看起來像花的白色部分，其實是花苞，真正的花是中央黃色棒狀部分。

　　今天誕生的妳，是不太醒目的存在，但還是有人在一旁深愛著妳，回應他的愛吧！

〔寶石故事〕：珍珠

　　珍珠是6月的誕生石，寶石語言是「健康、長壽」。如果說鑽石是寶石之王，則珍珠就稱得上是寶石之后了。根據古代中國記錄記載，自西元前2000年左右起，珍珠就被認為是最有價值的進貢品。

　　日本女王卑彌呼，也有贈送珍珠給中國魏王的記錄。唐朝有專門管理珍珠交易的官吏，可見其有多珍貴。

──────── 當天誕生的名人 ────────
瑪莉蓮夢露（1926・女演員）　劉若英（1970・演員歌手）
岡本舞（1963・女演員）

──────── 今天是什麼日子？ ────────
世界上第一個共產黨「共產黨聯盟」在倫敦成立（1847）。

他的生日

你的紀念日

6 2 日

百子蓮
花語：戀愛季節

♥ 水 晶
寶石語言：單純

〔誕生花占卜〕

乍看之下一大朵花，但仔細一看，筆直的莖上方，盛開著難以計數的花群。別名紫君子蘭或非洲百合，但屬於龍爪花科。花色多變，從白～紫都有。清純中帶著幾分華麗，是受歡迎的秘密。

今天誕生的妳，容易執著於最近的印象，如果不照著既定形式，心中就不安定，這是缺點。如果他太忙而取消約會，妳可別吱吱喳喳的嘮叨個沒完。

〔寶石故事〕：水晶

水晶是凝聚天界所有光芒形成之物。古代文明社會，當地下深處有水晶結晶出土時，便認為是神姿現世的預兆，大家非常欣喜。人們將出土的水晶加以琢磨，供奉在祭壇上，朝夕虔誠膜拜，期待神再度降臨。

水晶之所以比寶石更象徵著神的榮光，自古以來即備受尊敬，其中就隱藏了這麼一段故事。

—— 當天誕生的名人 ——

查理·瓦茲（1941·音樂家）

飯干晃一（1927·作家）

—— 今天是什麼日子？ ——

他的生日

你的紀念日

6月3日

斗篷花
花語：獻身的愛

♥ 蛋白石
寶石語言：得到幸福

〔誕生花占卜〕

英名為 Ladies mantle。就像淑女肩上的披風一般……。竭盡全力覆蓋大地的美麗花朵。它是花圃設計中不可或缺的花。看似寶石的黃色小花，仔細一看並無花瓣，只是成塊狀的花及雄蕊而已。

今天誕生的你，雖然看起來開朗，實際上卻很寂寞。但是除了真正重要的人之外，還是稍微保持距離比較好。

〔寶石故事〕：蛋白石

火焰般的色澤、菫花般的色澤、深樹般的色澤、水仙般的黃色、百合般的白色……。蛋白石包含了一切自然界中美麗的顏色。

蘇格蘭地方有這樣的傳說：「蛋白石是天使降臨地面時留下的石頭。」因此，配戴蛋白石的女性，可說是天使的化身。不僅能帶給身旁的人幸福，自己也能享受七次幸福人生。

———— 當天誕生的名人 ————

亞歷·肯茲別克（1926·詩人）

唐澤壽明（1965·演員）

———— 今天是什麼日子？————

禁煙節。

他的生日

你的紀念日

6 |4日

美人蕉
花語：妄想

♥ 石榴石
寶石語言：真實的愛

〔誕生花占卜〕

如在盛夏中猛烈燃燒的火焰般之印象。原產於印度、馬來西亞。據說，向如來佛挑戰的惡魔，將石頭扔向如來佛，石頭打中如來佛後碎掉，碎片散落在地面上，就變成美人蕉。

今天誕生的你，對工作積極，對戀愛卻保守。只有二人的世界不是很好嗎？存著和他私奔的打算，展開行動吧！

〔寶石故事〕：石榴石

石榴石是如滴血色般的寶石，自古以來即被認為具有使血液凝固的力量。在戰場上，止血等於救命，是最好的救護品。十字軍的士兵們，身上必定帶著石榴石。不久之後，石榴石變成勝利的象徵，現在則期望它帶來使愛情勝利的威力。當你為戀愛中的二人挑選寶石，這是最受歡迎的寶石之一。

──────── 當天誕生的名人 ────────

森本薰（1912・劇作家）　　胡瓜（節目主持人）

大山倍達（1923・空手道家）　　張學良（1900・政治家）

──────── 今天是什麼日子？ ────────

他的生日

你的紀念日

6│5日

牽牛花　　♥ 紅寶石
花語：內心牽絆　　寶石語言：熱情

〔誕生花占卜〕

很多人家的圍牆、巷道樹上，會吊掛著淡紅色的花，只在白天開花，到了日暮黃昏就閉合，所以日文稱為「朝顏」。事實上；看起來像花的部分是花苞……。這是能展現野花之美的花之一。

今天誕生的你，當不知該如何選擇時，便希望魚與熊掌兼得。接近能對你提出忠告的人。

〔寶石故事〕：紅寶石

像燃燒愛情火焰般鮮紅的光芒。紅寶石就像它的光芒一般，可以說是最適合證明戀人熱情與熱戀的寶石。

18世紀的歐洲。開始用寶石做戒指時，紅寶石戒指就被稱為是「Love ring」，相當受歡迎。被稱為鴿子血的高純度上等品，含有取代自己的血之意，所以特別受到重視。

──────── 當天誕生的名人 ────────
安・路易士（1956・歌手）
中嶋明子（1971・女演員）

──────── 今天是什麼日子？ ────────
世界環境日
◆

他的生日

你的紀念日

6│6日

繡球花　　♥　瑪　瑙

花語：有耐力的愛情　　　　寶石語言：預感別離

〔誕生花占卜〕

雖是令人感到鬱悶的梅雨，但受到它的洗濯後，繡球花的色彩變得更鮮艷，使這個季節更有趣了。有些地方稱繡球花為「七變化」，藍～紫的色彩變化，也使它展現與眾不同的風情。大部分當盆栽販賣的，是繡球花屬的西洋種。

今天誕生的你，談戀愛時只想到戀愛。應該更清楚透視對方真實像或與自己的適性。

〔寶石故事〕：瑪瑙

瑪瑙是雙子座的守護石。尤其在寶石當中，它含有如花鳥風月、神話世界的不可思議花紋，因此備受重視。據說，世界上有6500萬年以上的瑪瑙，也就是含有地球生成時的水分，吸收了天地精華。得到這顆石頭的人，可以得到天下，也可以得到長生不老，更可以成為絕世美女、世界首富，集天下幸運於一身。

當天誕生的名人

維拉斯凱斯（1599・畫家）

新田次郎（1912・作家）

今天是什麼日子？

工程師節、水利節。

◆

他的生日

你的紀念日

6 | 7 日

金銀花
花語：命運的線

♥ 綠寶石
寶石語言：幸福

〔誕生花占卜〕

初夏日正當中，太陽光像一條河流般，與金黃色細小花呈一直線互相輝映，這就是金銀花。摘下一朵花吸取蜜汁，甜味猶如西瓜，所以也稱為西瓜花。有些地方將嫩葉採下當茶。

今天誕生的你，可以當運動俱樂部經理人，敏捷度高。與領隊之間柔和的愛，會受到大家的祝福。

〔寶石故事〕：綠寶石

就像大家都知道的「emerald green」（翡翠綠）一樣，鮮艷是極品的最低條件。稍微帶點黃色或藍色的也是上等品。透明與否、是不是像天鵝絨般優雅，是檢查的重點。

最近，利用合成技術製造出來的綠寶石不少，但真正讓人感覺高雅的，只有正品。缺少這些條件，就玩味不出其充實感。

當天誕生的名人

保羅・高更（1848・畫家）　高怡平（節目主持人）

普林斯（1958・音樂家）

今天是什麼日子？

他的生日

你的紀念日

6|8日

石南花　　♥　藍寶石

花語：威嚴　　　　寶石語言：慈愛、誠實

〔誕生花占卜〕

　　石南花被稱為花木中的女王，可見它是高雅又艷麗的花。每到初夏，它就在濃綠樹葉的襯托下，綻放比樹葉更大的嬌艷花朵。在歐洲有傳言，使用以石南花樹枝做成的手杖，即可長生不老。

　　今天誕生的你，不知是否太重視人情了，很容易被人利用或欺騙。但他就是被你這一點所迷。

〔寶石故事〕：藍寶石

　　綻放透明深藍色光輝的藍寶石，給人高貴清純的印象，所以被尊崇為適合聖職者的寶石。在耶穌、瑪莉亞像前舉行傳統高格調儀式之日，立於祭壇前之高僧所穿的衣裳上，會縫幾顆大藍寶石。不知道是不是由於受了這種傳統的影響，配戴藍寶石在身上，總是充滿安心感。它就是具備這種神奇力量的寶石。

───── 當天誕生的名人 ─────

舒曼（1810・作曲家）

森尾由美（1966・女演員）

───── 今天是什麼日子？ ─────

伊斯蘭教創始者穆罕默德逝世（632）

他的生日

你的紀念日

6月9日

薔薇（粉紅色）♥ 石榴石

花語：我嫁給你 　　　　　　寶石語言：真實的愛

〔誕生花占卜〕

在被稱為花中女王的薔薇當中，粉紅色薔薇充滿溫柔的氣氛，最適合用來傳達女性的嬌媚。誇張表情的大朵薔薇、可憐表情的小朵薔薇……。歐洲地方，在氣候宜人的這個季節，充滿薔薇香味的庭院，彷彿正舉辦花園舞會一般。

今天誕生的你，太愛自己了，所以不讓別人愛你。當你認為自己怎麼樣都好時，你的愛才是真的。

〔寶石故事〕：石榴石

一提到石榴石，一般人就會想到是和紅寶石很相似的深紅色寶石。實際上，石榴石有40種以上的色調，很少有像石榴石這麼變化豐富的寶石了。

深綠色透明的烏拉爾祖母綠石榴石、全黑的安德拉石榴石、粉紅色的馬來西亞石榴石、發射4條光的貴榴石，類似翡翠的綠虎晴石等等是主要變化。

—————— 當天誕生的名人 ——————

麥克・J・霍克斯（1961・演員）

藥師丸（1964・女演員）

—————— 今天是什麼日子？ ——————

鐵路節（1965）

◆

他的生日

你的紀念日

6│10日

紫萼　♥　黃玉

花語：沈默　　　寶石語言：希望

〔誕生花占卜〕

　　這是在庭院一角經常能見到的花。看起來幾乎呈白色的淡紫色花苞，和垂吊在橋的欄杆之珠寶很相似。屬於百合科，仔細看它的花，會發覺其姿態真是風情萬種。

　　今天誕生的你，不避諱地高唱「靈感算什麼」，屬於理論派。但你必須了解，世上有很多事不是光靠說理就可以行得通的。海邊、河畔將有羅曼史發生。

〔寶石故事〕：黃玉

　　黃玉是雙子座的守護石。黃玉（topaze）之名來自於梵語代表「生命」之意的「tabas」。正如其名，黃玉潛藏使人體燃燒生命能量的威力。

　　超能力者艾特卡·凱西也說道：「黃玉的美麗與清純，可以帶給人活力。」尤其自我治癒力高，能夠發揮消除緊張的效果，為從事競爭激烈工作者的必備品。

————— 當天誕生的名人 —————

茱蒂·加蘭詩（1922·女演員）

詹姆斯三木（1935·劇本家）

————— 今天是什麼日子？ —————

◆

他的生日

你的紀念日

6|11日

金盞草　♥　鑽　石

花語：嫉妒　　　　　　寶石語言：清淨無垢

〔誕生花占卜〕

在聖母瑪莉亞的祭日，它總是盛開著，因此稱為「Marigold（瑪莉亞黃金之花）」。關於聖母瑪莉亞的祭日，天主教的場合是一年20次，換言之，這是全年均開的花。它的日本名字為萬壽菊，代表這種花的花季很長。

今天誕生的你，在愛人面前顯得自我意識過剩。放輕鬆、自然些吧！

〔寶石故事〕：鑽石

在文藝復興之前，一般人認為，鑽石是「能使一年當中，一半時間成為黑夜的石頭」。半年分的光芒，凝聚在一顆石頭上，難怪會產生如此的光結晶。在遙遠的異國，有眼鏡蛇看守這種光的結晶。

不知道是不是眼鏡蛇的劇毒融入了鑽石中，大家相信，鑽石磨成的粉有致人於死的威力。

―――――― 當天誕生的名人 ――――――

川端康成（1899・作家）

澤口靖子（1965・女演員）

―――――― 今天是什麼日子？ ――――――

田中角榮發表「日本列島改造論」（1972）

他的生日

你的紀念日

6 |12日

風鈴草　♥　珊　瑚
花語：親密的兩人關係　　寶石語言：聰明

〔誕生花占卜〕

風鈴草（Campanul）的原意是鐘。正如其名，它的花朵就像教會的鐘一樣。花的顏色有白、淡紅、紫等等。也有雙重開花的品種，它的名字很有趣，為「cup & saucer（杯與碟）」。風情萬種。

今天誕生的你，是什麼東西都要得到手，好勝心強的人。但得到手後就沒興趣了。對戀人的態度也有這種傾向。

〔寶石故事〕：珊瑚

海中寶石＝珊瑚。有這麼一個傳說，珊瑚是海神尼布邱為了心愛的人所培育出來的寶石。但人類知道這件事後，便開始採珊瑚，尼布邱非常生氣，便引起火山爆發，將珊瑚埋在海底。

維蘇威火山爆發後，這一帶海域的珊瑚便消失蹤影，現在義大利的珊瑚工藝品，全部都是從東方進口的。

―――― 當天誕生的名人 ――――
喬治・布休（1924・政治家）
安妮・法蘭克（1929・『安妮日記』作者）

―――― 今天是什麼日子？ ――――
戀人之日（互贈相片）

他的生日

你的紀念日

6│13日

栗　樹
花語：天才

♥ 星藍寶
寶石語言：被選中的人

〔誕生花占卜〕

這是有名的巴黎街道樹。每到花季，就會開滿白色花朵，在茂盛的花朵下，不知產生多少對情侶。島崎藤村形容這種花為「在一支大蠟燭下，掛著許多白色小蠟燭」。也有紅色花朵。

今天誕生的你，基本上是好人，但卻往往因不經意的一句話而傷害到他人。人際關係上多用心，可減少紛爭。

〔寶石故事〕：星藍寶

在藍寶石中，藏著散發奇妙光芒的星，這就是星藍寶。星藍寶的星光並不明亮，但可以變化各種表情，所以自古以來，即被認為是帶來幸運的寶石。尤其在日暮時分看見的星光，正訴說著你一生的愛情運。星光朝六個方向均衡伸展時，運勢大好。如果星光不均衡，則是戀愛的危險信號。

———— 當天誕生的名人 ————

葉芝（1865・詩人）

森口博子（1968・演員）

———— 今天是什麼日子？————

櫻桃忌（太宰治的忌日）

他的生日

你的紀念日

6|14日

紫 珠　　♥ 珍 珠

花語：聰明　　　　寶石語言：健康、長壽

〔誕生花占卜〕

這是日本山野中自生的花，因為結成紫色小粒果實，故名之。初夏時，它也會開出小粒吊鐘型的白花，小白花之姿亦風情萬種。可以當盆花，置於大樓大廳，依季節變化，從花至果實，饒富樂趣。

今天誕生的妳，即使走到小巷，也要刻意裝扮一番，但卻很難交到男朋友……。得捨棄美人意識。

〔寶石故事〕：珍珠

一般人認為圓形珍珠最好，但在歐洲地區，形狀變化的雕琢珍珠，反而因罕見而具有價值。其中，稍微長形的雕琢型珍珠，稱為「月之露」或「人魚之淚」，尤其得到相當高的評價。十九世紀寶石設計師拉利克，讓大家了解雕琢珍珠的巧妙之處。此外，還有半圓形珍珠、巨大珍珠、稍微散發金屬光芒的南洋珍珠等種類。

—— 當天誕生的名人 ——

格瓦拉（1928・革命家）　馬世莉（演藝人員）

椎名誠（1944・作家）

—— 今天是什麼日子？ ——

愛迪生實驗室拍攝了歷史上第一部有關運動的電影（1894）。

◆

他的生日

你的紀念日

6│15日

透百合（香百合）♥ 紅寶石

花語：有朝氣的人　　　寶石語言：熱情

〔誕生花占卜〕

　　淡粉紅色，感覺豪華的透百合，是新交配的品種。除了流露出來的氣氛之外，還散發著淡淡清香。在眾多百合新品種當中，這是最受歡迎的一種，今後生產量增加，將更大眾化。

　　今天誕生的你，在必要時，能發揮出連自己也難以相信的力量，產生驚人結果。有一段年齡差距的戀情，能結成好姻緣，建立美滿家庭。

〔寶石故事〕：紅寶石

　　在中世紀旅行，會遇到各種潛在危險。毒蛇、霍亂等疾病……。紅寶石能免除這些危害，被認為具有保護旅途平安的威力。因此，國王出門旅行時，會讓一輛載著紅寶石的特別馬車走在前面。萬一這顆紅寶石遇劫，或發生異常變故時，便立即中止行程、打道回府，接著就像服喪一年似的，凡事保守謹慎。

──────── 當天誕生的名人 ────────

藤山寬美（1929・演員）

平山郁夫（1930・畫家）

──────── 今天是什麼日子？ ────────

警察節。美日安保紀念日

他的生日

你的紀念日

6|16日

土耳其桔梗(多重瓣) ♥ 綠寶石

花語：華麗的女英雄　　　　寶石語言：幸福

〔誕生花占卜〕

最近很少見到像土耳其桔梗這麼變化豐富的花。從帶點憂鬱氣氛的花，到展現艷麗氣氛的品種，樣式非常多。其中更有30片以上花瓣的多重花。綜合了薔薇與芍藥之美。

今天誕生的你，必要的時候一定能配合期待，發揮實力。

〔寶石故事〕：綠寶石

流傳在世界各地的神話，都敘述天上的世界充滿寶石光芒。眾神居住的世界，不僅如寶石光輝般美麗，還充滿了神秘的力量。每種寶石和神話中眾神一樣，各象徵著智慧、美麗、權勢、財富等等，而且各有其適合的人。

自古以來，人們相信擁有綠寶石者，能被賜予超人的大宇宙智慧。

───── 當天誕生的名人 ─────

山本普也（1939・電影導演）　高見山大五郎（1944・力士）

───── 今天是什麼日子？ ─────

陳炯明叛變（1922）。

他的生日

你的紀念日

6│17日

瓶子草
花語：內心休息

♥ 藍寶石
寶石語言：慈愛、誠實

〔誕生花占卜〕

瓶子草原文「sarrace-nia」。花形如其名，也就是像瓶子一樣的花。當蟲子飛入花裡時，花會將蟲溶解成為養分，又稱為食蟲草。原產地在北非，但廣泛分布於世界各地。

今天誕生的你，能正確掌握時代的動向，但也能接受與時代不同的產物。對於沒有進展的戀情不要著急，享受過程吧！

〔寶石故事〕：藍寶石

黛安娜王妃從查理斯皇太子手中接過來的訂婚戒子，是用鑽石鑲著一顆大藍寶石。雖然二人的愛變調了，但藍寶石一直守護著二人的未來。

如果藍寶石具有再度燃燒愛的能力，則二人也許能展開全新的生活，英國的明天也將更美好。

──── 當天誕生的名人 ────

史特拉文斯基（1882．作曲家）　中原理惠（1958．演員）

──── 今天是什麼日子？ ────

泛美航空公司的波音314型飛船，完成飛越大西洋（1939）。

◆

他的生日

你的紀念日

6 | 18日

薰衣草
花語：優美

♥ 鑽石
寶石語言：清淨無垢

〔誕生花占卜〕

北海道、富良野的薰衣草田非常有名。紫色的原野在初夏微風中搖晃的光景，彷彿置身世外桃源。它的香味是一大特色，具有防蟲、防腐效果。歐洲從很久以前，就有將乾燥薰衣草裝在小袋內，放入抽屜的習慣。

今天誕生的你，總是生活在夢想空間裡。你和戀人感情很好，但你知道他什麼時候會向你求婚嗎？

〔寶石故事〕：鑽石

歷史上擁有最古老故事的鑽石，大概是「kohinoor」（印度大金鋼鑽）吧！在印度、中東地區，人們認為得到「kohinoor」者能征服世界。它是古代印度敘事詩「摩訶婆羅多」中上場的英雄的守護石。也有人主張，經常被帶在身上上戰場的，就是「kohinoor」。現在則鎮座於倫敦鐵塔深處。

——— 當天誕生的名人 ———

雷蒙・拉狄格(1903・作家) 波爾・馬卡多尼（1942・音樂家）

——— 今天是什麼日子？ ———

黛納颱風侵襲東台灣，造成重大災害（1965）。

他的生日

你的紀念日

6|19日

鐵線蓮
花語：甜蜜的束縛

♥ 水　晶
寶石語言：單純

〔誕生花占卜〕

　　初夏如果看見開出大朵的蔓性植物，這就是鐵線蓮。因為蔓如鐵線般堅固，所以名為鐵線。相當於威靈仙的原種，但鐵線蓮有6片花瓣，威靈仙則有8片花瓣，給人更華麗的印象。當盆花很受歡迎。

　　今天誕生的你，身世、教養均不凡，但很喜歡銅鑼燒等庶民物品。約會時射中他的心吧！

〔寶石故事〕：水晶

　　穿梭於各地為人占卜運勢的吉普賽人，大家都知道，他們是將手放在水晶球上占卜。水晶具有映出神秘世界這種不可思議的力量。水晶是這個世界上，與神秘世界最接近的「power object（力量客體）」。現在，地中海諸島居民，還是以水晶破片當成家的守護神，祈求這個家永遠昌榮。

──────── 當天誕生的名人 ────────

帕斯卡（1623・哲學家）　太宰治（1909・作家）

──────── 今天是什麼日子？ ────────

加拿大亞德摩耳架駛滑翔機，成為第一位飛越英倫海峽者（1931）。

◆

他的生日

你的紀念日

6/20日

瞿 麥　♥　血 石

花語：思慕　　　　寶石語言：勇敢

〔誕生花占卜〕

　　單純說瞿麥的場合，是指日本瞿麥。就像日本女性稱為大和瞿麥一樣，這是日本花。另外，從中國進口的稱為唐瞿麥，因此就產生大和瞿麥的表現法。非常可愛，令人想像撫摸自己小孩般撫摸它。

　　今天誕生的你，能平心靜氣地從事大膽工作。即使私奔，也要和他在一起。

〔寶石故事〕：血石

　　血石（blood stone）在耶穌誕生之前，被稱為血滴石（heliotrope），為「太陽旋轉」之意。正如名稱象徵，這種石頭集合了地球全部能源，具有強大威力。不論遇到什麼障礙，它都能夠排除萬難，拓展進路。不用說，應該隨身攜帶，有時以冷水清洗表面，更加強其威力。

————— 當天誕生的名人 —————

萊赫那爾·利奇（1949·音樂家）

————— 今天是什麼日子？ —————

他的生日

你的紀念日

6|21日

洋地黃
花語：內心思念

♥ 藍寶石
寶石語言：慈愛、誠實

〔誕生花占卜〕

　　紫紅色像吊鐘一樣向下垂的花，令人感覺出其勇敢的姿態。在歐洲地區，被當成藥草廣泛栽培。乾燥後的葉子可當強心劑、利尿劑使用，但用量過多會中毒。19世紀在法國，有利用洋地黃毒素殺人的事件發生。

　　今天誕生的你，在上班場所像個大姊姊，他覺得妳像媽媽，為什麼妳比實際年齡還老成呢……？有時不妨盡情狂歡，強調自己的年輕。

〔寶石故事〕：藍寶石

　　世界最大的藍寶石，於1948年在澳洲昆士蘭被發現，據稱有1958克拉，相當於小孩拳頭般大。

　　擁有藍寶石者，據說能得到來自於天界的靈感，所以中世紀的預言家們，必定人人擁有一顆大藍寶石。凝視著藍寶石所綻放出的深藍色光芒，便能湧現超人智慧。

———————— 當天誕生的名人 ————————
約翰・波爾・薩特（1905・思想家）　松本伊代（1965・演員）

———————— 今天是什麼日子？ ————————
第一位女性跳傘員美國喬治亞・湯姆遜夫人（1913）

◆

他的生日

你的紀念日

6月22日

曼陀羅花 ♥ 紅寶石

花語： 迷惑　　　　寶石語言：熱情

〔誕生花占卜〕

這是深具透視能力的花，也許很多人會對它提高警覺，但這種花非常實在。曼陀羅自古即為毒草之王，只要稍微將根拔起，會發出悲鳴。黑紫色的花，呈現魔女般的陰沈感。但總想見它一面……。

今天誕生的你，是能發揮優秀統率力、提高全體幹勁的人。但有半途而廢的毛病，約會時多加注意。

〔寶石故事〕：紅寶石

在女性的內心深處當中，嫉妒是最醜陋的，會導致一切的崩潰。懷疑愛人的心，越愛一個人，這個嫉妒心就越強烈。而紅寶石能夠平息這種嫉妒心。擁有如火燄般燃燒的硬質紅寶石，能夠澆熄熊熊的妒火。如果自認為是一個嫉妒心強的人，那麼不妨配戴紅寶石去約會吧！這樣就能夠幫你渡過美好的一夜。

————— 當天誕生的名人 —————

比利・王爾達（1906・電影導演）

————— 今天是什麼日子？ —————

法國巴黎的艾爾豐斯基洛克士公司，製造世界上第一架照相機（1839）。

◆

他的生日

你的紀念日

6 23日

晚香玉　　♥　珍　珠

花語：危險的快樂　　　寶石語言：健康、長壽

〔誕生花占卜〕

造訪夏威夷等熱帶國家時，會受到大同小異的歡迎禮。成員大部分是這種花。莖的上部，每節必定每二朵花相對而開，真是不可思議的花。日本人稱為月下香，歐洲地區也用來當香水原料。

今天誕生的你，是不拘小節、大而化之的人。這種開朗是你一生的財富。

〔寶石故事〕：珍珠

用來製作珍珠的貝殼，除了珠母之外，還有白蝶貝、黑蝶貝、鮑貝、大島珠母等，可以作出各式各樣的珍珠，其中以珠母最具光澤。與其他寶石不同之處是，珍珠不需要經由切割或研磨，只要玩味其天然的形狀與大小就令人滿足了。從內部散發耀眼光芒的珍珠，比同樣大小的鑽石更具價值，為商品質的珍珠。

當天誕生的名人

任賢齊（歌手）　南野陽子（1967‧演員）

今天是什麼日子？

奧林匹克日

◆

他的生日

你的紀念日

6│24日

麝香草
花語：悲傷

♥ 藍　晶
寶石語言：聰明

〔誕生花占卜〕

　　麝香是從麝的身上採取的香味，適合成熟女性的妖艷香。從它的名字即可想像，它是具有膠黏糾結般香味的花。當香料的麝香草是葉子部分。除了當香料以外，也被當成止咳藥草活用。

　　今天誕生的你，對工作比戀愛投入，但卻是同伴中最早結婚的，而且成為專職家庭主婦。

〔寶石故事〕：藍晶

　　藍晶是巨蟹座的守護石。具有保護此人一生幸運、健康的威力。兼具海水的豐富、寧靜、淨化力等一切優點的石頭，能平息世間的紛爭，產生凝聚的力量。尤其使爭吵中的佳偶復合的力量更強。

　　巨蟹座的妳，對於交往中的他，除了要求永恆愛情誓言外，也請他別上藍晶領帶夾，二人必定一生安泰。

———— 當天誕生的名人 ————

哲夫・赫克（1944・吉他手）　俾亞斯（1842・作家）

———— 今天是什麼日子？ ————

他的生日

你的紀念日

6|25日

忘都花
花語：告別

♥ 綠寶石
寶石語言：幸福

〔誕生花占卜〕

承久之亂後，佐渡的順德天皇看見此花，便說道：「這是讓我能忘記首都的花。」因為非常受喜愛，故名之忘都花。淡紫色中有鮮黃色花蕊。真的是使心靈得到休息的花。也有粉紅色、白色花。

今天誕生的你，不論在什麼處境下，都不會嫉妒或羨慕他人。人生有許多起伏，保持笑臉才能使自己的生活幸福愉快。

〔寶石故事〕：綠寶石

古代的神官、君王，正是具備一般人所沒有的睿智，所以能擁有權力、財富。而大家認為，綠色代表睿智；綠寶石等綠色寶石，就被視為是睿智的結晶。尤其綠寶石在一般人眼中，是象徵賢者睿智的石頭。

即使現代，當身上配戴綠寶石時，也具有發揮能力以上智力的效果。

——— 當天誕生的名人 ———

喬治·麥可（1963·音樂家）　安東尼奧·高底（1852·建築家）

——— 今天是什麼日子？ ———
日本職業棒球史上首次露天比賽（1959）

◆

他的生日

你的紀念日

6│26日

虎尾草
花語：達成

♥ 藍寶石
寶石語言：慈愛、誠實

〔誕生花占卜〕

〔寶石故事〕：藍寶石

不知不覺中就長滿一地的野草，也能開出這麼令人愛憐的花……。虎尾草就讓人有這種感覺的典型花朵。仔細看，類似老虎尾巴的穗上，開滿無數淡紫色花。

今天誕生的你，一生當中有三次轉機。在這時候，情況會進展至你意想不到的境地。即使結婚對象，你也有和特殊世界知名人士結婚的運氣。雖無法期待平凡的人生，但充實感卻是100%。

據說顏色像矢車菊一般的藍寶石，是最貴重的藍寶石，透明度高的清澄藍寶石並不多見，最高品質者稱為開司米籃寶石，這是指擁有像印度開司米地方的天空的顏色之寶石。在印度，以深藍色代表男性，淡藍色代表女性，同時依此個性來設計各種寶石。

──────── 當天誕生的名人 ────────

巴爾·巴克（1892·作家） 史坦力·邱伯利克（1928·電影導演）

──────── 今天是什麼日子？ ────────

◆

他的生日

你的紀念日

6 |27日

金絲梅
花語：討厭悲傷

♥ 紫水晶
寶石語言：內心平和

〔誕生花占卜〕

梅雨天空下，呈現金黃色，很像梅花。樹高1m 左右，經常被用來當庭院樹。原產地為中國。古代皇帝的妃子喜歡這種花，便央求皇帝，也想要像此花一樣的線，故名之。

今天誕生的妳，對男性屬於「無法放手」型。但別得意得太早，當妳驀然回首，會發現自己竟是如此孤獨……。

〔寶石故事〕：紫水晶

希臘神話中的酒神巴卡斯，唆使老虎追趕心愛的月之女神黛安娜身旁的侍女時，這名侍女為了逃離老虎的魔掌，便化身為一顆白石頭。後來巴卡斯為自己的行為感到後悔，便將葡萄酒澆在白石頭上，這顆石頭立即變成美麗的紫色，這就是紫水晶。因為是月之女神的化身，所以摩擦石頭時，會從內側綻放月光般的光芒。

―――――― 當天誕生的名人 ――――――
海倫・凱勒（1880・社會福利活動家）

―――――― 今天是什麼日子？――――――
蘇俄完成世上第一座原子發電廠（1954）。

◆

他的生日

你的紀念日

6月28日

茉 莉　♥　鑽 石

花語：別花心　　　　寶石語言：清淨無垢

〔誕生花占卜〕

這是最受歡迎的盆花材料之一，開滿鮮艷色彩的花，顯得燦爛奪目，非常華麗。雖是色彩鮮艷的花，但花瓣很輕、不重疊，整個花季不斷地開花，讓人能長久享受其美姿，是受歡迎的秘密。

今天誕生的你，好像有點被虐待狂，也喜歡欺負他。小心對方以牙還牙。

〔寶石故事〕：鑽石

在中世紀之前，鑽石一直被當成國王或聖職者，表示自己權威的寶石，到了15世紀，才出現第一位將它戴在身上的女性阿格妮絲・蘇雷爾。蘇雷爾身邊的男性送她貴重的鑽石，她將鑽石集中做成項鍊，展現在國王查理七世面前，一眼便獲得國王的關心。從此以後，效法蘇蕾爾將鑽石戴在身上的女性不少。

───── 當天誕生的名人 ─────

J・盧梭（1712・思想家）　三波伸介（1930・演員）

───── 今天是什麼日子？ ─────

英國新堡地方舉行史上第一次狗展（1859）。

◆

他的生日

你的紀念日

6│29日

時鐘草　♥　黃　玉

花語：聖潔的心　　　寶石語言：希望

〔誕生花占卜〕

　　像時鐘文字盤一樣的花。在歐洲稱為「Passion flower（受難花）」。耶穌被釘在十字架上時，從手腳的釘痕處滲出血……。淡紅色的花就讓人想到耶穌的血，於是稱為受難花。

　　今天誕生的你，在忠於自己的美意識、哲學生活時，自己不也覺得很辛苦嗎？看開一點吧！

〔寶石故事〕：黃玉

　　黃玉好像被和黃水晶混淆了。黃玉即「黃玉石」，是黃色寶石的代表石。黃玉以黃色居多，但也有淡綠、淡藍、粉紅色等。紅色的優質黃玉，非常珍貴。

　　黃玉的主產地為巴西、斯里蘭卡等。在月光的照射之下，黃玉發出的黃色光芒當中，透露著些微青綠色光，據說能讓成熟女性悄悄享受冒險的戀情。

當天誕生的名人

桑尼德克休貝利（1900．作家）　野村克也（1935．職棒教練）

今天是什麼日子？

他的生日

你的紀念日

6|30日

琉璃菊 ♥ 月長石

花語：清楚的人　　　寶石語言：純潔的愛

〔誕生花占卜〕

多麼鮮艷的色彩啊！定睛仔細瞧，是一大片的琉璃菊。大多是紫紅色的花，但也有白色、粉紅色。琉璃菊屬於菊科植物，原產地為北美南部，大正時期引進日本。

今天誕生的妳，是當今罕見的傳統女性。但不可將自己的想法勉強套在他人身上。

〔寶石故事〕：月長石

像靜靜的月夜一般，散發出平穩的光芒。但突然間，微光有了變化，出現神秘的色調……。月之女神黛安娜住在月長石中，有時黛安娜心情產生起伏，月長石色調就產生變化。因為黛安娜是愛的女神，所以月長石也被稱為是愛的寶石。

6月出生的人，身上配戴月長石，會發生人人稱羨的愛情。

───── 當天誕生的名人 ─────

沙特（1843・外交官）　邁克・泰森（1966・職業拳擊手）

───── 今天是什麼日子？ ─────

晶體管發明日

◆

他的生日

你的紀念日

7|1日

罌粟花（白色）♥ 紅寶石

花語：忘了他　　　　　　寶石語言：熱情

〔誕生花占卜〕

南歐地區經常可以見到成群的野生罌粟花，模樣楚楚可憐。罌粟花盛開之美，甚至吸引了各地觀光客。一般人一聽到罌粟花，就會聯想到鴉片，但這和製造鴉片的罌粟花不同，是屬於觀賞用的品種。

今天誕生的妳，不論做什麼都以第一為目標。婚姻運很好，能嫁入豪門。

〔寶石故事〕：紅寶石

紅寶石是7月的誕生石，寶石語言為「熱情」。紅寶石的語源是拉丁語的紅色之意。在古代來說，沒有比紅寶石更美的東西了，一提到紅寶石，就被認為是寶石的代名詞。

中世紀時代，石榴石、電石等紅寶石，均被稱為紅寶石。已知英國女王皇冠中央的550克拉紅寶石，也是尖晶石。

當天誕生的名人

卡爾‧路易斯（1961‧陸上選手）　星野一義（1947‧賽車手）

今天是什麼日子？

漁民節、公路節

◆

他的生日

你的紀念日

7 2 日

海濱木綿 ♥ 鑽 石
花語：去遙遠的地方　　寶石語言：清淨無垢

〔誕生花占卜〕

這是自然生長於太平洋沿岸的植物，開出白色的花。花的下部像捲線般膨鬆是最大特徵。所謂木綿，就是輕輕撕開樹皮，呈線狀的東西，因為看起來捲曲，所以稱為海濱木綿。葉子含有劇毒生物鹼。

今天誕生的你，是難得的強勢運氣者，能獲得現代豐臣秀吉般的成功。愛情運在29歲達到最高峰。

〔寶石故事〕：鑽石

被認為是世界征服者證明的「kohinoor（印度大金鋼鑽）」，是186克拉的巨大鑽石。「kohinoor」是「光之山」的意思，源起於第一眼看見這顆鑽石的莫臥兒帝國國王夏驚嘆道：「多麼耀眼啊！像光之山一樣呀！」這顆「kohinoor」於1850年，送給征服印度的大英帝國維多利亞女王，再切割後，做成女王的別針。

———— 當天誕生的名人 ————

南沙織（1954・歌手）　海爾曼・海賽（1877・作家）

———— 今天是什麼日子？ ————

台灣省開始實施地方自治（1950）。

◆

他的生日

你的紀念日

7┃3日

百日紅
花語：雄辯

♥ 綠寶石
寶石語言：幸福

〔誕生花占卜〕

　　花如其名，百日紅就是能連續開上100天，花季相當長的花。夏日回憶中，大概充滿百日紅的色彩。樹表面很光滑，即使最會爬樹的猴子，也會滑下來。

　　今天誕生的你，很喜歡照顧別人，甚至讓人家說你多管閒事。但不要只在意別人說的話，多將力量投注於充實自己的人生吧！

〔寶石故事〕：綠寶石

　　宇宙的縮圖被映在天宮圖上。在宇宙的中心，可以看見透明中出現綠色的光凝塊。這種光凝塊，除了巨大綠寶石之外，沒有地方能看得見。據說，綠寶石代表神的真理，也代表宇宙的真理。從綠寶石戴在身上的瞬間開始，這個人就絕對不會偽裝自己。要有自覺，追求真實愛情的命運，已經悄悄拉開簾幕。

―――――― 當天誕生的名人 ――――――

卡夫卡（1883・作家）　達姆・克爾蘇（1963・演員）

吳倩蓮（1968・演員）

―――――― 今天是什麼日子？ ――――――

他的生日

你的紀念日

7月4日

向日葵　♥ 黃　金

花語：凝視你　　　寶石語言：不輸任何人

〔誕生花占卜〕

盛夏的代表花。具有向日性，花向著太陽光照射方向生長的性格很強。深愛著太陽神阿波羅的仙女克莉斯汀，為了永遠盯著太陽看，於是化身成花……這是傳說故事。最近流行栽培小朵花，也是受歡迎的插花材料。

今天誕生的你，一旦陷入情網，就看不見周圍的任何動靜。稍微冷靜一點吧！

〔寶石故事〕：黃金

訂婚戒指根源於羅馬時代。那時候，羅馬人統治的不列顛群島，在向喜歡的女孩求婚後，於婚約成立之時，必須發誓一生守護這位女孩，為了證明自己信守誓言、愛情永不褪色，便贈予黃金戒子。「不論在什麼情況下，都盡全力保護妳」，這句話好像在哪裡聽過。如果有人送妳金戒指，大概就是這個意思了。

──────當天誕生的名人──────

路易・阿姆史特龍（1900・爵士音樂家）

──────今天是什麼日子？──────

合作節、菲律賓共和國成立(1946)、美國獨立紀念日（1776）

他的生日

你的紀念日

＝7｜5日＝

野間草　♥　綠寶石

花語：忘卻愛情　　寶石語言：幸福

〔誕生花占卜〕

　　百合科的花，自然生長於日本各地山野。怎麼看它都像野草，充滿野趣與清晰的感覺，但別小看它，它的花迷可不少呢！嫩葉、新芽可做天婦羅，花可當沙拉材料，野草料理經常上桌。

　　今天誕生的你，具備優秀的決斷力，能擔負承擔責任的工作。與其到公司上班，不如自己創業較能成功。

　　在激情過後，也許選擇單身生活。

〔寶石故事〕：綠寶石

　　舊約聖經中，與神見面的以西結（古猶太民族復興的預言家），被神的座車載到天界，在那裡與神談話。「你住的地方是伊甸園，圍繞在你周圍的都是高貴石頭。」一面向神叩拜，以西結一面睜開眼睛，看見一片炫目燦爛的綠寶石光芒……。從此以後，綠寶石就被認為是像徵神之榮光及恩惠的寶石，並且在所有寶石當中，被賜予最高貴的價值。

――――當天誕生的名人――――

約翰・科克托（1889・詩人）　圓谷英二（1901・電影導演）

――――今天是什麼日子？――――

世界上第一套比基尼泳裝在巴黎展出（1946）。

◆

他的生日

你的紀念日

7|6日

木 槿 ♥ 紅寶石
花語：我相信你　　　寶石語言：熱情

〔誕生花占卜〕

　　這是開在夏威夷等南國，具有鮮艷色調的大朵花。大跳草裙舞的熱情女郎，耳際插的正是這樣花。最近常常被當成盆花擺設，是很大眾化的花。日本的槿花是從中國傳來的。因為太美了，所以古時候只能用來敬佛。

　　今天誕生的你，工作、住所……，都不會固定在一個地方。你天生性格容易煩膩、沒耐性，結婚大概也要結個3～4次吧！

〔寶石故事〕：紅寶石

　　紅寶石的硬度是8.8度至9度，僅次於鑽石。結晶是六方結晶或六方柱形，幾乎沒有出產超過3克拉的紅寶石。因此，3克拉以上的紅寶石，價格恐怕是天文數字，稱得上是無價之寶。主要產地是曼德勒一帶。

　　中世紀以磨成球體居多，最近則是以將寶石四角周圍琢磨成幾個斜面的「Step cut」為主流。

──── 當天誕生的名人 ────
席爾貝斯達‧史達龍（1946‧演員）

林佳儀（歌手）　林志炫（歌手）

──── 今天是什麼日子？ ────
世界上首次附有照片的明信片在德國發行（1889）。

他的生日

你的紀念日

7月7日

睡 蓮 ♥ 水 晶

花語：清純的心　　　寶石語言：純潔

〔誕生花占卜〕

天明時分，叭地一聲開花；一到傍晚，就好像在睡覺似地整朵花合起來，所以稱為睡蓮。它是一種水草，無水之處無法培育，在各地池塘展露美姿。古代尼羅河全被睡蓮覆蓋，所以睡蓮又被稱為是尼羅河的新娘。

今天誕生的你，信心滿滿，尤其禁不起新興宗教的誘惑。相不相信是你的自由，但不可勉強周圍的人非得接受不可。

〔寶石故事〕：水晶

能夠反映出世界上一切事情的，就是水晶鏡。自古以來，預言家琢磨水晶做成水晶鏡，在一片黑漆的深夜裡，獨自一人對著這個水晶鏡，期待水晶鏡能反映出未來的光。不久之後，水晶鏡照射出來的光，也反映出人類的未來世界……。不論多麼小的水晶，都具有告誡未來的威力，配戴水晶者，也具有不可思議的預言能力。

當天誕生的名人

馬爾克·夏加爾（1887·畫家）　倫高·斯達（1940·音樂家）

今天是什麼日子？

七七盧溝橋事變（1937）。

◆

他的生日

你的紀念日

7|8日

翠菊（深紅色）♥ 珍　珠

花語：相信我的愛　　　　寶石語言：健康・長壽

〔寶石〕：

　　翠菊的希臘語是「aster」，意思是星辰。因為花瓣呈放射狀打開，看起來像星星，故名之。翠菊是鮮花占卜中使用的花朵之一，再加上星星的形狀，因此被象徵是一心期待愛情的少女心，顯得楚楚可憐。

　　今天誕生的你，很受愛神的寵愛，使你身邊永遠不可能沒有戀人存在。決定結婚的時候，不要看條件，要以愛情的深淺判斷。

〔寶石故事〕：珍珠

　　珍珠是巨蟹座的守護石。希臘柏拉圖派的哲學家們認為，巨蟹座的中心星「Praesepe」（蜂巢星團），是照亮天國入口的光。而蜂巢星團落入海中的東西，就是珍珠。因此，珍珠潛藏引導通往天國之路的威力，尤其大顆的南洋珠，據說只有在能夠敲開天國之門的人手中，才會散發光芒。如果珍珠失去光澤，你就應該謹慎地反省自己的作為。

───── 當天誕生的名人 ─────

約翰・D・洛克菲勒（1839・實業家）　陳小春（演員・歌手）

───── 今天是什麼日子？ ─────

蘇俄首次侵略中國疆土－烏龍江的滿州里（1929）。

他的生日

你的紀念日

7月9日

香煙樹 ♥ 水 晶

花語：有你在身邊就不寂寞　　寶石語言：純潔

〔誕生花占卜〕

拒抽二手煙運動盛行，相信一定很多人大受影響吧！其實香煙的裊動變化萬千，不正是形容成熟女性阿娜多姿的最佳寫照嗎？……香煙樹是野生的煙草，為落葉性低木，花也具有野性美。

今天誕生的你，從頭到腳都是名牌。快點改變吧！努力充實內在最重要。深夜在電話中交談，可將友情昇華為戀情。

〔寶石故事〕：水晶

古代中國人認為，水晶是具有生靈之力的寶石，人們相信它有聚「氣」的效果。所有疾病都是由於「氣」混亂所引起的，所以古代醫生將水晶玉放置在患者額頭上，為患者祈禱、送「氣」、除穢、治病。即使是科技發達的今日，中國人還是視水晶玉為「氣」的最高凝集體。氣弱時，就向著水晶集中精神。

當天誕生的名人

草彅剛（1974・歌手・演員）　松下由樹（1968・女演員）

今天是什麼日子？

先總統　蔣公為革命軍總司令，在廣州東校場宣誓就職（1926）。

◆

他的生日

你的紀念日

7|10日

風鈴草　　♥　血　石

花語：溫柔的心　　　　寶石語言：勇敢

〔誕生花占卜〕

　　在山野中自己生長的風鈴草，悄悄地開出孤寂的花。但它的風情，卻是筆墨難以形容的……。因為花形像風鈴，所以名為風鈴草。又因為和向英國教會大教堂坎特伯雷禮拜時所拿的鈴一樣，所以也稱為坎特伯雷之鐘。

　　今天誕生的你，好勝心很強，從來不會對任何事感到煩膩，所以有時會追得別人喘不過氣來。

〔寶石故事〕：血石

　　血石是能夠自由控制內心潛在能量的石頭。在妳有重大願望必須達成之日，將血石掛在與肌膚直接接觸的地方，而在願望實現的前一刻，用力摩擦血石的表面，更可使血石強大的威力發揮得淋漓盡致。

　　但是當願望達成之後，血石一定會變回白色。將這顆石頭埋在泥土深處，使其回歸地球，是一種禮儀。

──────── 當天誕生的名人 ────────

馬歇爾・普魯斯特（1871・作家）　張學友（1961・歌手）

基里克（1888・畫家）

──────── 今天是什麼日子？ ────────

瑞芳鎮煤山煤礦發生慘重的火燒坑災變（1984）。

他的生日

你的紀念日

7│11日

薑 花　♥　鑽 石

花語：信賴　　　　寶石語言：清淨無垢

〔誕生花占卜〕

這是一種讓人想起美人蕉的大朵花，香味可是一流的，光是在房內插上一朵薑花，即可滿室生香了。屬於生薑科，原產地為印度。

今天誕生的你，上國中之後，摯友就是你內心最大的支柱。坦白說，你的人生充滿各種起伏，波瀾萬丈。但歷經重重困難磨練之後，這些體驗將使你的未來閃亮動人。

〔寶石故事〕：鑽石

法國英雄拿破崙，比我們想像中要浪漫多了。他結婚的時候，只不過是一介軍人而已，連送給愛妻喬瑟芬一顆寶石的能力都沒有。

後來，拿破崙當上皇帝，第一件事便是傳喚巴黎最有名的珠寶師傅，命令他為皇后製作一個最豪華的冕狀頭冠。這個堪稱世界第一豪華的頭冠，據說鑲嵌了880顆鑽石。

―――――― 當天誕生的名人 ――――――

尤爾・普林納（1920・演員）　藤井郁彌（1962・歌手）

―――――― 今天是什麼日子？ ――――――

航海節。鄭和下西洋首航（1405）。

他的生日

你的紀念日

7|12日

土耳其桔梗（單瓣） ♥ 水　晶

花語：黃昏的約會　　　　寶石語言：純潔

〔誕生花占卜〕

　　因為長著像土耳其石一般清新的藍色花朵，所以被稱為土耳其桔梗。最近出現各種顏色花朵，變化非常豐富，是最受歡迎的花之一。但還是以這種藍色花朵最能表現出它的氣質。

　　今天誕生的妳，對於自己喜歡的工作，做得有聲有色，請務必把握難得的機會。是否能答應一見鍾情式的求婚，是一生命運的轉捩點。

〔寶石故事〕：水晶

　　沒有交集的天與地……。連接兩者的階梯，就是水晶。因為太透明了，所以一般人用肉眼無法看見。只有天使能在這個階梯上來來去去。天使們休息的地方，也是這個階梯。

　　有一次，天使們聊天中靈機一動，拆下階梯的一部分，讓住在這個世界上的人們看見。從此以後，水晶即備受重視。

――――――當天誕生的名人――――――

莫地里尼（1884・畫家）　渡邊美里（1966・音樂家）

――――――今天是什麼日子？――――――

聾啞愛護節（1954）。

◆

他的生日

你的紀念日

7|13日

芙 蓉 ♥ 黃 玉
花語：纖細之美　　寶石語言：希望

〔誕生花占卜〕

芙蓉出水，是最佳美女形容詞。夏天的早晨，開出白色花朵；到了傍晚枯萎時，便隱隱約約看見帶點紅色。因此，搏得醉美人之名。芙蓉屬於插枝型植物，如果看見有人種植芙蓉，不妨要一枝來插在庭院裡……。

今天誕生的你，個性比誰都害羞，但卻適合在人前表演的工作。你的靦腆反而給人留下好印象。

〔寶石故事〕：黃玉

「黃玉」，顧名思義，就是黃色的玉石。沒錯，黃玉以深黃色玉石為代表，但除此之外。還有青綠、橘、粉紅……等色調。每一種都是長年累月在地球中孕育而成，因此具有讓人深深感動的魅力。尤其「黃玉」中的黃色玉石之所以備受重視，是因為深黃褐色為成熟白葡萄酒的色調，光是用眼睛看，就令人陶醉其中，想酩酊大醉一場呢！

當天誕生的名人

哈利梭·霍特（1942·演員）　中森明菜（1965·歌手）

今天是什麼日子？

法國安利洛史丹締造走鋼索新的世界紀錄3465公尺（1969）。

他的生日

你的紀念日

7|14日

金魚草 ♥ 土耳其石

花語：危險的戀情　　寶石語言：成功

〔誕生花占卜〕

這是像金魚一般膨鬆的花。輕輕壓花的尖端，則呈現像金魚嘴巴開閉開閉模樣。英文名稱為「snapdragon」，是龍之花的意思。花色有白、黃橘、紅、紫紅……等等，花季長，種在花圃也很合適。

今天誕生的你，是樸直又開朗的人。但是過了二十歲之後一定要習得一技之長。戀愛運很強，讓初戀就開花結果吧！

〔寶石故事〕：土耳其石

伊斯坦堡位於東方與西方的交接點，面臨博斯普魯斯海峽，在歷史上屬於責任重大的城市。稱得上是這個城市象徵的藍色清真寺，是以土耳其石與藍色磁磚組合成的，為世界上最美的伊斯蘭教寺院。

伊斯蘭教認為，藍色是通往神的國度、天國最寶貴的顏色，祭壇的中央一定用巨大土耳其石裝飾。

──────當天誕生的名人──────

英格麥爾·比爾伊曼（1918·電影導演）　米休爾（1963·足球選手）

──────今天是什麼日子？──────

英國倫尼拉舉行歷史上第一次女性賽車競賽（1900）。

◆

他的生日

你的紀念日

7|15日

草夾竹桃　♥　鑽　石

花語：被愛包圍　　　寶石語言：清淨無垢

〔誕生花占卜〕

又稱為草坪櫻花，覆蓋在花圃的邊緣、石垣等處，美得令人心花怒放。草夾竹桃為天藍繡球屬，不斷地蔓延，像草坪一樣覆蓋四處。深粉紅色與白色等鮮麗色彩，自然粧點這個季節。

今天誕生的你，凡事太認真了，讓人不敢親近你。記得適度放鬆，對你有好處。

〔寶石故事〕：鑽石

鑽石是最硬的石頭，用這種石頭可以在任何物品上刻字，因此備受重視。舊約聖經的「耶利米書」及「以西結書」當中，有一節就描述了用鑽石在硬岩石上刻下神語的故事。

中世紀時代，鑽石被認為可以保護身體不受惡魔、疾病侵襲，所以上戰場的騎士們，個個都帶著鑲嵌鑽石的寶劍，當成護身符。

當天誕生的名人

倫勃朗（1606‧畫家）　王耀慶（演員）

今天是什麼日子？

温妮颱風侵襲花蓮，造成傷亡慘劇（1958）。

他的生日

你的紀念日

7|16日

九重葛　♥　石榴石

花語：**熱情**　　寶石語言：**真實的愛**

〔誕生花占卜〕

　　如果您整年在氣候溫暖的亞熱帶、熱帶國家旅行，那麼九重葛一定會向你展現色彩鮮艷的花朵。法國航海家布肯比利亞，在美拉尼亞西發現這種花，並且將它帶回，從法國南部擴展至地中海沿岸。

　　今天誕生的你，天生才氣煥發，企劃能力強，很適合當製作人。結婚等三十歲以後再說。同行、年紀小妳幾歲的男性是命中註定的對象。

〔寶石故事〕：石榴石

　　捷克美麗的湖畔，挖掘出青銅器時代的遺跡，從這裡找到了非常精緻的石榴石。對於尊崇太陽古代人而言，好像是使夕陽凝縮的石榴石，和太陽一樣貴重，具有相當神秘的威力。

　　用線將石榴石穿成項鍊，一族之長將這石榴石項鍊戴在脖子上，以顯示出自己與眾不同，並且誇耀自己的優秀能力。

當天誕生的名人

洛亞特・阿姆傑（1872・探險家）　桂三枝（1943・演員）

今天是什麼日子？

世界上第一具停車計時表開始使用（1935）。

◆

他的生日

你的紀念日

7|17日

帝國花 ♥ 孔雀石

花語：讓人喜愛　　　　寶石語言：再會

〔誕生花占卜〕

這是自然生長於南歐、印度等地區的花，為鮮艷黃色或橘色的大朵花。栽培此花之處，充滿異國情調，相當受歡迎。仔細看它向下開的花，具備百合科特有華麗的雄蕊與雌蕊，而且散發芳香。

今天誕生的你，不要光是默默地等待。不自我表現的話，沒有人會注意到你的優點，與其沈醉在夢中愛情，不如尋找現實戀人。

〔寶石故事〕：孔雀石

孔雀石具有成就愛情的力量，因此對於戀人們而言，可說是至高無上的守護石。歐美地區，有送孔雀石給年輕人當小禮物的習慣，祈禱兒子、女兒的幸福愛情開花結果。此外，孔雀石還具有消除魔咒的力量。

據說當病人病因不明時，只要將孔雀石放在病人的額頭上，即可解除病人受到的魔咒，恢復健康。

—— 當天誕生的名人 ——

青島幸男（1932・政治家）　田中律子（1971・演員）

—— 今天是什麼日子？——

「國富論」作者亞當・史密斯逝世（1790）。

他的生日

你的紀念日

7|18日

紫羅蘭（紫紅色）♥ 水　晶

花語：相信　　　　　　　寶石語言：純潔

〔誕生花占卜〕

提到紫羅蘭，就代表白色時代已經結束。最近色彩五花八門，花瓣形狀也爭奇鬥艷，是花藝設計當中不可或缺的花材之一。尤其是紅色、粉紅色的紫羅蘭，具備優雅的氣氛。即使只插一盆紫羅蘭花束，也可使屋內氣氛為之一變。

今天誕生的妳，就像公主一樣，相信什麼事都可以隨心所欲，但只有戀人的心不是妳能夠操縱的。

〔寶石故事〕：水晶

古代波斯有這樣的習慣，年輕女性與男性的初夜，必須洗淨全身，之後塗上薔薇香油，最後再上粉狀水晶。接下來便靜靜躺在床上，等待愛人的來臨。

水晶是這個世界上最純潔的象徵，也是處女的證明。而全身撒上水晶粉的行為，正是傳達一個重要的訊息，就是我這一生只獻給你一個人。

———— 當天誕生的名人 ————

李查‧布朗遜（1950‧實業家）　廣末涼子（1980‧歌手‧演員）

———— 今天是什麼日子？ ————

英國作家詹恩‧奧斯汀逝世（1817）。

◆

他的生日

你的紀念日

7|19日

大麗花
花語：行動力

♥ 珍 珠
寶石語言：得到幸福

〔誕生花占卜〕

　　大麗花又叫天竺牡丹，是半球型的花朵，看起來膨膨鬆鬆的，充滿彈性，非常美麗。學校花圃或庭院中，經常可見大麗花。一看到它，就讓人感覺出朝氣蓬勃。

　　今天誕生的你，孩提時代是不是有什麼不滿堆積在心底呢？凡事想開一點，不要鑽牛角尖。戀人也必須你自己主動接近。

〔寶石故事〕：珍珠

　　築起通往天國的夢之橋＝彩虹，自古以來，珍珠即被視為是愛情與浪漫的象徵。德萊爾詩集中，珍珠出現次數不計其數，均是歌頌其與眾不同的魅力。英國女王伊莉莎白二世，最喜愛的首飾是，澳洲政府贈送的203克拉珍珠，與200顆鑽石組合成的項鍊，它可說是正式場合中的寵兒。

―――――― 當天誕生的名人 ――――――

德加（1834・畫家）　近藤真彥（1964・歌手）

杉本彩（1968・歌手）

―――――― 今天是什麼日子？ ――――――

他的生日

你的紀念日

7月20日

苔蘚薔薇 ♥ 月長石

花語：可憐　　　　寶石語言：純潔的愛

〔誕生花占卜〕

　　像苔蘚一般在低處綻放的薔薇，覆蓋了整個大地。它具備完整的薔薇科特徵，每一朵薔薇花都伸長脖子，誇耀般地展現美麗。淡淡的香味，令人內心感到無限舒暢。

　　今天誕生的你，不會和任何人紓發心中的苦悶，屬於獨自痛苦型。但千萬別封閉在自己的色彩中。只要認為好，就去做做看，你會從中發現解決之道。

〔寶石故事〕：月長石

　　月長石是巨蟹座的守護石。這種寶石在光的照射下，會顯現出藍白色的光芒，也就是所謂的「保護層效果」。藉著這種效果，月圓時能有動人的邂逅，月缺時則被賜予預知能力，充滿了神秘的威力。

　　古代印度相信這是擁有超能力的石頭，神官們口中含著月長石向月亮祈禱，傾聽神對於未來的指示聲音。

當天誕生的名人

松坂慶子（1952・演員）　鈴木聖美（1952・歌手）

今天是什麼日子？

美國阿波羅號太空船登陸月球（1969）

◆

他的生日

你的紀念日

7│21日

細百合　♥　綠寶石

花語：稀有價值　　　　寶石語言：幸福

〔誕生花占卜〕

　　百合的世界五彩繽紛，種類也相當豐富。細百合是自然生長於日本山野的小型百合，其楚楚動人的模樣，深受採茶人的喜愛。內心告訴自己不可以攀折花木，但卻又很想採下一朵花，就這樣為糾葛所惱。

　　今天誕生的你，是當政治家、律師的料，辯才無礙、具有說服力。經濟運就沒有那麼強了，最好養成定期儲蓄的習慣。

〔寶石故事〕：綠寶石

　　『默示錄』中介紹，使徒約翰藉著透視力，看見神姿的故事，內容也提到，神的周圍被綠寶石的虹光所包圍。後來，使徒約翰受天使邱絲達芙·多蕾所引導，也透視了應該充滿神的榮光的都市「螺旋梯中柱聖歌」的城市模樣。

　　這個螺旋梯中柱的門的正面，也閃耀綠寶石的光輝，讓人們了解神的榮光。

當天誕生的名人

海明威（1899·作家）　川谷拓三（1941·演員）

今天是什麼日子？

他的生日

你的紀念日

7|22日

延齡草　♥　珊　瑚

花語：優雅的人　　　寶石語言：聰明

〔誕生花占卜〕

這是自然生長於山野間的百合科花，最大特徵是被大片葉子包圍，開出黑色花朵。果實甘甜可口，在農村長大的人，一定會懷念這種果實的滋味。具有端正之美，但也有人將它比喻成歌舞伎的艷麗美。

今天誕生的你，是很會撒嬌的人，但這種魅力只能維持到20歲之前。精神獨立後，才會出現真正的戀情。

〔寶石故事〕：珊瑚

羅馬人相信，珊瑚具有避免疾病上身的守護威力。當珊瑚流行的時候，所有的珊瑚都被採走，家家戶戶一角都吊掛著珊瑚，或將珊瑚串成項鍊，掛在脖子上。

這種習慣使得義大利的珊瑚加工非常盛行，也出現了專門從事珊瑚加工的人員與都市。現在，到義大利旅行的觀光客，最喜歡購買珊瑚立體雕刻品。

————當天誕生的名人————

岡林信康（1946・音樂家）　渡邊典子（1965・演員）

————今天是什麼日子？————

他的生日

你的紀念日

7|23日

大波斯菊（粉紅色）♥ 藍寶石

花語：少女的真心　　　　寶石語言：慈愛、誠實

〔誕生花占卜〕

　　迎風搖曳，風姿綽約，它的莖強韌得即使風再大，也折不斷。很多人因為大波斯菊的堅強而愛上它。大波斯菊是在明治時代才引進日本的。插枝就能發芽，因此看見美麗的品種，不妨向對方要一枝……。

　　今天誕生的你，喜歡修飾外表，虛榮心強。但光是表面功夫無法使你成長。還是與他真心相待吧！

〔寶石故事〕：藍寶石

　　舊約聖經中，藍寶石被當成傳達神意思的石頭，具有最高的價值。它所反映出來的，是高品味與高格調的傳統。因此，即使至今，藍寶石還是成為國王、高僧等位於最高權位的男性所愛用的寶石，被稱為 royal jelly（蜂王漿）。當然，配戴在身上的女性，也只限於王妃、公主了。

當天誕生的名人

松方弘樹（1942・演員）　三上博史（1962・演員）

今天是什麼日子？

他的生日

你的紀念日

7│24日

仙人掌　　♥　紅寶石

花語：燃燒的心　　　　寶石語言：熱情

〔誕生花占卜〕

在沒有水的大地沙漠中屹立不搖的仙人掌，開出這麼華麗的花朵……。一定是受了植物生命力所感動。每一種仙人掌都有它的花，其中花開得最美的是薩瓦洛仙人掌。

今天誕生的你，是最適合與生俱來生活方式的自然兒。乾脆到非洲大陸去找一份工作吧！即使國際聯婚，你也能完全適應。

〔寶石故事〕：紅寶石

紅寶石是熱帶空氣所形成的寶石。在岩石風化的過程當中，製造出富含氧化鋁的地質，以此氧化鋁為基礎，便產生了製造紅寶石或藍寶石等色石的金剛砂。這種很難比喻的紅寶石之紅，古代印度人形容為「用蓮花的紅染成的雲絲線」。這條雲絲線是地面通往極樂世界的通道，大家相信，只要擁有紅寶石，就能紡出這條線。

────────── 當天誕生的名人 ──────────

谷崎潤一郎（1886・作家）　河合奈保子（1963・演員）

────────── 今天是什麼日子？ ──────────

他的生日

你的紀念日

⁷|25日

霜　草　　♥　鑽　石

花語：努力　　　　　寶石語言：清淨無垢

〔誕生花占卜〕

　　枝頭上綻放出令人驚艷的紅色花朵，是這個季節不可或缺的色彩。它的四周就像用紅色水彩染紅一般，呈現出相映成趣的景緻。經常被使用來當成籬笆，令過往行人樂在其中。

　　今天誕生的你，得認真思考離開父母親獨立生活了。從這時候起，你的人生才真正開始。還是你只想在父母親身邊安然過一生？

〔寶石故事〕：鑽石

　　現在存於世界上，毫無瑕疵的最大鑽石，是「加里那‧1」。1905年，在南非的首要鑽石礦山被挖掘出來時，原石頭重達6212g，相當於一個大人的拳頭。這個礦山的所有人是加里那，因此名之為「加里那‧1」。這顆石頭以80萬美元賣給德蘭士瓦政府後，又被獻給當時英國國王愛德華七世。

―――――― 當天誕生的名人 ――――――

中村紘子（1944‧鋼琴家）　小磯良平（1903‧畫家）

―――――― 今天是什麼日子？ ――――――

英國第一位試管嬰兒誕生（1978）。

◆

他的生日

你的紀念日

7 | 26日

銀錢花　♥　藍　晶

花語：純真的愛　　　寶石語言：聰明

〔誕生花占卜〕

　　開放出像銅板一般淡黃色的花，而且花的壽命只有1小時……。因此命名為銀錢花。屬於葵科植物，為小型花朵，好像羞於讓人看見似的，悄悄開了又謝。

　　今天誕生的你，天生命運就必須與愛人遠離。是要追隨他到天涯海角呢？還是藉著寫信、通電話培育愛苗？這可關係到你的一生。

〔寶石故事〕：藍晶

　　像在夜光中閃閃發光的地中海水色一樣，因此稱為agua（水）、marine（海）。它是淡藍綠色的綠柱石變種，像寶石一樣珍貴，產於偉晶岩中，故稱藍晶。

　　喜愛這種石頭的人，具有強人一倍的感受性，從事創造性工作，能夠發揮優秀的才能。由於它是包容力強的寶石，所以很適合容易焦躁的人隨身攜帶。

—————— 當天誕生的名人 ——————

蕭伯納（1856・劇作家）　恩格（1875・心理學者）

—————— 今天是什麼日子？ ——————

世界上第一艘鐵製郵輪首航（1845）。

他的生日

你的紀念日

7|27日

日日春（白色）♥ 紫水晶

花語：一生的友情　　　　寶石語言：內心平和

〔誕生花占卜〕

　　全白的花瓣中心，可以看見點狀般的粉紅色花蕊……。花型可愛極了，讓人看了就忍不住發出微笑。而且每天都會開花，所以稱為日日春。最近開發出小型系列，當成盆花，備受喜愛。

　　今天誕生的你，具備理性的美貌，成為新聞播報員的可能性很大。但成就太大，反而失去了戀人。

〔寶石故事〕：紫水晶

　　在各地出產的紫水晶當中，品質最優秀的，要算是南美巴西的拜亞州所出產的產品了。此處出產的紫水晶，色澤特別深，將它切割成凸圓形的磨光寶石，最符合紫水晶的氣質。在外表呈現出的野性甜美之內，隱藏著深不可測的爆發力，因此是最適合戀人們的寶石。

　　紫水晶在歐美地區，被認為是傳達「請你約我」訊息的寶石。

當天誕生的名人

山本有三（1887・作家）　麻倉未稀（1960・歌手）

今天是什麼日子？

歷史上第一家銀行－英國中央銀行設立（1694）。

他的生日

你的紀念日

7 |28日

菩提樹　♥　翡　翠
花語：夫妻之愛　　寶石語言：幸運

〔誕生花占卜〕	〔寶石故事〕：翡翠

這就是舒伯特歌曲中有名的菩提樹。據稱，佛就是在菩提樹下開悟的。黃色的小花，垂在樹枝下綻放，發出淡淡清香。傳說中，為天神宙斯服務的老夫婦，向天神祈求，死後也要在一起，因此雙雙變成菩提樹。

今天誕生的你，屬於獨裁型，但卻得人厚望。因為你具備這份力量，將來一定能在經營事業方面成功。

在東方國家，翡翠得到的評價比鑽石更高。中國古代的趙惠王，就不惜以15座城交換1顆翡翠，這也就是在歷史上非常有名的「連城之璧」。後來，還為了這顆翡翠，發生過好幾次戰爭。

如果這顆翡翠不要那麼美麗的話，恐怕整個中國的歷史就要改寫了。而這顆價值連城的翡翠，也在歷史動亂中不知去向了。

―――――――― 當天誕生的名人 ――――――――

桂銀淑（1962・歌手）　庾澄慶（歌手）

―――――――― 今天是什麼日子？ ――――――――

他的生日

你的紀念日

7|29日

海濱茄子　♥　石榴石

花語：悲哀的美　　寶石語言：真實的愛

〔誕生花占卜〕

在海風的吹襲之下，堪稱妖艷的大朵花瓣，承受不住地片片落下。屬於薔薇科，卻散發出悲情的姿態，是不是因為花兒壽命短暫，只開一天就凋謝的緣故呢？它也具有香味，是香水原料之一。

今天誕生的你，有虐待狂，總是以強者之姿面對比自己弱小者。但不知何時，你也將處於相反立場。

〔寶石故事〕：石榴石

石榴石當中，呈現最鮮艷紅色的是鎂鋁榴石（pyrope）。Pyrope 是希臘語，代表「火」，名稱與像火一般燃燒的鎂鋁榴石很合適。十九世紀之前，鎂鋁榴石的產地只限於波希米西，各方為了奪取此塊寶地，引發不少戰爭。天神悲傷得只好讓鎂鋁榴石永遠消失在這塊土地上。從此之後，鎂鋁榴石就被視為和平的象徵。

—————— 當天誕生的名人 ——————

約翰‧洛克（1632‧思想家）　橋本龍太郎（1937‧政治家）

—————— 今天是什麼日子？ ——————

歷史上童子軍夏令營活動首次舉行（英國1907）。

◆

他的生日

你的紀念日

7 |30日

肥皂花　♥　琥　珀

花語：清淨的兩人　　　寶石語言：比任何人溫柔

〔誕生花占卜〕　　　　〔寶石故事〕：琥珀

原本是開在路旁的淡紫色大朵花。現在仍保留原來的模樣，大朵、純樸、饒富野趣。葉子含有肥皂成分，加水後會起泡。原產地在南非，當地人用肥皂草洗澡，故名之為肥皂花。

今天誕生的你，是往遠方找尋青鳥型的人。很不幸，你無法從身旁事物中找到興趣與幸福。

琥珀是獅子座的守護石。獅子座的神話主角是海勒克里斯，他的存在象徵著男性的能量。因此，對於男性而言，琥珀能賜予強烈生命力，使你在各方面獲得成功。對女性而言，則是幸運的象徵。不可思議的幸運，會集中至擁有琥珀者的身上。此外，琥珀也具有開發心靈能力及超能力的力量，尤其能發揮斬斷惡因緣的威力。

—————————— 當天誕生的名人 ——————————

艾密利·勃朗特（1818·作家）

阿洛爾特·休瓦內蓋（1947·演員）

—————————— 今天是什麼日子？ ——————————

他的生日

你的紀念日

7 |31日

小向日葵 ♥ 綠寶石

花語：憧憬　　　寶石語言：幸福

〔誕生花占卜〕

　　直徑只有幾公分的可愛小花，具備向日葵的性格。雖然少了一分豪爽之氣概，但自然生長於夏季原野中的姿態，好像自由自在享受太陽光照射一般，令人看了就喜歡。原產地在北美，明治時代傳至日本。

　　今天誕生的你，往往展開突發的行動，讓周圍的人嚇一跳。你與平凡一詞無緣，即使談戀愛也是波濤萬丈。但你的運勢相當強。

〔寶石故事〕：綠寶石

　　「想得到富貴與權力，就必須擁有綠寶石。擁有綠寶石後，才氣與記憶力自然優秀，也能理解宇宙的睿智。」正如古代教典中所示，在當時社會中擔任領導人的賢者，均隨身配戴綠寶石，藉由綠寶石的威力，感受宇宙的睿智，並傳達給百姓了解，得到眾人的尊敬與支配的能力。因此，在所有寶石中，綠寶石被認為身份最高貴。

當天誕生的名人

克拉克（1826‧教育者）　張克帆（歌手）

今天是什麼日子？

哥倫布發現大西洋的美人窩－特立尼達島（1498）。

◆

他的生日

你的紀念日

8 | 1日

石　榴　♥　紅縞瑪瑙

花語：成熟之美　　　寶石語言：夫妻幸福

〔誕生花占卜〕

　　鮮艷的橘色花，紅寶石般的果實，而且果實甜美得令人回味無窮。我們終於了解，為什麼在古代，石榴被歸類為貴族的植物。石榴的果實有很多種子，象徵著多子多孫，被視為是吉祥的水果。

　　今天誕生的你，很會設身處地為對方著想。但對於另一半，就得盡情地為所欲為了。

〔寶石故事〕：紅縞瑪瑙

　　紅縞瑪瑙是8月的誕生石，寶石語言是「夫妻幸福」。被歸類於七寶、七珍之一，原石的外形多半呈鐘乳狀，讓人聯想到馬的腦，因此稱為瑪瑙。瑪瑙自古以來就被視為是最珍貴的寶石之一，舊約聖經的以西結書中也寫道：「伊甸園中各種寶石……紅玉、黃玉、金剛石……瑪瑙、黃金，覆蓋你。」

—— 當天誕生的名人 ——

室生犀里（1889・詩人）　伊布斯・聖羅蘭（1936・服裝設計師）

—— 今天是什麼日子？ ——

佛蘭西斯・斯哥特基作成美國國歌（1814）。

◆

他的生日

你的紀念日

8月2日

桔　梗　♥　石榴石

花語：不變的愛　　　　寶石語言：真實的愛

〔誕生花占卜〕

當青紫色的桔梗出現在花店的時候，就代表快要立秋了。它是秋天七草之一。端正的花形，像紙氣球般，給人膨膨鬆鬆的感覺。萬葉時代被稱為朝顏，後來才改成桔梗。

今天誕生的你，朋友雖然不多，但卻能交到知心的好朋友。結束純純之戀後，以成熟女性之戀為目標。

〔寶石故事〕：石榴石

石榴石最有名的產地是捷克和斯洛伐克，大部分被用來做成項鍊。深紅色的鎂鋁榴石、茶色或橘色的貴榴石，肉桂色的鈣鋁榴石、綠色的安德拉榴石等，種類繁多。其中最出色的是鎂鋁榴石，被當成是永遠的貞節與純潔的象徵。

據說石榴石也有治療效果，能夠減輕體內的毒素、消除焦躁及不安。

當天誕生的名人

中上健次（1946·作家）　藤田朋子（1965·演員）

今天是什麼日子？

德國成為東、西冷戰的主戰場（1945）。

◆

他的生日

你的紀念日

8 3日

牽牛花　♥ 水　晶

花語：虛幻之戀　　寶石語言：純潔

〔誕生花占卜〕

　　「用被牽牛花糾纏的吊桶汲水」（加賀千代女）。從這句話可以清楚知道，牽牛花的蔓延性很強。夏天早晨叭地開花，到了傍晚就凋謝。花色以白、藍、紅、紫為主。很多人的暑假作業題目是「觀察牽牛花日記」。

　　今天誕生的你，腦筋轉得很快，適合擔任秘書工作。另外，也有和後輩共結連理的預感……。

〔寶石故事〕：水晶

　　住在天界的神，坐在水晶製成的寶座上，俯視人間……。

　　當人間光亮不足時，便切下寶座的一部分，扔到地面上，照亮這個世界。水晶是有神的榮光寄宿的石頭，能夠讓我們的願望實現。當內心有解不開的煩惱時，只要將願望寫在紙上，浸在加入水晶與酒的杯子裡。當然，請別讓任何人看見。

—— 當天誕生的名人 ——
伊達政宗（1567・武將）　王菲（歌手）

—— 今天是什麼日子？ ——
英國著名小說家約瑟夫・康拉德逝世（1924）。

◆

他的生日

你的紀念日

8月4日

岩薔薇 ♥ 鑽 石

花語：受歡迎　　寶石語言：清淨無垢

〔誕生花占卜〕

常綠雜木，開出粉紅、紫、紅等五顏六色花朵，是灌木當中最華麗的代表。這是在聖經中出現的花，別名Bible plant（聖經植物）。

今天誕生的你，具有敏銳的感受性，這種敏銳使你感覺在現實中度日並不容易。與其當上班族，不如選擇畫家之類能使感情充分流露的工作。重視愛情生活。

〔寶石故事〕：鑽石

鑽石隨著佛教，從印度經由中國傳到日本，是在奈良時代左右。鑽石的日語稱為「金鋼」，但是很可惜，真正的鑽石並沒有傳到日本，只是鑽石是這個世界上最高貴價值之物的觀念傳過來而已。

佛經中經常出現「金鋼」一詞，但小和尚早晚誦經時，口中則唸著「Diamond、Diamond」。

當天誕生的名人

吉田松陰（1830‧思想家）　鈴木蘭蘭（1975‧演員）

今天是什麼日子？

丹麥童話作家漢斯‧克利斯強、安徒生逝世（1875）。

◆

他的生日

你的紀念日

8│5日

小菊花 ♥ 黃 玉

花語：純情　　　　寶石語言：希望

〔誕生花占卜〕

菊花的種類多得不勝枚舉，其中以小菊花的清晰之美最特別。自然生長於山野間的小菊花不少，花色有白、黃、紅等，變化非常豐富。在花市中，最常見的就是小菊花。它也是最受歡迎的敬佛鮮花。

今天誕生的你，有旺盛的服務精神，周圍總是充滿和睦開朗的氣氛。但有時候也需要有割捨他人的勇氣，多重視自己一點。

〔寶石故事〕：黃玉

將黃玉從東方帶回西方的，是十字軍東征結束後的勇士們。歐洲人看見黃玉散發出如黃金溶解般的光芒，於是認定這種寶石才是光的原點。人們相信，黃玉具有治療眼疾的神奇力量，而且潛藏能使雙眸澄澈美麗的威力。即使現在，仍然流傳著，將黃玉裝入絲袋內，敷在眼皮上後就寢，即可消除眼睛疲勞，使雙眼閃亮動人。

當天誕生的名人

莫泊桑（1850．作家）　壺井榮（1900．作家）

今天是什麼日子？

美國演員瑪麗蓮夢露服安眠藥死亡（1962）。

◆

他的生日

你的紀念日

8 6日

檜葉
花語：誠意

♥ 天青石
寶石語言：永遠的誓言

〔誕生花占卜〕

在日本，三月三日女兒節陳列的偶人手上拿的扇子就是檜葉扇，它是一種用檜木做成的扇子。這種花的形狀像扇子攤開來的樣子，屬於菖蒲科，為自然生長於山野間的花。花的果實是黑色。

今天誕生的你，很容易相信別人。應該也有被背叛、被傷害的經驗吧！但請不要因此對人沒信心，知心人不久就會出現。

〔寶石故事〕：天青石

天青石是天秤座的守護石。拉丁語是「藍色石頭」的意思。的確，沒有寶石藍得像它那麼清澄。自古以來，日本人所稱的瑠璃，就是指天青石。從5000年前開始，人們即認為這是天神歐納西斯的寶石，擁有者可以逢凶化吉，它潛藏著極強大的吉運。古代埃及人為了得到這種石頭，還遠赴阿富汗展開交易。

──────當天誕生的名人──────

山崎洋子（1947・作家）　辰巳琢郎（1958・演員）

──────今天是什麼日子？──────

世界上第一次「國際藝術展覽」在義大利威尼斯舉行（1932）。

◆

他的生日

你的紀念日

8 7日

唐 葵 ♥ 綠寶石

花語：安慰　　　　寶石語言：幸福

〔誕生花占卜〕

　　每到盛夏，唐葵的花就沿著路旁綻放，將街道粧點得多彩多姿。原產地在地中海沿岸，於萬葉集時代傳到日本。『枕草子』中的唐葵就是指此。

　　今天誕生的你，具有幽默感，人際關係良好，是八面玲瓏的天才。但擔任丑角也要適可而止。展現你的實力、發揮你的本領吧！

〔寶石故事〕：綠寶石

　　正義與否？如果被判定為惡的一方，就立即被斬首……。古代至中世紀，判官下判決之後，便立即取人性命。善良百姓往往就在沈冤難以昭雪之時，喪失了性命。這時候，賢者悄悄送給接受審判的人綠寶石。

　　綠寶石潛藏貫徹正義的威力，帶著綠寶石受審，一定能夠打贏這場官司。

―――――― 當天誕生的名人 ――――――
阿培貝・比基拉（1932・馬拉松選手）

―――――― 今天是什麼日子？ ――――――
台灣中南部發生「八七水災」（1959）。

◆

他的生日
―――――――――――――――――――――――

你的紀念日
―――――――――――――――――――――――

8│8日

唐菖蒲　♥　珍　珠

花語：偷偷相會　　寶石語言：健康、長壽

〔誕生花占卜〕

　　唐菖蒲（gladiolus）源於拉丁語，代表劍的語詞「gladius」。筆直的花莖，讓人很自然地聯想到劍。中世紀，贈送這種花，就代表約會的意思。花的數目即約會時間。

　　今天誕生的你，天真無邪，對人毫無防備之心。但這種不懂得操心的個性，正是你的特質。一定會有欣賞你這種特質的人出現。

〔寶石故事〕：珍珠

　　該如何分辨好珍珠或普通品呢？重點之一稱為「卷」。所謂卷，就是纏繞珍珠中心的核之真珠層。真珠層越厚，光的反射就越深，色澤的美麗與否也就呈現出來了。只不過，卷的程度越厚，形成圓形的機會就減少。

　　8㎜ 就代表直徑8㎜ 的意思。珍珠的價格與直徑成正比，而且之間差距相當大。

———— 當天誕生的名人 ————

達斯汀・霍夫曼（1937・演員）　新井素子（1960・作家）

———— 今天是什麼日子？ ————

父親節（1945）。

◆

他的生日

你的紀念日

8 9日

細竹花
花語：危險的愛情

♥ 貓眼石
寶石語言：變心

〔誕生花占卜〕

在盛夏時節，彷彿要向熾熱的太陽挑戰似的，開出鮮紅色的花朵。它的葉子像竹子一般纖細，所以稱為細竹花。西班牙也稱這種花為聖約瑟夫之花，據說向它祈禱「疾病復原」，即可得到回應。

今天誕生的你，能夠100％地將自己完全發揮出來。即使自己不專精的領域，也會埋頭苦幹，終於獲得成功。昔日戀情會再度燃燒。

〔寶石故事〕：貓眼石

如果有一隻黑貓從你的面前經過，那你今天一定會遇到快樂的事。這是歐洲自古以來的迷信。其由來與貓眼石有關。貓眼石是神秘性相當高的寶石，擁有貓眼石的人，能夠得到人人稱羨的幸運。

第一位平民百姓成為王室皇妃的羅馬皇帝之妃子阿黛瑪絲，從她小時候開始，就是以貓眼石為守護石。

──────── 當天誕生的名人 ────────

惠妮休斯頓（1963．歌手） 張惠妹（1972．歌手）

黑柳徹子（1933．演藝人員）

──────── 今天是什麼日子？ ────────

尼克森因水門案辭去美國總統（1974）。

他的生日

你的紀念日

8|10日

丁香花（白色） ♥ 金綠石

花語：魅力　　　　寶石語言：偷偷想念

〔誕生花占卜〕

　　丁香花的英語稱為 summer lilac，和紫丁香很相似，給人楚楚可憐的印象。初夏至盛夏開藤色、粉紅、白色等花。

　　今天誕生的你，很容易受到他人意見所左右。與周圍的人溝通協調很重要，但也應該自覺確立自己生活方式的重要性。你天生具有美的才能，適合當造型設計師、美髮師。

〔寶石故事〕：金綠石

　　金綠石原文為 alexan-drite，取自帝俄時代，繁榮達到頂點的羅馬諾夫王朝皇帝 Alexandra（亞歷山大二世）之名。

　　1830年4月29日，在烏拉爾山上，發現了這種從未見過的美麗寶石。這天正好是皇帝的生日，於是以皇帝之名為寶石命名。具有紅、綠二色神秘色彩的寶石，比鑽石更具價值。

當天誕生的名人

大久保利通（1830・政治家）　安傑洛（1965・足球選手）

今天是什麼日子？

日本宣布無條件投降（1945）。

他的生日

你的紀念日

8|11日

葫蘆花 ♥ 珊 瑚

花語：罪過很深的人　　寶石語言：聰明

〔誕生花占卜〕

源氏物語中出現的夕顏之君……。因為每到黃昏時刻，就會開出白色小花，所又稱為夕顏。風情萬種，我愛猶憐的模樣。蔓延性強、果肉細緻，乾燥之後可做成葫蘆乾，現在廣受栽培。

今天誕生的你，一張嘴總是說個不停，你知道別人怎麼說你嗎？開心與人交談當然很好，過度可就傷腦筋了。

〔寶石故事〕：珊瑚

瑚瑚就像海底的「花」，使水中色彩更加生動。自古以來，日本就將珊瑚組合在財寶的代名詞中，如「金銀珊瑚綾錦」，被視為非常珍貴之物。其中，被當成寶石看待的有紅、粉紅、白色珊瑚。尤其濃淡度由紅至粉紅、粉紅至白的可愛色彩、底色透露出嫩粉紅般的珊瑚，是最高價品。

當天誕生的名人

吉川英治（1892・作家）　喜多嶋舞（1972・演員）

今天是什麼日子？

他的生日

你的紀念日

8│12日

光輪花　♥　紫水晶

花語：華麗的化身　　寶石語言：7內心平和

〔誕生花占卜〕

光輪花的原文是 glory，為神像後的光輪之意。花如其名，曲折的花瓣看起來像放射的光芒。紅、黃二種顏色混合的花朵，也讓人產生光的印象。最近很受歡迎。

今天誕生的你，用含著金湯匙出生來形容最貼切。這一生，你都可以在充裕的環境中生活。你也知道，自己的周遭有許多人正注視著你，但請你選擇重視你的內在更甚於外表的對象。

〔寶石故事〕：紫水晶

紫水晶（amethyst）的語源為希臘語的「不爛醉」、「自我控制」。古代至中世紀，禁酒與禁慾是忠實的騎士表現出來的最大美德。將紫水晶配戴在身上，就可以抑制邪惡的慾望，騎士們均悄悄將紫水晶掛在自己的寶劍上。裝飾教會的神具或祭祀時使用的聖具，也經常用到紫水晶。

當天誕生的名人

桑密艾爾・弗拉（1911・電影導演）　羅碧玲（演員）

貴乃花（1972・力士）

今天是什麼日子？

法國名作家湯姆士・曼逝世（1955）。

◆

他的生日

你的紀念日

8月13日

麒麟草　♥ 鑽　石

花語：警戒　　　　　寶石語言：清淨無垢

〔誕生花占卜〕

麒麟草長得很高，尖端輕快地開著黃色小花。英文名稱為 golden rod，亦即黃金鞭子之意。迎風搖曳的模樣，真的很像金鞭子。

今天誕生的妳，始終無法忘懷拋棄妳的男朋友……。過去就讓它過去吧！人生只是幸與不幸的循環而已，盡早再出發，妳一定會找到新的幸福。

〔寶石故事〕：鑽石

將鑽石當成權力與財富的象徵，最常將它配戴在身上，顯示女性氣質的，是英國女王伊莉莎白一世。以單身之姿居於大英帝國最高地位的女王，好像想彌補寂寞與空虛一般，經常用炫目耀眼的寶石包裝自己。其中，女王最愛的是鑽石。有一個肖像畫，還穿著用幾千顆鑽石鑲成的衣裳呢！

――――― 當天誕生的名人 ―――――

阿弗烈德・海奇克古（1899・電影導演）

法德爾・卡斯托洛（1927・政治家）

――――― 今天是什麼日子？ ―――――

大韓民國獨立（1948）。

他的生日

你的紀念日

8｜14日

氣球花
花語：忙碌的人

♥ 綠松石
寶石語言：成功

〔誕生花占卜〕

像紙氣球一樣，開著圓圓膨鬆的花朵。讓人覺得好可愛啊！因為形狀像氣球，所以稱為氣球花，這是誰想出來的呢？是鄉村孩子吧！在玩具極少的時代裡，小孩的感受性也特別豐富。

今天誕生的妳，只要稍微打扮一下，就充滿女性的魅力。性感女性是妳的代名詞。但對於自己來者不拒的態度，可得多反省喔！

〔寶石故事〕：綠松石

羅馬時代的名醫德布多，在日記中記敘，綠松石是使擁有者對愛情敏感的石頭。有一天，德布多發現一塊褪了色的綠松石，羅馬貴族出高價求購，但德布多不肯，一直到他死後才被出售，可見這塊綠松石之珍貴。

德布多得到這塊綠松石後，隨身攜帶，結果綠松石逐漸變色，散發出難以言喻的美麗色調……。

——當天誕生的名人——

塞頓（1860・動物學者）　鈴木保奈美（1966・演員）

—— 今天是什麼日子？——

空軍節（1937）。

◆

他的生日

你的紀念日

8│15日

半枝蓮　♥　檸檬石

花語：純潔　　　寶石語言：追求夢想

〔誕生花占卜〕　　　〔寶石故事〕：檸檬石

　　半枝蓮最喜歡陽光，只要是日照佳的場所，均可看見它開出醒目鮮艷的花朵。傍晚，當太陽西沈時，它也將花朵閉合，像兼職的花一般。細葉像松葉、華麗的花朵像牡丹。原產地是巴西，江戶時期傳至日本。

　　今天誕生的你，對愛情很執著，為了愛，你什麼事情都做得出來。你也具有朝氣，了解幸福的本質。

　　檸檬石是處女座的守護石，具有使這個星座的人運勢更強的威力，處女座的女神伊希絲，以死來為世人贖罪，傳說檸檬石也具有這種替代性力量。

　　當主人將遇災難時，檸檬石的顏色會變淡，甚至破裂，這就代表它吸收了災難的能量。但是，當主人恢復幸運時，它也會恢復原來的檸檬色。

──── 當天誕生的名人 ────

拿破崙‧波納帕爾特（1769‧軍人、政治家）

麻生祐未（1964‧演員）　陳幸蕙（作家）

──── 今天是什麼日子？ ────

日本接受波茨坦宣言，第二次世界大戰結束（1945）。

他的生日

你的紀念日

8│16日

石蠶　♥　黃玉

花語：可愛　　　　寶石語言：希望

〔誕生花占卜〕	〔寶石故事〕：黃玉

　　好像在攀爬歐洲城堡似的，無止盡地蔓延、開花。花瓣只有2片，單薄的模樣惹人憐愛，令人看見它就不想離開它。葉及莖有香味，可當藥草材料，亦可食用。

　　今天誕生的你，對於過去總是想割捨，又割捨不下……。一直在意過去種種又如何呢？向過去說拜拜，跨大步向前邁進吧！

　　黃玉是無法採擷的寶石之首，因此，我們平常在市面上看見的黃玉，事實上幾乎都是黃水晶或煙水晶。所謂黃玉石英，就是將石英染成黃色而已。真正的黃玉稱為「precious」或「topaze imperial」，在寶石市場區分得很清楚。

　　物以稀為貴，所以最高品質的黃玉是最高價寶石之一。

────── **當天誕生的名人** ──────

強恩‧布立埃爾（1645‧法國道德家）　瑪丹娜（1959‧歌手）

杜靈夸特（1828‧英國詩人、劇作家）

────── **今天是什麼日子？** ──────

他的生日

你的紀念日

8 | 17日

蜜粉花 ♥ 藍寶石

花語：難以置信的戀情　　寶石語言：慈愛、誠實

〔誕生花占卜〕

〔寶石故事〕：藍寶石

夏天的傍晚，開出帶有憂鬱氣息的白色、紅色小花。這種花的種子會溢出白色粉末，可以用來擦在臉上，所以稱為蜜粉花。事實上，江戶時代的婦女們，就是用這種花粉當蜜粉。

今天誕生的你，有點潔癖，連他的一點小謊言也不能容忍。再給雙方一次深談的機會吧！

希臘神話中，在月亮女神艾樂蒂身旁服務的侍女凱莉絲托，背著天神宙斯之妻，懷了宙斯的孩子。宙斯的妻子憤怒之餘，便將腹中胎兒變成石頭。結果生下來的是，綻放澄澈透明藍光的藍寶石。這顆藍寶石在誕生瞬間粉碎，散落至地球表面。

現在，妳戴在手上閃亮的藍寶石戒指，也許正是其中的一小片呢！

──────── 當天誕生的名人 ────────

羅勃·得·尼洛（1943·演員）　華原朋美（1974·歌手）

──────── 今天是什麼日子？ ────────

巴西里約熱內盧外海的石油鑽探浮台爆炸，造成重大傷亡（1984）。

他的生日

你的紀念日

8│18日

羅望子樹 ♥ 藍 晶

花語：浪費　　　　　　寶石語言：聰明

〔誕生花占卜〕

　　羅望子樹（tamarind）是西伯利亞語與印度語混合之語，別名「印度棗椰」。傳說中此樹有惡靈存在。它開出讓人不容易看見的小花。

　　今天誕生的你，很容易受他人影響。朋友出國，你也跟著出國；朋友結婚，你也急著想結婚。你應該覺悟，你有自己的人生。

〔寶石故事〕：藍晶

　　水之女神看見映在水中的自己模樣後，知道自己的美麗無人可比，於是看輕其他女性。支配天地的神看見這番情景後，為了懲罰女神的傲慢，於是將她變成石頭，這就是藍晶。

　　不久之後，女神由衷地悔改，想將自己的美麗與她人分享。現在，只要配戴藍晶者，即可治女神之光，具備沈穩之美。

――――――― 當天誕生的名人 ―――――――

羅勃特・萊特弗德（1937・演員）

中居正廣（1972・歌手・演員）

――――――― 今天是什麼日子？ ―――――――

法國小說家奧諾雷・特巴爾沙克逝世（1850）。

他的生日

你的紀念日

8 | 19日

龍芽草 ♥ 綠寶石

花語：感謝 　　　寶石語言：幸福

〔誕生花占卜〕

　　如果妳看見花莖上附著有粟粒般細小的黃色花狀東西，這就是龍芽草。它看起來像黃色小花的部分是花萼，花則是更小的粒狀部分。

　　今天誕生的妳，不論面臨多麼重大的局面，都能不失平常心，稱得上是大人物。這種膽識讓妳在男性社會中也很出色。長期以來陷於絕交狀態的朋友，會因意想不到的事而恢復情誼。

〔寶石故事〕：綠寶石

　　綠寶石最有名的是，具備使擁有者達成願望的威力。希望永保健康的人會更健康，希望自己財富增加的人會更富有。期盼愛情滋潤的人，只要配戴綠寶石在身上，即可尋獲理想中的愛情……。

　　將綠寶石戒指，戴在靠近心臟的左手無名指上，這種威力會更強大，相信你的願望一定能夠實現。

————— 當天誕生的名人 —————

加布利艾爾・香奈爾（1883・服裝設計師）

柴田政人（1948・騎士）

————— 今天是什麼日子？ —————

他的生日

你的紀念日

8 | 20日

燈籠草 ♥ 黃 玉

花語：欺瞞　　　　　寶石語言：希望

〔誕生花占卜〕

植物世界真的是非常不可思議，就像這種燈籠草。在紅色袋狀中，隱藏著圓嘟嘟的燈籠花……。等舊曆年果實確實紅熟時，袋子才會裂開。很多人長大後回到家鄉，就喜歡像孩提時代一樣，找燈籠草玩。

今天誕生的你，總是讓自己充滿壓力，疲憊不堪。有時也該自我放鬆啊！

〔寶石故事〕：黃玉

黃玉別名 healing gem。healing 是治癒的意思，自古以來，人們即知黃玉有治傷的神奇力量。將黃玉置於枕下就寢，不但能恢復疲勞，而且可以喚回年老喪失的體力。

中世紀文獻中寫道：「身上經常戴著具有太陽色的寶石，可以預知死亡之將至，也能夠死裡逃生。」

當天誕生的名人

馬爾寇・安東尼赫（1963・足球選手）

比特・巴拉坎（1951・評論家）

今天是什麼日子？

他的生日

你的紀念日

8│21日

露草　♥　鑽石

花語：尊敬　　　　寶石語言：清淨無垢

〔誕生花占卜〕　　　〔寶石故事〕：鑽石

悄悄地開在路旁，長出如水滴般澄澈清晰的藍色小花。夏天清晨，可發現露草葉上沾滿露珠，如水晶一般。

今天誕生的你，並不覺得自己有什麼地方錯了，但從客觀的角度來看，你有點任性。大概是從小到大的生長環境，養成你這種嬌縱的個性吧！如果能以第三者的立場來看自己，你的愛情就不會失敗。

寫於西元四世紀的印度敘事詩「摩訶婆羅多」當中，有一段描述民族英雄為了保衛印度，不惜餘力奮勇與敵人作戰的故事。這位民族英雄就是將鑽石當成自己的守護神。他在上戰場之前，會向鑽石祈禱，請求賜予超越普通人的力量。

在印度，人們相信，如果沒有這顆鑽石的話，印度一定會被消滅。

——— 當天誕生的名人 ———

凱文・貝西（1904・爵士音樂家）

張小燕（節目主持人）　荻原聖人（1971・演員）

——— 今天是什麼日子？ ———

菲律賓總理艾奎諾在馬尼拉機場遭槍殺身亡（1983）。

他的生日

你的紀念日

8│22日

桔　梗　♥　琥　珀

花語：體貼　　　　　　寶石語言：比任何人溫柔

〔誕生花占卜〕

　　桔梗屬於桔梗科多年生草本植物，花頸很長，令人感覺出優雅的氣氛。花色為白～紫藍。受歡迎程度相當高，最近經常見到，越來越大眾化了。

　　今天誕生的你，很可能在毫無警訊之時，婚姻突然觸礁。結果是忍氣吞聲，或乾脆與他分手？命運為你選擇後者。數年後，會與意想不到的人結婚……。

〔寶石故事〕：琥珀

　　琥珀可能是植物帶給這世界的唯一寶石。大約在二萬年前的第三紀，當時繁茂的松柏科植物之樹脂成為化石，就是琥珀。其證據就在於，一起成為化石的苔、昆蟲的幼蟲等像雲母一般浮現。歐洲人尤其重視這種混雜有異物的琥珀。

　　琥珀遇到火，會在一瞬間燃燒殆盡，所以千萬得小心對待。

────── 當天誕生的名人 ──────

德彪西（1862・作曲家）　　菅野美穗（1977・演員）

────── 今天是什麼日子？ ──────

他的生日

你的紀念日

8|23日

奇雪蘭絲　♥　月長石

花語：正確的主張　　寶石語言：純潔的愛

〔誕生花占卜〕

　　花莖細長，花朵給人乾燥不滑嫩的感覺。原產於南歐，最近日本也進口，所以可於市面上看見。這種花很喜歡陽光，可擺在窗台邊。

　　今天誕生的你，學生時代就為戀情畫下休止符。你也感覺出自己有點消沈，但可別排斥愛情喲！有結束才有另一段新的開始啊！

〔寶石故事〕：月長石

　　自古以來，月長石就被認為是能發揮強大靈力的 psychic stone（靈石），但妖術沒辦法透過這種石頭發揮作用。不但如此，一旦魔術師懷著邪惡心使用月長石，月長石的光澤便會消失，變成只有白色透明模樣的石頭。因此，支配國家的國君或統治者，經常將月長石戒指戴在被指為與魂魄相通的食指。

──── 當天誕生的名人 ────

吉恩・凱利（1912・演員）　陶大偉（演員）

趙薇（新聞主播）

──── 今天是什麼日子？────

美國紐約第五街旅館，在六層樓裝設世上第一架垂直升降機（1859）。

他的生日

你的紀念日

8│24日

月下美人 ♥ 鑽　石

花語：摸不著門路之戀　　寶石語言：清淨無垢

〔誕生花占卜〕

據說，若是家中月下美人開花，代表這家有什麼喜事發生。這個世界上最美麗的公主，和月下美人一樣，在自然中呈現出絕世之美……。它屬於仙人掌科，香味也非常迷人。

今天誕生的你，雖然盡全力付出，旁人卻看不出你屬於全力投球型，在這方面，你有點吃虧。你應該獨立，憑自己的力量求取勝利。

〔寶石故事〕：鑽石

鑽石是金星座的守護石，尤其具有引導獅子座的人往幸福之路邁進的威力。用手觸摸寶石，會有冰涼的感覺，這是因鑽石的熱傳導率高，可以吸取體內能量之故。到目前為止，吸收了不計其數人的能量，在歷史上留下盛名的鑽石，具有強大心靈威力，甚至能夠發揮出改變擁有者命運的力量。

───── 當天誕生的名人 ─────

高慧君（歌手）　瀧廉太郎（1879‧作曲家）

───── 今天是什麼日子？ ─────

第一架噴射飛機在空中作第一次試飛（1939）。

◆

他的生日

你的紀念日

8│25日

凌霄花　　♥ 貓眼石

花語：名譽　　　　寶石語言：變心

〔誕生花占卜〕

這是和牽牛花很相似的花，但比較小型，夏季在落日照射下，開出艷麗的小花。碰觸雌蕊的尖端，它瞬間即會閉合，這種害羞的模樣，使它更具風情、受人喜愛。

今天誕生的你，具有動物般敏銳的感覺，投資或工作等與前途有關的大事，很少判斷錯誤。選擇結婚對象也有獨特的基準，出現意外的選擇。

〔寶石故事〕：貓眼石

彷彿具有生命一般，時時刻刻變化表情的寶石。一般人認為，貓眼石潛在的光芒，可以打擊惡魔，使惡魔喪膽。因此，害怕惡魔附身的人，會悄悄地隨身攜帶貓眼石。然而，貓眼石的採取量是所有寶石當中最少的，因此價格不貲。即使現在，人們也相信，擁有貓眼石的人，可以度過終身與不幸無緣的人生。

───── 當天誕生的名人 ─────

列那德・班斯・塔伊（1918・指揮家）

飯島愛（1973・演員）

───── 今天是什麼日子？ ─────

德國哲學家、詩人尼采逝世（1900）。

◆

他的生日

你的紀念日

8 |26日

麥藁菊　♥　石榴石

花語：永遠記得　　　寶石語言：真實的愛

〔誕生花占卜〕

〔寶石故事〕：石榴石

　　黃色、橙色、紅色……等等，菊科有許多顏色，具有像聚光般特有的光澤，給人乾燥的印象。事實上，看起來像花的部分，全都是總苞，連一片花瓣也沒有。原產地在澳洲，現在已普及世界各地。

　　今天誕生的你，任何事不超過平均值以上，心情就無法平靜，屬於偏差型。請了解，各人的成長速度與階段均不一樣。

　　石榴石原文為 garnet。從花崗岩或片麻岩的裂縫窺視石榴石，立即令人想到成熟的石榴，因此名為石榴石。它比鑽石具有更精緻的斜方12面體，是寶石當中最完整的結晶。因此，光的屈折率最高，石頭本身就像光的結晶一般，散發出紅色澄澈的光芒。它被視為寶石的元祖，古代權力者將石榴石配戴在身上，當成權力的象徵。

———— 當天誕生的名人 ————

阿波利尼爾（1880・詩人）　石塚啟次（1974・演員）

———— 今天是什麼日子？————

美國心理學家、哲學家威廉・詹姆士逝世（1910）。

◆

他的生日

你的紀念日

8│27日

夏紫羅蘭　♥　紫水晶
花語：可憐的慾望　　寶石語言：內心平和

〔誕生花占卜〕

很像紫藍色的紫羅蘭，夏天絡繹不絕地四處開花。草高20公分左右，模樣很可愛。屬於十字花科，也稱為藍豬耳。原產地在熱帶亞洲，最近普及於世界各地。也自生於日本山野，呈現柔和之美。

今天誕生的你，有苗條的身材，但性格很強烈，是自我主張型。在他面前，稍微節制一點。

〔寶石故事〕：紫水晶

得到紫水晶，就如同得到養在深閨中的美人芳心一般。紫水晶含有水晶中極少量的氧化錳，所以加熱後會變成紫色，高溫下則呈綠色，受到日射顏色會稍微變淡……。像這樣，隨著光的變化，可以看出它呈現出七種微妙的變化。因此，當妳不用的時候，請裝入黑布袋中，避免與光接觸。換言之，就是必須將它養在深閨中。

────── 當天誕生的名人 ──────

丸谷才一（1925・作家）　藤龍也（1941・演員）

────── 今天是什麼日子？ ──────

他的生日

你的紀念日

8│28日

雞冠花　♥　珍　珠

花語：非常體貼　　　　寶石語言：健康、長壽

〔誕生花占卜〕

它的每一朵花，好像都具有獨特的個性，令人感受非常深刻。雞冠花的花如其名，呈現雞冠的形狀，給人有點奇怪的印象。但具有肉感的鮮艷色彩，是夏季花圃中不可欠缺的一部分。

今天誕生的你，沒耐性，只要一不順心，便立即發脾氣，像個難以侍候的小殿下。戀愛是需要忍耐的。

〔寶石故事〕：珍珠

「在海底如甘露般的白玉，洶湧的波濤保護著它，不讓任何人取走。」

從萬葉集中的珍珠讚歌即可看出，珍珠是日本人最心愛、最熟悉的寶石。在湛藍海底中生存的貝，所產生的珍珠，被稱為天之甘露，它被視為是這個世界上最神秘之物。

海邊各地流傳珍珠仙子哀怨動人的愛情故事。

當天誕生的名人

歌德（1749．作家）　托爾斯泰（1828．作家）

今天是什麼日子？

前行政院長孫運璿率團訪問中美洲哥斯大黎加、
巴拿馬、多明尼加等三國（1980）。

◆

他的生日

你的紀念日

8│29日

鷺鷥草　♥　蛋白石

花語：內心堅強　　寶石語言：得到幸福

〔誕生花占卜〕

看見這種花，不禁令人感慨，造化之神還是存在的……。鷺鷥草的花，真的很像開在飛翔中的鷺鷥一樣。悄悄地開在潮濕草上之姿，充滿神秘感。屬於蘭科，自生於低地潮濕草原，最近則出現栽培種。

今天誕生的你，有預知的能力，如果能充分發揮這種能力，則此生必定一帆風順。假使與極平凡的人結婚，則婚姻生活有些無聊。

〔寶石故事〕：蛋白石

潛藏七色光輝的蛋白石，可說是熱情、多戀女性的象徵。某一天，看見它綻放橘色光芒，沒想到隔天卻散發藍白色光芒……。配戴蛋白石的女性，不以戀人、丈夫為滿足，會不斷地追求新愛情。就像蛋白石不斷變色一般，愛人也一個接一個褪色。擁有蛋白石的女性，只有在不斷戀愛中，才顯得亮麗迷人。

───── 當天誕生的名人 ─────

麥可・傑克森（1958・歌手）　鄭志龍（1969・籃球選手）

───── 今天是什麼日子？ ─────

德國的飛船「齊柏林號」成功的22天環遊世界一周（1929）。

他的生日

你的紀念日

8|30日

千日草　♥　綠松石

花語：心靈豐富　　寶石語言：成功

〔誕生花占卜〕

　　看起來像毛線一樣膨膨鬆鬆的花，色彩非常鮮艷，經常可見種植於大樓的陽台上。這種膨鬆狀的東西，是為了要使沒有花瓣的花固定，其2片葉子也染成美麗的顏色。很適合當乾燥花。

　　今天誕生的你，具備小孩與大人雙面性。結婚運成熟是在30歲。早婚會造成不幸結局。

〔寶石故事〕：綠松石

　　綠松石具有代替主人受災，使主人倖免於難的神奇威力。羅馬帝國皇帝魯德洛夫二世，三十年來綠松石不離身，有一天，不知為什麼竟然忘了帶綠松石，結果騎馬途中從馬背上跌落，因此喪命。但當御醫切開皇帝的綠松石時，皇帝突然睜開眼睛，重新開始呼吸。這雖是個傳說，但也可見綠松石威力之強大。

————— 當天誕生的名人 —————

王光良（1970・無印良品・歌手）　井上陽水（1948・音樂家）

————— 今天是什麼日子？ —————

日本戰後國產飛機 YS11號首飛成功（1962）。

◆

他的生日

你的紀念日

8|31日

杜鵑花
花語：我永遠屬於你

水　晶
寶石語言：純潔

〔誕生花占卜〕

　　杜鵑花帶點鐵鏽色的紫，讓喜歡素雅的茶道者，將它當成茶花一般珍視。不但花形令人想到杜鵑，而且從夏季開到秋季，花季相當長，也令人想到不停鳴叫的杜鵑。

　　今天誕生的妳，很喜歡自導自演。妳必須覺悟，人生是一連串踏實努力組合成的。招待他到妳住的地方，親手為他做些可口小菜，將有好結果。

〔寶石故事〕：水晶

　　帝俄時代，皇帝身邊有專門根據水晶解讀未來的巫師。巫師一邊摩擦水晶球，一邊用自己的頭腦與瞳孔透視。水晶具有比這個世界的四次元更高級的多頻道威力，能讓巫師們自由飛行於靈界中，並且賜予靈力。一旦巫師們失去了他們的水晶球，就立即斷氣。

──────── 當天誕生的名人 ────────

別所哲也（1965・演員）　野茂英雄（1968・職棒選手）

──────── 今天是什麼日子？ ────────

法國詩人原路路・波特雷爾逝世（1867）。

他的生日

你的紀念日

9月1日

奧蜜娜粟花　♥藍寶石

花語：虛幻的愛情　　寶石語言：慈愛、誠實

〔誕生花占卜〕

被列於秋天七草之一，淡黃色的花朵迎風搖曳的光景，令人感受到秋天蕭瑟中的原野之美。奧蜜娜代表美女之名，粟粒般的小花非常迷人。

今天誕生的你，是在任何場合下均能展現自己美好一面的明星型人物。但是你容易受到壓力，使健康運呈現孤形下降趨勢，必須盡早計畫因應對策。

〔寶石故事〕：藍寶石

藍寶石是9月的誕生石，在礦物中屬於金鋼砂，與紅寶石屬於同一類。這種金屬加入鉻及鐵，就成為紅寶石；加入鈦及鐵，則成為藍寶石。有雜質少的白色藍寶石，另外還有綠、粉紅等藍寶石，其中尤以深藍色最珍貴。一般提到藍寶石，多半是指深藍色的藍寶石。透明度高者品質佳，主要產地斯里蘭卡。

當天誕生的名人

洛基（1923・拳王）　潘儀君（演員）

今天是什麼日子？

記者節（1932）。

他的生日

你的紀念日

9 2日

珍珠花　♥　藍　晶

花語：微笑　　　寶石語言：聰明

〔誕生花占卜〕

　　往上伸展的澄澈藍色花穗，日本名稱為瑠璃的虎尾。瑠璃顏色的老虎尾巴，聽起來多麼美麗、豪氣的名字啊！整排的珍珠花，饒富野趣。

　　今天誕生的你，從來沒有過大失敗的經驗，但很諷刺，這反而成為你的缺點。尤其你對金錢感覺淡薄，千萬別隨身攜帶信用卡。

〔寶石故事〕：藍晶

　　海底深處，有水仙子居住的國度，藍晶就是水仙子們呼吸產生的氣泡……。這是歐洲地方的傳說。藍晶是呈透明海水顏色的寶石，它具有調節疲勞神經，解除緊張的強大威力。

　　如果你平日的生活步調緊湊，感覺自己精神緊繃，被壓得喘不過氣來，不妨配戴一塊藍晶，它能在不知不覺當中使妳放鬆。

────── 當天誕生的名人 ──────

伊藤博文（1841・日本第一代首相）　早見優（1966・演員）

────── 今天是什麼日子？──────

英國將牙買加皇家港租借給美國（1940）。

◆

他的生日

你的紀念日

9|3日

榆　樹　♥　綠寶石
花語：信賴　　寶石語言：幸福

〔誕生花占卜〕

　　據說希臘神話中的奧爾菲宇斯，因為失去心愛的妻子，悲傷之餘，彈奏豎琴，不料就在琴聲中，大地甦醒、長出榆樹。榆樹開出淡黃色小花，並散發香味。

　　今天誕生的你，經常進行有勇無謀的挑戰，你的衝勁非常大，不管戀情面臨多大的障礙，你都能突破難關，贏得最後的勝利。

〔寶石故事〕：綠寶石

　　古代猶太人認為，猶太人是唯一被神選中的民族，而綠寶石則是象徵猶太民族的榮譽寶石。猶太教主教的祭禮服上，一定會縫上綠寶石，或和綠寶石一樣顏色的石頭。成為大主教後，就不只綠寶石了，還要裝飾12種寶石，但排在第一位的一定是綠寶石。這是自古流傳下來的傳統。猶太人相信，神的力量宿於綠寶石中，並藉此分給猶太人民。

當天誕生的名人
陳曉東（1975・歌手）　阿朗・拉德（1913・演員）

今天是什麼日子？
軍人節（1955）。抗戰勝利紀念日（1945）。
王貞治以756支全壘打創世界最高記錄（1977）

◆

他的生日

你的紀念日

9月4日

長矛雞冠花　　♥金綠石

花語：個性　　　　寶石語言：偷偷想念

〔誕生花占卜〕

　　沐浴在初秋陽光下，一看見長矛雞冠花，就感覺四周好像開始燃燒起來了。花如其名，花形很像雞頭上的雞冠，而其穗頭則銳利得彷彿會刺人的長矛一般。

　　今天誕生的你，有超現實的感應，一會兒看見幽浮，一會兒感覺靈魂與身體脫離。如果能在這種靈感引導方面下功夫，一定能成功。

〔寶石故事〕：金綠石

　　金綠石在白天呈現綠色，夜晚置於人工照明下，則呈現由紅到紫的色彩。這種寶石具有神秘的威力，在白天是一位清純的少女，到了夜晚則成為性感女性。換言之，它的魔力，能讓妳變成男人心目中理想的女性。太陽西沈後配戴金綠石，可使兩人黏得更緊，共同享受性愛的最高潮。即使上床後，也不要取下手指上的金綠石戒指。

―― 當天誕生的名人 ――

梶原一騎（1936・劇畫原作者）

―― 今天是什麼日子？ ――

美國發射「海盜二號」太空船在火星登陸（1976）。

◆

他的生日

你的紀念日

9│5日

胡枝子
花語：傾吐衷情

♥鑽　石
寶石語言：清淨無垢

〔誕生花占卜〕

　　胡枝子是秋天的代表花，置於秋天七草的最前頭。胡枝子的日文漢字寫成萩，這個字美得像一篇故事。據稱，萬葉時代，有將胡枝子的花插在頭上當裝飾的習慣。屬於豆科，花雖然小，但一圈圈可愛的模樣超乎想像。有深紅色、白色等，代表秋天的清爽。

　　今天誕生的你，給人順從的印象，但實際上，你卻是自我主張強烈的人。在他面前，必須稍微節制一下。

〔寶石故事〕：鑽石

　　目前世界上，我們所能見到的最大鑽石，稱為「卡里納‧1」，被收藏於倫敦鐵塔中。被切割成梨狀的這顆鑽石，重532.2克拉，裝飾於英國國王的王笏頭，即使隔著玻璃，仍可望見那足以貫穿瞳孔，充滿魔力的光芒。這個王笏，只有在戴冠式等皇家公式慶典時，才由國王或女王握在手中，具有掌控國家的威力。

───── 當天誕生的名人 ─────

前田治（1965‧足球選手）　棟方志功（1903‧版畫家）

───── 今天是什麼日子？ ─────

日、俄簽署朴資毛斯條約（1905）。

◆

他的生日

你的紀念日

9 6日

大波斯菊（淡紅色） ♥ 水 晶

花語：少女的真心　　　　寶石語言：水晶

〔誕生花占卜〕

聽聽山口百惠手持麥克風，靜靜地唱著那首歌「淡紅色的秋櫻……」。雖稱之為秋櫻，但是屬於菊科，原產地為墨西哥。在秋風中搖曳的大波斯菊，到底只是野草，摘下後便立即凋萎。

今天誕生的你，真的一點慾望也沒有，連眼前的機會都不伸手去掌握。但人生只有一次，應該更積極些。結婚運不太強，一旦有對象，可得好好珍惜。

〔寶石故事〕：水晶

西洋的神秘主義相信，水晶球是「一個宇宙」，因此，水晶比任何物品透明澄澈。只要將水晶配戴在身上，過不了多久，配戴者的內心也會呈現萬里無雲的清澈景象。因此，水晶絕對不會使相愛的二個人之間，發生任何紛爭。另外，陷於爭執漩渦中的人，如果能活用水晶，也可使愛情再度復活。

───── 當天誕生的名人 ─────

西村京太郎（1930・作家）　大江千里（1960・音樂家）

───── 今天是什麼日子？ ─────

英國開辦世界上第一所供大眾自由借書的圖書館（1852）。

◆

他的生日

你的紀念日

9│7日

橘 樹　♥黃 金
花語：新娘的喜悅　　寶石語言：不輸任何人

〔誕生花占卜〕

　　居於最崇高地位的天神宙斯，和海拉結婚時，海拉戴著橘樹做成的花冠。白色的清純之美，再加上淡淡的清香……，現在仍有許多新娘選擇此為裝飾花。

　　今天誕生的你，乾脆、正直，很像男孩子的個性。保持這種個性，另外再增添一點女性的溫柔，相信他的焦點一定全部集中在妳的身上。

〔寶石故事〕：黃金

　　依照古代希臘神話，火是神憤怒的象徵。有一天，波羅美蒂伍斯認為「只要神的憤怒之火不存在，這個世界的災難便能夠消除」，於是偷偷地將火偷走。然而，為人類祈求幸福的這項行為，得不到神的諒解，波羅美蒂伍斯被捕後，手上永遠被套著金戒指。從此以後，金戒指就代表犧牲自己、奉獻他人，為權力者的象徵。

當天誕生的名人
艾利・卡桑（1909・電影導演）　長淵剛（1956・音樂家）

今天是什麼日子？
美國大西洋城舉辦首次泳裝選美大會（1912）。

◆

他的生日

你的紀念日

9月8日

藤袴
花語：猶豫

♥黃玉
寶石語言：希望

〔誕生花占卜〕

群生於原野中，為秋天七草之一。細長的莖上，開滿無數小花，花是淺紫色，葉子有清香。有人將葉子放在小袋裡，然後掛在褲帶上，所以名字有個袴字。

今天誕生的你，一旦埋首興趣中，就連天塌下來都不知道了。這種投入的程度，如果用在工作上，必定能得到全勝。盡量少在電話中傳情，增加與他見面的機會。

〔寶石故事〕：黃玉

佛教的修行僧穿著黃色僧服，這是起源於黃玉的色調。自古以來，即傳說手上持黃玉，內心會湧現深沈的思慮。因此，在修行中的僧侶們，便左手持黃玉，靜靜地冥想，累積精神修養。中世紀的印度，有以砂狀的黃玉灑在地面，取代佛舍利，而於砂黃玉上建寺院的習俗。現在，黃玉仍被視為是智慧的象徵，成為僧服的顏色。

──────── 當天誕生的名人 ────────

松本人志（1963・演員）　　顏行書（1976・籃球選手）

──────── 今天是什麼日子？ ────────

◆

他的生日

你的紀念日

9月9日

海濱紫苑
花語：追憶

♥鑽石
寶石語言：清淨無垢

〔誕生花占卜〕

英文名為 Michael daisy，也就是在米迦勒節開花的延命菊。自古以來即有傳言，隨身攜帶此花，可免惡靈上身……。埃及王的墓中也發現這種花。

今天誕生的你，只會聽周圍人的意見，自己毫無主張，這一點可得改過來。結婚運必須盡早掌握，待時機溜走，就只好單身一輩子了。

〔寶石故事〕：鑽石

在帝俄王朝的巔峰時期，出現一位女性皇帝，她是出身德國貴族之家的女性，從皇太子妃的身分，一躍登上女王的寶座，名字叫做愛卡德莉娜。有人批評這位殺夫取得王位的女性，滿心都是權力思想，但她還是禁不起美鑽的誘惑。戀人歐洛夫為了證明愛情始終如一，贈送女王199.6克拉的大鑽石，女王視之如命。

也許毫無包裝下的她，是位可愛的女性呢！

當天誕生的名人

歐帝斯·雷汀克（1941·音樂家）

蘇尼亞·李基艾爾（1930·服裝設計師）

今天是什麼日子？

體育節。

他的生日

你的紀念日

9│10日

藍草（藍色）　♥水　晶

花語：美麗的裝扮　　　寶石語言：純潔

〔誕生花占卜〕

這是草木染的元祖，被用來當藍色染料的花。它的藍非常的澄澈、柔和，而且這種染科具有防蟲害的效果，可做成工作服，是在戶外從事農耕者的良伴。嫩芽可食用，味道鮮美。

今天誕生的你，很喜歡有個目標，但一訂計畫表就完了！戀情無法長久持續，就是懶得實行計畫的緣故。

〔寶石故事〕：水晶

漲潮、退潮是受月亮的影響。被視為是水的結晶的水晶，也具有月亮的威力，能夠使擁有者的心異常高漲。當妳的人生遇到重大抉擇之時，不妨借助水晶之力，提出自己認為對的言行。

月亮威力能加強水晶擁有者的運勢，在被賜予的運勢當中，妳能往最佳之路前進。它尤其是考試時不可或缺的石頭。

―――― 當天誕生的名人 ――――

喬治‧巴塔伊尤（1897‧作家）　齊藤由貴（1966‧演員）

―――― 今天是什麼日子？ ――――

奧地利皇后伊麗沙白遇速死亡（1898）。

他的生日

你的紀念日

9|11日

秋海棠
花語：未成熟的我

♥ 藍寶石
寶石語言：慈愛、誠實

〔誕生花占卜〕

〔寶石故事〕：藍寶石

秋初時分，會開出像海棠一樣的淡桃色小花，它潛含的華麗，非常受日本人喜愛。因為生性喜歡陰濕，所以常見於日照不易的山角下、庭院角落。「秋海棠開出西瓜色的花」（芭蕉）。

今天誕生的你，是組織中的名人，在社團活動中，居於領導人的地位，非常活躍。從中，你將遇見陪伴你一輩子的人。

中世紀時代，一般人相信，只有戴著代表神之睿智的藍寶石戒指的人，才是有資格傳達神之旨意的人。歷代法王，均競相製作巨大藍寶石戒指。其中，西格努多斯四世的戒指，甚至巨大到從教會的後方能夠見到其光環。他死後，戒指原封不動套在手指上下葬，並且隨時派四人守墓，以防戒指被竊。

—— 當天誕生的名人 ——

D・H・羅倫斯（1885・作家）　薩朵桑培（1929・漫畫家）

—— 今天是什麼日子？ ——

葛樂禮颱風侵襲本省北部，三重地區淹沒在水中（1962）。

他的生日

你的紀念日

9|12日

弟切草
花語：迷信

♥ 綠松石
寶石語言：成功

〔誕生花占卜〕

華麗的金黃色花朵。平安時期，百姓們認為，弟切草熬汁可當傷藥。歐洲地區人家也相信，弟切草有驅逐惡魔的威力，家家戶戶屋頂上都插著這種花。

今天誕生的你，是位正義十足的人。但你不得不承認，現實社會中，清濁是合併存在的。愛情運從20歲後半期才開始轉佳。不要與初戀情人結婚，失戀後再相會的人才是終身伴侶。

〔寶石故事〕：綠松石

綠松石是天秤座的守護石。自古以來，綠松石即被視為是神送給人的寶石。只要出現違背神意的惡行，綠松石就立即變成一般石頭。尤其當背叛戀人、不貞潔者碰觸綠松石時，綠松石即在一瞬間褪色，令人感到不可思議。綠松石不耐乾燥及熱，所以要避開水與火，只在外出時配戴即可，常用柔軟布包裹保存。

當天誕生的名人

雷斯利・強（1956・演員）　田中美奈子（1967・演員）

今天是什麼日子？

英國聖母峰登山隊發現雪人的足跡（1951）。

他的生日

你的紀念日

9|13日

待宵草
花語：容易變心

♥ 翡翠
寶石語言：幸運

〔誕生花占卜〕

「等啊等啊！等無人……」待宵草就像這首歌一樣，讓你等到月出暗宵時，才開出白色花朵。一般人以為這是日本花，實際上原產地在南美，可說是象徵「佳人薄命」的花。

今天誕生的你，是新時代女性，完全從因為是女人，所以……的觀念中解放出來。在男性本位世界上崢嶸頭角。戀人以比妳小3～4歲者為吉。30多歲結婚最好。

〔寶石故事〕：翡翠

翠綠色的樹葉充滿生命力。綠色的寶石、翡翠，彷彿會呼吸一樣，讓人感受其饒富生命力。所謂翡翠，事實上就是綠色的結晶。當你凝視真正完美的翡翠時，會感受到與宇宙融為一體，不知不覺中培育出神秘的魔力。自古以來，國王、高僧等均時常靜默面向翡翠，努力使自己更晶瑩剔透。

———— 當天誕生的名人 ————

陳慧琳（演員‧歌手） 小田切進（1924‧文學家）

———— 今天是什麼日子？ ————

日本撤退山東駐軍（1927）。

他的生日

你的紀念日

9|14日

秋明菊　　♥珍　珠

花語：淡淡的愛　　　寶石語言：健康、長壽

〔誕生花占卜〕

〔寶石故事〕：珍珠

　　秋明菊群生於京都的貴船一帶，所以又稱為貴船菊。摘一朵秋明菊在手上把玩，發現它輕柔柔的，充滿纖細之美。它和秋牡丹是同類，但看起來像花的部分是花萼；看起來像花蕊的部分是花。

　　今天誕生的你，看起來比實際年齡沈穩。說坦白點，你讓人感覺老成有餘、朝氣不足。請讓自己活潑些，不要只等待戀情，主動積極追求幸福吧！

　　歷史上有克婁巴特拉喝下珍珠香檳的小插曲。這是發生在伊莉莎白王朝時代的事，英國公卿克婁設宴款待西班牙的大使，並當場將克婁家傳家寶，相當於1億5000萬日幣的珍珠碾碎，注入香檳中，雙方飲下此珍珠香檳，祈求兩國的繁榮。因此，化解了雙方一觸即發的危機，可見珍珠的功勞有多大！

────── 當天誕生的名人 ──────

安達佑實（1981・演員）　赤塚不二夫（1935・漫畫家）

────── 今天是什麼日子？ ──────

◆

他的生日

你的紀念日

9|15日

榅桲
花語：誘惑

♥紫水晶
寶石語言：內心平和

〔誕生花占卜〕

愛之女神維納斯，手上捧的「黃金蘋果」就是榅桲。榅桲製成醬就是酸果醬。屬於薔薇科，開出類似櫻花的白色花，秋天則結香甜果實。

今天誕生的你，天生背負著沈重的十字架，但憑著你的毅力，終究能克服萬難。始終在一旁守候你的他，能與你結成良緣。

〔寶石故事〕：紫水晶

在帝俄革命風暴中顛沛流離，浪跡天涯的貴族公主安娜，在流浪中一一變賣代代相傳的寶石，才得以在嚴苛的環境中生存下來。

但她相信，紫水晶有帶她渡過難關的力量，因此說什麼也不願割捨。在紫水晶的保護下，她安然地渡過革命風暴，之後與革命軍人陷入熱戀中，從此過著幸福的生活。

───── 當天誕生的名人 ─────
阿加莎·克里斯蒂（1890·作家） 藤谷美紀（1973·演員）

───── 今天是什麼日子？─────
英國與美國在倫敦舉行首次國際橋牌賽（1930）。

他的生日

你的紀念日

9 16 日

薊　樹　♥　紫水晶

花語：嚴肅　　寶石語言：內心平和

〔誕生花占卜〕

　　隱藏利刺的紫紅色花朵。襲擊蘇格蘭的挪威士兵，在偷襲時被薊樹的刺扎得哇哇大叫，引起蘇格蘭軍的注意，導致偷襲失敗。因此事故，使薊樹成為蘇格蘭的國花。

　　今天誕生的你，是竭盡心力講究外表的浮華型。工作希望錢多事少、男朋友必須多才多金、居住地點得在大都市……。這樣根本無法期待腳踏實地的人生。

〔寶石故事〕：紫水晶

　　自古以來，紫色就被認為是非得集合數萬個紫貝才能染出來的高貴顏色，因此，紫色的寶石紫水晶，也被視為是最高權威的寶石。基督教中，牧師的戒指鑲有紫水晶，象徵著基督教的尊嚴。接受了這顆戒指的祝福，即可享受終身平安。人們悄悄將自己的戒指也鑲上紫水晶，祈求神的心靈洋溢我身。

───────當天誕生的名人───────

米奇・羅谷（1954・演員）　羅倫・巴克爾（1924・女演員）

───────今天是什麼日子？───────

蔣公特派張群為特使赴日訪問（1957）。

◆

他的生日

你的紀念日

9|17日

龍膽 ♥ 鑽石

花語：孤寂的愛情　　寶石語言：清淨無垢

〔誕生花占卜〕

　　深秋的山野，將視線擺在足部，眼簾即映入深紫色清晰的色彩，這就是龍膽。它不是群生性，而是這裡一朵、那裡一朵，孤寂地綻放著。根部很苦，是漢方中的健胃劑，因此稱為龍膽。

　　今天誕生的你，經常在非自己意志的情況下擔任主角，因此而遭嫉。別在意無聊的流言中傷。金錢方面，請檢視自己的浪費習慣。

〔寶石故事〕：鑽石

　　集帝俄榮光於一身，每日豪華度日的艾卡德莉娜女王，得到隨身大臣歐洛夫贈送之世界最高級鑽石，就是有名的傳說鑽石之一「歐洛夫鑽石」。

　　這顆鑽石原本鑲嵌於印度漢斯寺廟的神像眼睛中，有位法國珠寶商人假藉信印度教之名，潛入寺廟偷出這顆美鑽，輾轉流傳後，到達俄國女王之手。

當天誕生的名人

金丸信（1914・政治家）　三浦綾子（1931・作家）

今天是什麼日子？

英國艾瑪・史密斯夫人，獨自度過100天「地下」歲月，
創下世界性「活埋」紀錄（1968）。

他的生日

你的紀念日

9|18日

畫筆菊　♥　珍　珠

花語：戰鬥　　　　　寶石語言：健康、長壽

〔誕生花占卜〕

　　纖細雅緻的莖部尖端，結實地長出如火柴棒頭一般的花，感覺非常可愛。花色有紅、黃、橘等等。

　　今天誕生的你，是感情非常纖細的人，不擅長於某個團體中周旋於眾人之間，只能從事自由業。戀愛機會很多，但你認為戀愛與結婚對象不同。以年長者為你介紹的人為吉。

〔寶石故事〕：珍珠

　　珍珠為 pearl，源於義大利語的「perla」。而「perla」則是源於拉丁語為「小洋梨」之意。從字源即可想像，真正圓形珠非常罕見。自古以來，天然珍珠就是像梨子般，稍微呈橢圓形。

　　現在之所以四處可見圓形珍珠，是由於木本幸吉先生開發養殖珍珠之故。

――――――當天誕生的名人――――――

葛麗泰・嘉寶（1905・演員）　中井貴一（1961・演員）

――――――今天是什麼日子？――――――

日本發動「九一八」事變（1931）。美國紐約時報創刊（1851）。

◆

他的生日

你的紀念日

═9│19日═

鳳仙花
花語：別碰我

♥ 綠玉髓
寶石語言：信心

〔誕生花占卜〕

庭院一角開出淡紅、白、紫色等花。鄉村的小孩子們，經常用鳳仙花玩塗指甲的遊戲，因此別名爪紅。一碰觸種子的豆莢，豆莢叭地就裂開了。

今天誕生的你，很喜歡拿第一。不論學校成績或工作業績，都以第一為目標，連結婚都想搶第一。但你屬於晚婚運，30歲以後再結婚比較好。

〔寶石故事〕：綠玉髓

這是一種大家所熟悉，顏色為「蘋果綠」的嫩綠色「玉」。『默示錄』中提到，接受上天啟示的摩西，以此綠玉髓為守護石。從此以後，綠玉髓就被視為適合領導者的寶石，被任命為社團活動領導者，或公司主管時，配戴綠玉髓更好。

此外，它也具有抑制衝動的威力，是要求冷靜行動的場合必備之物品。

───────── 當天誕生的名人 ─────────

威廉・哥爾汀格（1911・作家）　島田歌德（1963・演員）

───────── 今天是什麼日子？ ─────────

比利時的史巴地方，舉行歷史上第一次選美會（1888）。

他的生日

你的紀念日

9 | 20日

顛 茄
花語：迷人的魅力

♥ 紅寶石
寶石語言：熱情

〔誕生花占卜〕

顛茄（Belladonna）是義大利語中「美麗小姐」的意思，因為以前人們將這種花汁塗在肌膚上，代替化妝品。果實有劇毒，實際上就有利用這種果實殺人的例子。花有紅、粉紅、白等色，讓人感覺非常優雅。日本沒有自生品種，全部依靠進口。

今天誕生的你，在朋友之間是屬於母親的角色。你很會照顧別人，但也要多投注心力在自己的事情上。

〔寶石故事〕：紅寶石

歷史上最有名的紅寶石是「黑王子紅寶石（black prince ruby）」。因為被尊讚為中世騎士道之榮光的愛德華皇太子，經常穿著黑色冑甲，所以被稱為黑王子。

西班牙信德洛王送給愛德華王子的紅寶石，就是黑王子紅寶石。這顆紅寶石現在被鑲在英國最正式儀式時所戴的王冠中央，彷彿象徵著英國的權威與繁榮一般，閃耀燦爛光芒。

當天誕生的名人

蘇菲亞・羅蘭（1934・演員）　安室奈美惠（1977・歌手）

今天是什麼日子？

強烈颱風菲菲橫掃中美洲五國，災情慘鉅（1974）。

◆

他的生日

你的紀念日

9|21日

狗尾草 ♥ 綠寶石

花語：遊戲的愛情　　寶石語言：幸福

〔誕生花占卜〕

如動物的尾巴一般搖擺的穗，讓人聯想到狗的尾巴。由於狗尾草的穗給人的印象很深刻，花因此而黯然失色，但如粟子一般的花非常可愛。

今天誕生的你，沈醉在義工的工作當中，你就是這麼的溫柔、親切。但這種優點用在戀愛上可就不行了。和不喜歡的對象約會，反而傷害到對方。當你心裡想說「No」的時候，一定要清楚的說出來。

〔寶石故事〕：綠寶石

初入以古代阿茲臺克文明繁榮著稱的南美墨西哥地方，西班牙冒險家克爾德斯眼前所見，盡是使用綠寶石製造的神像。克爾德斯說道：「我想要7000個綠寶石，我所帶的黃金，你們可以盡情的取用。」就這樣，他將為數可觀的綠寶石帶回西班牙。至今，聖像、聖杯上所用的神聖寶石綠寶石，被當成裝飾品使用，就是始於那個時候。

———— 當天誕生的名人 ————

高橋悠治（1938·音樂家）　松田優作（1950·演員）

———— 今天是什麼日子？ ————

世界老年痴呆日。

◆

他的生日

你的紀念日

9 │22日

貝殼花 ♥ 鑽 石

花語：永遠的追憶　　寶石語言：清淨無垢

〔誕生花占卜〕

從海邊打撈起純白色的貝殼，彙集成一朵花……。它給人的印象就是這麼可愛。清爽又乾燥的外表，做成乾燥花也很美。

今天誕生的你，是很有實力的人，但在自信之餘，卻承受不起任何挫折的打擊。因此，你只能在安全範圍之內，和他人一較高低。如果你想伸手捉住遙不可及的他，恐怕也只是弄得自己灰頭土臉罷了。

〔寶石故事〕：鑽石

出生世家、嫁入權貴之家，一生過著豪華生活的瑪莉・安德華涅特，最愛的就是「攝政王鑽石（Regent diamond）」。

1701年在印度德干高原發現，直徑4cm 的這顆鑽石，為多面形琢型寶石，曾被鑲嵌於路易十五世的王冠上。後來，則鑲嵌在瑪莉・安德華涅特的天鵝絨帽子上，據說她為此自豪極了。

—— 當天誕生的名人 ——

法拉第（1791・化學・物理學家）

卡爾斯毛奇・石井（1959・歌手）

—— 今天是什麼日子？ ——

林肯解放黑奴（1862）。

◆

他的生日

你的紀念日

9│23日

石 蒜 ♥ 紅縞瑪瑙

花語：**熱情**　　　　寶石語言：**夫妻幸福**

〔誕生花占卜〕

當妳感覺出早晚空氣有點冷的時候，也就是戶外四處開出醒目鮮紅石蒜花的時候。墓地之處尤其茂盛，也有人因看到它就更感孤寂而討厭它，但它實際上是具有華麗的氣氛。別名彼岸花。

今天誕生的你，不會想窺視他人內心的秘密，但希望你對好友能更敞開胸懷。他之所以會離開你，正是因為對於原來的你有種不信任感。

〔寶石故事〕：紅縞瑪瑙

實在令人有點意外，瑪瑙、紅縞瑪瑙都屬於水晶族，主要成分為石英。紅縞瑪瑙是加了二氧化矽，一層層地堆積在火山性岩石縫隙間，最後形成具有條紋狀的瑪瑙。條紋狀並非蛋白質與石英成分混合，而是由各個完全不同的層累積形成的。條紋狀的形成，是日積月累的結果，由於長期間接受陽光照射，所以琢磨之後，會從內部發出奇妙的光芒。

當天誕生的名人

忽必烈（1215・元朝開國君王）　鈴木杏樹（1969・演員）

羅咪・休娜伊達（1938・演員）

今天是什麼日子？

德國高雷發現海王星（1846）。

◆

他的生日

你的紀念日

9│24日

蘆葦　♥　天青石

花語：神的信賴　　　寶石語言：永恆的誓言

〔誕生花占卜〕

哲學家帕斯卡說：「人是會思考的蘆葦。」屬於稻科植物，不太醒目，綻放如稻子般淡黃色的花。在環境保護問題備受重視的今日，有關於蘆葦的保育，也備受各方重視。

今天誕生的你，不在乎曾經做過的事情，而是習慣將焦點集中在現在所做的事情上面。戀愛運波折多，得經過幾次分分合合。

〔寶石故事〕：天青石

天青石（lapis lazuli）一語取自波斯語中帶有「藍色」意思的「razzword」。日本名為瑠璃。帶點紫色的深藍色，被視為是美麗的代名詞。據說，馬可波羅之旅的目的，就在探尋天青石。

事實上，『東方見聞錄』中也記載，為了找尋天青石礦山，造訪了阿富汗的巴塔庫山。

──────── 當天誕生的名人 ────────

筒井康隆（1934・作家）　田淵幸一（1946・職棒選手）

──────── 今天是什麼日子？ ────────

第一艘核子動力航空母艦「美國企業」號下水（1960）。

◆

他的生日

你的紀念日

9│25日

小　草　♥　藍寶石

花語：愉快的事　　　　　寶石語言：慈愛、誠實

〔誕生花占卜〕

在咻一地往上延伸的細莖上，一點一點地開著花。而且，花沒有花瓣，看起來像花的東西是花萼。向上及橫向開的花是紅色，向下開的花是白色。屬於蓼科植物，自生於日本、朝鮮半島、中國、印度等地。

今天誕生的你，潛藏著交往越深，就令人越想離開你的魅力。以純純的愛為根本準備結婚，但在到達終點之前，恐怕還得花一段時間。

〔寶石故事〕：藍寶石

眾所周知，法國魯昂的大主教，頸部總是掛著一顆世界上最大的藍寶石。藍寶石是神的睿智的結晶，一般人認為，持有大藍寶石者，才能夠接近神。即使現在，基督教徒也相信，藍寶石具有與神接近的威力存在。在初生嬰兒受洗日這一天，人們習慣用藍寶石當這個孩子的裝飾品，以藍寶石為小孩的第一顆寶石。

——當天誕生的名人——

魯迅（1881・作家）　威廉・福克納（1897・作家）

——今天是什麼日子？——

日本、中國大陸建交（1972）。

◆

他的生日

你的紀念日

9 | 26日

車前草　♥　珍珠

花語：留下足跡　　　　寶石語言：健康・長壽

〔誕生花占卜〕

　　車前草是世界上分布最廣的野草，花穗往上延伸，開出白色優雅的小花。美洲印地安人認為，這種花代表白人的足跡，但事實上應該是，車前草的種子附著在白人的衣服上，散布至各處。

　　今天誕生的你，非常善變，連自己也無法捉摸自己。即使結婚，恐怕也不是結一次就沒事了的人。妳這一生的支柱，大概就是工作了。

〔寶石故事〕：珍珠

　　珍珠的硬度只有3.5，在寶石當中屬於超低硬度，是很容易受傷的物品。此外，珍珠層的主要成分是碳酸鈣與蛋白質，因此具有遇酸容易變質的特徵。

　　珍珠項鍊等飾品與肌膚直接接觸後，必須用柔軟的布將汗擦乾；與其他寶石一起收藏時，也必須用紗布包裹。必須以對待纖細物品的方式來對待珍珠。

—— 當天誕生的名人 ——

吳宗憲（歌手・節目主持人）　加舒英（1898・作曲家）

—— 今天是什麼日子？ ——

哥倫比亞的阿拉加斯公路，發生有史以來最大的森林大火（1950）。

◆

他的生日

你的紀念日

9│27日

菅芒花　♥鑽　石
花語：自重　　寶石語言：清淨無垢

〔誕生花占卜〕	〔寶石故事〕：鑽石
覆蓋在野山地面的植物，大概都是菅芒類。雖然不醒目，但仔細看它開的花，還是蠻美麗的。希望妳多看它一眼……，它可是地球重要的一部分嗽。 今天誕生的你，能發揮豐富的感受性，往與藝術有關的領域前進。你對金錢的感覺遲鈍，最好還是委託他人管理較佳。一見鍾情的戀情必定開花結果。	法國的路易十五世與愛人瑪達·彭芭多爾，被稱因為寶石而用盡了國家的財富。彭芭多爾最愛的，是像太妃糖一般大的藍色鑽石，名為「French blue」，是世上罕見的精品。據傳，彭芭多爾為了想得到這顆「French blue」，因此愛上路易十五世。 美麗的寶石，潛藏著左右美麗女性命運的魔力。

───── 當天誕生的名人 ─────

劉德華（1961·歌手·演員）　愛·喬治（1933·歌手）

───── 今天是什麼日子？ ─────

歷史上第一條鐵路開始使用（1825）。

◆

他的生日

你的紀念日

9 28日

小判草　♥　綠寶石

花語：興奮

寶石語言：幸福

〔誕生花占卜〕

坐在野山上，眺望滿山遍野的野草，不禁驚嘆它們開出來的野花何其多啊！雖然小，卻各有特色。小判草是稻科植物，成熟後會發出卡啦卡啦的聲音，並結出果實。

今天誕生的你，是好惡清楚分明的人，對於喜歡的事情，投入的程度令人驚訝。一旦陷入情網中，便對其他一切事物漠不關心。但注意別對他造成壓力。

〔寶石故事〕：綠寶石

達芬奇的「最後的晚餐」，被裝飾在米蘭的聖塔瑪莉亞大教堂中。這個時期，基督教所用的聖杯，是綠寶石做成的。

認為人類均為上帝之子的基督教，故意掩飾綠寶石的光芒，使聖杯看起來只不過是普通的玻璃製品而已。但隨著耶穌的復活，聖杯開始綻放綠色光芒，使全世界人類了解神的榮光。

當天誕生的名人

碧姬·芭杜（1934·演員）　陳志明（1952·高爾夫選手）

今天是什麼日子？

教師節（1939）。法國化學家巴斯德逝世（1895）

他的生日

你的紀念日

9│29日

瑠璃松毬　♥　藍寶石

花語：秘密的愛情　　　寶石語語言：慈愛、誠實

〔誕生花占卜〕

　　很像薊草的植物，但顏色為瑠璃色，亦即澄澈的藍色。花高1m左右，在花圃中顯得非常耀眼。屬於水芹科植物。

　　今天誕生的妳，不論在任何環境之下，都不會失去自己該扮演的角色。妳適合教師、護士等為人服務的工作。妳是最佳結婚對象，能成為賢妻良母。

〔寶石故事〕：藍寶石

　　摩西將神傳達之語「十戒」刻在石板上，這塊石板綻放出透明澄徹的藍色光芒，令人嘆為觀止。它就是取自巨大藍寶石的石板。猶太教流傳著這樣的教示，因此，猶太人至今仍然有一種根深蒂固的觀念，認為藍寶石代表神的睿智。

　　他們身上戴著用藍寶石做成的護身符，象徵著與神融為一體。

―――――當天誕生的名人―――――

賽萬提斯（1547．作家）　林隆三（1943．演員）

―――――今天是什麼日子？―――――

阿拉伯聯邦總統納塞猝世（1970）。

◆

他的生日

妳的你的紀念日

9 30 日

地 榆 ♥ 珍 珠

花語：愛慕心　　　　寶石語言：健康、長壽

〔誕生花占卜〕　　　　　〔寶石故事〕：珍珠

有這麼一句話：「滿山野草中，最結實的就是吾木草。」它在秋野中盡情地伸展，一副非常勇敢的樣子。小粒的花一群接一群地綻放，看起來很像糖果。雖然沒有花瓣，但像這麼美麗的花也不多是。

今天誕生的你，不論什麼事都自己下決定，而且是突然表明決定。但在團體當中，有必要和周圍人多溝通。至少凡事得和他商量。

以寶石裝飾的建築物當中，被公認為世界上最美的塔芝・夢哈兒墓（Tai Mahal），是印度孟加爾帝國第五代國王夏加罕為心愛的妃子慕慕塔芝・夢哈兒所建，舉世聞名。這位國王送給妃子的珍珠，是波斯灣產的梨形珍珠，直徑7.5cm，堪稱史上最大的珍珠之一。為了這筆支出，孟加爾帝國不久便衰退，最後終至滅亡。

──── 當天誕生的名人 ────
辛吉絲（1980・網球選手）　石原慎太郎（1932・作家・政治家）

──── 今天是什麼日子？ ────
美國影星詹姆士・狄恩逝世（1955）。

◆

他的生日

你的紀念日

10 │ 1 日

菊花（紅色）♥ 蛋白石

花語：深情　　　　　　寶石語言：得到幸福

〔誕生花占卜〕

　　也稱為契草。住在內陸國的兩兄弟，弟弟將前往筑紫國，他將心愛的菊花分株，分株後的菊花卻不開花了。兄弟分離就不開花……。從此之後，菊花又稱為契草。

　　今天誕生的你，總是以自然的一面與他人比高低，因此，即使是自我本位的行動，也不會讓人討厭。今後也請以這種步調前進。完完全全接受你本來面貌的人就要出現了。

〔寶石故事〕：蛋白石

　　蛋白石是10月的誕生石，寶石語言是「得到幸福」。一顆礦石當中，孕含了所有寶石的光芒，因此之故，曾經有許多人排斥用它來當身上的裝飾寶石，只為了它太美麗、太奢侈。

　　在羅馬時代，蛋白石得到的評價比鑽石還高，一般人不會將蛋白石戴在身上，而是收藏起來，獨自在家中把玩、觀賞。

—————— 當天誕生的名人 ——————

茱莉・安德魯斯（1935・演員）　柏原芳惠（1965・歌手）

—————— 今天是什麼日子？ ——————

美國迪士尼樂園開幕（1971）。

◆

他的生日
- -
你的紀念日
- -

10 2日

冑甲花　♥　綠松石

花語：復仇　　　寶石語言：成功

〔誕生花占卜〕

一說到冑甲花，就令人聯想到殺人事件。事實上，它的根含有劇毒，但花卻媲美茶花之美。秋天的野山中，開出像冑甲般紫藍色的花。英文名稱是代表「修行僧侶頭巾」之意的 Monk hood。

今天誕生的你，具備落落大方的氣質，令人感受出你接受了良好的教養。但要注意金錢紛爭。養成量入而出的習慣。

〔寶石故事〕：綠松石

在古埃及時代，人們認為綠松石具有的藍色，擁有避免疾病、災害等這個世界上一切邪惡之事旳魔力。當埃及最華麗的墓，亦即茲愛爾女王之墓被發現時，令研究人員們驚訝的是，女王遺體的手腕上，鮮艷的黃金與綠松石手環閃閃發光。

女王的遺體已經長眠在地下八千年了，但據說還保存得相當完整。

—————— 當天誕生的名人 ——————

莫汗達斯・K・甘地（1869・思想家）　史坦格（1951・音樂家）

—————— 今天是什麼日子？ ——————

美國人詹姆士・查爾默士發明黏性郵票（1839）。

◆

他的生日他的生日

你的紀念日

10│3日

馬纓丹　♥　鑽　石
花語：協力　　　　　寶石語言：清淨無垢

〔誕生花占卜〕

　　像紫陽花一樣，在開花時會變化花色的花。馬纓丹的場合是從黃色變成淡紅色，再變為橙色或深紅色。它是原產於北美德克薩斯州的矮木，相當受歡迎。

　　今天誕生的你，只要看見比自己可憐的人，總是無法讓自己不去幫助對方。熱心社會公益活動當然很好，但也不要忽略了正式的工作。戀愛運方面，會和已經分手的舊情人死灰復燃。

〔寶石故事〕：鑽石

　　鑽石比任何物品硬，不會受其他物品侵害。當你靜靜地凝視著鑽石的時候，會慢慢感覺到彷彿天神降臨一般，產生莊嚴肅穆的心情。大概正是因此之故，君王們獲得了治理國家的力量。

　　掌控帝俄的艾卡德莉娜女王，也是在一得到巨大的歐洛夫鑽石之時，立即裝飾在王笏上，藉此寶石的力量，繼續統治俄國。

當天誕生的名人
波納爾（1867・法國畫家）　星野知子（1957・演員）

今天是什麼日子？
東西德統一。

他的生日

你的紀念日

10 |4日

鬼百合　　♥　孔雀石

花語：莊嚴　　　寶石語言：再會

〔誕生花占卜〕

　　被趕出伊甸園的夏娃，不禁流下眼淚……。據說夏娃的淚水滴到大地上，長出新芽，開出的花就是百合。鬼百合屬於比較大型的百合，直徑在10cm 左右，特徵是開出深橘色的花。

　　今天誕生的你，以往可說是一帆風順。但從30歲以後，恐怕就得接受一連串磨練了。能不能克服重重障礙，是這一生重要的關鍵。重視在這段期間支持你的另一半。

〔寶石故事〕：孔雀石

　　孔雀石的主要成分是銅，將孔雀石的粉末塗在眼皮上，可以防止小蟲飛近，所以別名 eye stone。另外，因為它具有驅逐叮擾者的魔力，所以現在被使用在商場上，據說可以防範紛爭於未然。孔雀石是現代上班族或做生意的人，必須隨身攜帶的寶石之一。時鐘或筆架等室內小物品，也能充分發揮效果。

―――――當天誕生的名人―――――

巴斯達・基頓（1895・演員）　鄭伊健（歌手）

北島三郎（1936・歌手）

―――――今天是什麼日子？―――――

教皇格萊哥里八世改革曆法（1600）。

◆

他的生日

你的紀念日

10 | 5日

波斯菊（紫藍）♥ 藍　晶

花語：洗練　　　　　　　　寶石語言：聰明

〔誕生花占卜〕　　　　〔寶石故事〕：藍晶

在秋風中搖曳生姿，綻放出鮮艷色彩花朵的波斯菊，就像墜入情網中的少女一樣。原文 Cosmos，為「宇宙」之意。名稱與外表不相合，事實上，它的內在有著很強的生命力，故名之。

今天誕生的你，渡過了與孤獨戰鬥的前半生。但後半生則是描繪出往上攀升的弧線。尤其在事業上能得到大成功，進住豪宅不是夢。

羅馬時代的醫生們，已經了解人體的80％以上是水分，當這些水分混濁時，人就會生重病。大家也相信，藍晶具有淨化人體內的水，或將污穢之水排出體外的威力。令人感到不可思議的是，現在這種威力並未衰退，據說在治療因緊張或精神失衡所造成的疾病時，只要藉助藍晶的威力，便可奇蹟似地治癒。

———————— 當天誕生的名人 ————————

狄克・米尼（1908・歌手）　黑木瞳（1960・演員）

郭源治（1956・職棒選手）

———————— 今天是什麼日子？————————

他的生日

你的紀念日

10 6日

迷迭香　♥　紅寶石

花語：寧靜的威力　　寶石語言：熱情

〔誕生花占卜〕　　　〔寶石故事〕：紅寶石

　　就像莎士比亞的『哈姆雷特』中敘述的一樣，它是在歐洲地區廣泛自生的草花。雖然花小而樸素，但花與葉都散發出清柔的香味，被視為珍貴的香料。

　　今天誕生的你，彷彿全身能量充沛似的，能在工作場所中發揮活力。你的獨占慾很強，也許會令他受不了。應該給彼此多一點自由的空間。

　　自古以來，紅寶石就是屬於男性的寶石。對於戰場上的士兵而言，紅寶石被視為是具有不死之身威力的寶石。只要身上戴著紅寶石，即使遭受敵人迎面而來的利刃，也不會流血，當然更別說喪命了。士兵們短兵交接，首先會探尋彼此身上所配戴的紅寶石，將紅寶石擊落之後再開始戰爭。失去紅寶石就像失去生命一樣。

────── 當天誕生的名人 ──────

海爾達爾（1914・挪威探險家）　寺內大吉（1921・作家）

────── 今天是什麼日子？──────

萊特兄弟刷新自己所保持的世界飛行記錄（1905）。

◆

他的生日

你的紀念日

10│7日

水　仙　♥　水　晶

花語：優雅　　　　　寶石語言：純潔

〔誕生花占卜〕

細長伸展的莖上，孤孤單單開著紅色小花。原產於墨西哥，屬於石蒜科，但它的高尚程度卻令人驚艷。花給人的感覺很有氣質，不經意地摘下一朵，拿回家裝飾在瓶中，就這樣開始栽培起來了。

今天誕生的你，不輕易將自己的內心示人，總在自己的周圍築起一道銅牆鐵壁。放開胸懷，你將展開新運勢、新戀情，發現嶄新的自己。

〔寶石故事〕：水晶

就像水有滌清一切污穢的力量一樣，水晶也具有清淨一切邪惡心的威力。古代希臘神話世界裡，女神們在第一次性行為結束之後，會以水晶杯盛水，從頭上倒下去，表示做了比愛的誓言更崇高的事情。

即使現在，歐洲上流社會在嫁女兒時，也會在嫁粧中準備一樣水晶製品，祈求愛情永遠清澈、不會變調。

當天誕生的名人

圖圖（1931・南非主教）　巴培爾（1963・足球選手）

今天是什麼日子？

英國劇作家偉伯，發表音樂劇「貓」（1982）。

◆

他的生日

你的紀念日

10 8日

金星花　　♥ 珍　珠

花語：餘裕　　　　寶石語言：健康、長壽

〔誕生花占卜〕　　　〔寶石故事〕：珍珠

　　草高約10cm、花的大小約2cm，是可以玩家家酒遊戲的小花。屬於龍膽科，每一朵花都呈現出美麗的龍膽形。彷彿夜幕時分，天空的星子掉到地面一般，故名之。日本名為紫千振，是有名的胃藥原料。

　　今天誕生的你，頭腦清晰是優點，但好講道理是缺點。海邊約會能讓妳樸直地表現出自己。

　　珍珠的主要成分是碳酸鈣的霰石，以及蛋白質的一種介殼質。當有異物侵入貝的體內時，貝分泌出這種物質，將異物包裹起來，偶然中成為圓形之物，就被人們取下當珍珠。珍珠和其他寶石不同，它並非礦物，而是貝所分泌出來的天然物質，所以人的肌膚接觸會產生輕柔感。但也正因為它不是礦物，所以容易變質，使用後養成用軟布擦拭的習慣。

──────── 當天誕生的名人 ────────

雪歌妮薇佛（1948・演員）　郭子（1966・音樂創作者・演員）

──────── 今天是什麼日子？ ────────

美國革命領袖韓寇克逝世（1793）。

◆

他的生日

你的紀念日

10|9日

酸果蔓　♥　孔雀石

花語：撫慰心靈　　　寶石語言：

〔誕生花占卜〕

　　長出鮮紅色的果實紅莓苔子，常被用來製成果醬或湯汁。它是在蔓性莖上悄悄開出小粒花朵。屬於躑躅科，每一朵花均呈現美麗的表情。

　　今天誕生的你，獲得神的眷顧，擁有美貌、智慧、財富……。但卻不知為什麼，總是不受異性歡迎。即使失去，一切也要像浴火鳳凰般重生。

〔寶石故事〕：孔雀石

　　它的別名是綠色的綠松石，為天秤座的守護石。人的理性與感情應該調整至均衡的位置，才能不偏不倚地處理事情。所以容易被感情左右的人，只要配戴孔雀石，據說即可讓自己免於受感情迷惑。

　　古代，只有領導國家的君主，才有資格配戴孔雀石。一般人認為，孔雀石的威力能夠磨亮領導者的理性，帶領百姓通往幸福之道。

——當天誕生的名人——

約翰・藍儂（1940・音樂家）　毛拉雷斯（1966・足球選手）

——今天是什麼日子？——

美國電毯首度上市（1946）。

◆

他的生日

你的紀念日

10 | 10日

卡特來蘭（白色）♥ 黑瑪瑙

花語：純潔的愛　　　　寶石語言：光輝的你

〔誕生花占卜〕

有一首歌的歌詞是：「不要幾百朵玫瑰、不要幾億朵康乃馨，……只要一朵卡特來蘭。」卡特來蘭就像花中女王一般，尤其白色的卡特來蘭，是許多新娘憧憬的棒花。

今天誕生的你，具備強烈的獨立精神，看不出你喜歡誰。20歲前後是命運的轉捩點，一口氣往前衝，一定踏上康莊大道。

〔寶石故事〕：黑瑪瑙

Onyx（瑪瑙）在希臘語中代表「指甲」的意思。我們的指甲上有白色的半月形狀部分，而瑪瑙即為浮現出這種白色半月狀的寶石。

顧名思義，黑瑪瑙是以黑色為主體，在瑪瑙中非常罕見。基督教教徒們相信，黑瑪瑙具有使內心冷靜、使信仰更堅定的威力，所以常用在主教祈禱用的唸珠上。

―――――― 當天誕生的名人 ――――――

威爾第（1813・義大利作曲家）　梅豔芳（演員・歌手）

―――――― 今天是什麼日子？ ――――――

國慶日（1911）。世界心理健康日。

他的生日

你的紀念日

10 | 11日

紫 苑 ♥ 鑽 石

花語：長伴你左右　　寶石語言：清淨無垢

〔誕生花占卜〕

　　淡紫色的小花，在秋風中搖曳生姿，一副楚楚動人的模樣。與忘都花很相似，但紫苑呈噴霧狀綻放。屬於菊科植物。實在很想摘一朵在手上把玩，但它到底還是適合開在原野中的花。

　　今天誕生的你，「沒耐性」是最大的缺點。不像快鍋一樣，能在瞬間沸騰後保持溫度。戀愛方面也屬於易熱易冷型。

〔寶石故事〕：鑽石

　　評定鑽石的要素之一透明度（clarity），不僅只表示鑽石的透明度而已，還必須檢查鑽石中是否混入雜質，或者裸石的內部是否有瑕疵等等。

　　依 GIA（美國珠寶學會）的規定，透明度分為11級，最高級為「F」。一般而言，「VVS」是高級品，「VS」為中級品。

──────── 當天誕生的名人 ────────

坦利爾·赫爾（1948·音樂家）　阿德·布雷基（1919·爵士音樂家）

──────── 今天是什麼日子？ ────────

◆

他的生日

你的紀念日

10│12日

蔓薔薇 ♥ 黃　玉

花語：清爽的二人　　寶石語言：希望

〔誕生花占卜〕

　　如果能住在有個開滿薔薇的拱形門的房子裡，那不知有多好。這是每個人都曾經有過的夢想。倫敦的里金特公園，不但將蔓薔薇設計成繩索狀，華麗的玫瑰簾幕，更是壯觀得令人流連忘返。薔薇的花季相當長，甚至至秋末。

　　今天誕生的你，很喜歡與人交往。連最重要的那個人，也是透過朋友介紹……。必須加強鞏固自己的防線

〔寶石故事〕：黃玉

　　當太陽西沈至地平線的另一端時，周圍就像染上墨汁一樣，被黑暗所包圍。在黑暗當中，唯一綻放微光的寶石，就是黃玉。因此，吉普賽人相信，黃玉擁有不死的生命，並以黃玉為傳家之寶，代代相傳。

　　萬一，黃玉被竊或被變賣，不在主人身邊，那麼，這個家庭將遭受凋零、分散的命運。

―――――― 當天誕生的名人 ――――――

帕華洛帝（1956・義大利男高音）

真田廣之（1960・演員）　友坂理惠（1979・歌手）

―――――― 今天是什麼日子？ ――――――

哥倫布發現新大陸（1942）。

◆

他的生日

你的紀念日

10|13日

松蟲草 ♥ 石榴石

花語：不是施捨的愛　　寶石語言：真愛

〔誕生花占卜〕

當淡紫色的松蟲草開滿山野的時候，就是初秋時節了。一群群生長在白樺木下的光景，真是美麗極了。一般花店賣的，多半是西洋松蟲草。

今天誕生的你，純潔得不知如何防禦別人，所以妳會遭受一次錐心刺骨的傷害。等傷痛痊癒之後，才開始妳真正的人生。

〔寶石故事〕：石榴石

石榴石中的鎂原子被鐵原子取代，於是紅色光從內部發射出來，並含有隱隱約約可見的淡紫色光，這種石榴石就稱為鐵鋁榴石。

這種光芒比任何寶石還具神秘性。古代人只要挖出鐵鋁榴石，便相信神會再來這個世界。品質精純的鐵鋁榴石出產不多，因此，只要擁有鐵鋁榴石的人，即被視為是幸運者。

當天誕生的名人

柴契爾夫人（1925・政治家）　小林多喜三（1903・作家）

今天是什麼日子？

美國白宮開工奠基（1792）。

◆

他的生日

你的紀念日

10|14日

丁　香
花語：喜歡寂靜

♥ 紫水晶
寶石語言：內心平和

〔誕生花占卜〕

　　正如別名為「10月的沈丁花」一樣，它和沈丁花很像，自生於歐洲的森林中。低垂開放的花朵，是妝點秋天色彩不可或缺的角色。學名為 Sieboldy，取自幕末留在日本長崎的博物學者 Siebold 之名。

　　今天誕生的你，經常談戀愛。隨著短暫戀情的停止，妳才會變成真正的女人。期待被歲月磨練的妳……。

〔寶石故事〕：紫水晶

　　閃耀紫色光輝，透明澄澈的紫水晶，總是使凝視者的內心砰砰跳，有種莫名的興奮。因此，被稱為官能性寶石。據說，古代女神們，會將大粒紫水晶藏在私處，只有在與心愛的人融為一體時，紫水晶才會離開身體。從紫水晶外表的沈靜印象中，很難想像它蘊藏著濃厚的男歡女愛之魔力。

──────當天誕生的名人──────
艾森豪威爾（1890・政治家）　李亞・基休（1896・女演員）
羅倫（1939・服裝設計師）
──────今天是什麼日子？──────
心理分析學家佛洛伊德出版『夢的解析』（1900）。

◆

他的生日
你的紀念日

10│15日

敦盛草　　♥　珍　珠

花語：忘不了你　　　寶石語言：健康、長壽

〔誕生花占卜〕　　　　〔寶石故事〕：珍珠

平家的年輕武士敦盛，只有十六歲。在一谷會戰中戰敗時，不畏懼地面對追兵，結果被敵人討平。這種花的風情和敦盛勇敢的形象相似，故稱敦盛草。英文名稱為維納斯的拖鞋。屬蘭科多年草。

今天誕生的你，是交際界的名人。人緣廣是你的財產，你慢慢會變成重要的中心人物。

十九世紀末，美國吹起一陣輕黃金、重珍珠的歪風。流經賓夕法尼亞洲、俄亥俄州、密西根州的河川中，據說能採集到大型珍珠，因此吸引了來自美國各處的人潮，想藉此一攫千金、發一筆橫財。

日日不分晝夜採集的結果，這一帶的珍珠貝被迫滅絕，現在美國的珍珠產業已經是夕陽行業了。

―――――― 當天誕生的名人 ――――――

尼采（1844‧哲學家）　林志穎（歌手‧演員）

張世（演員）

―――――― 今天是什麼日子？ ――――――

「齊柏林」飛船首航飛行（1928）。

他的生日

你的紀念日

¹⁰|16日

麝香石合 ♥ 鑽 石

花語：純潔　　　　　寶石語言：清淨無垢

〔誕生花占卜〕

基督教以百合當成象徵聖母瑪莉亞的花。復活節的祭祀壇上，一定裝飾著百合花。細莖的尖端開出白色大形花朵。芳醇的香味也是它的魅力之一，所以也被稱為香水百合。

今天誕生的你，在善與人相處之餘，顯得有點輕浮。二十歲之後，運勢才開始好轉，尤其經濟運持續旺盛。戀愛運在三十歲達到頂端。

〔寶石故事〕：鑽石

中世紀之前，鑽石一直被稱為「印度之星」，因為一直到十八世紀，都只有印度出產鑽石。從印度到歐洲的通道上，流失不少鑽石。事實上，被運送到歐洲的鑽石，價值比在印度更珍貴了。巨大的鑽石用來裝飾羅馬法王、大主教的祈禱念珠及聖杯等等，在使用上均以展現神的神聖威力為主。

———— 當天誕生的名人 ————

奧斯卡·王爾德（1854·作家）

昆達·格拉斯（1927·作家）

———— 今天是什麼日子？ ————

第一家裝有浴室設備的波士頓城的特萊蒙特旅館（1829）。

他的生日

你的紀念日

10 |17日

蕾絲花
花語：初戀情人

♥ 紅玉髓
寶石語言：充滿希望

〔誕生花占卜〕

在比利時這個蕾絲王國，編織纖細的蕾絲，可說是優秀女性必備的條件。編著一根根的細絲線……。這種花正傳達了這種風情。自生於日本山野間，在秋風中搖曳，或讓紅蜻蜓停留在花上。

今天誕生的你，是被權力拉著走的人。但如果你不懂如何去愛一個人，終究只有孤寂相伴了。

〔寶石故事〕：紅玉髓

與其說是寶石迷，不如說是寶石狂的拿破崙，在拳頭般大的紅玉髓上，刻著「依賴神的阿伯拉罕」幾個字，在遠途中隨身攜帶，不曾稍離。鮮紅色的寶石紅玉髓，被拿破崙選為象徵國家權力的寶石。拿破崙死後，這顆印章交到姪兒奧爾達斯手上，奧爾達斯的第三個孩子即為拿破崙三世，只在兩國訂約時使用這顆印章。

—— 當天誕生的名人 ——
麗泰・海華絲（1918・演員） 賀來千春子（1961・演員）

—— 今天是什麼日子？ ——
川端康成獲諾貝爾文學獎（1968）。

◆

他的生日

你的紀念日

10｜18日

波斯菊　♥　綠寶石

花語：永遠快樂　　　寶石語言：幸福

〔誕生花占卜〕

花蕊茂密花種的菊花。到郊外散步，可見它長在住家的庭園裡，或圍牆邊、路旁。葉子呈羽毛狀分裂，裂片狹長，花瓣經常被使用在戀愛占卜上。

今天誕生的你，很會製造麻煩。明明心裡很喜歡他，見了面卻只會和他吵架。應該要訓練自己展現出樸直的一面。若想換工作，盡早決定較好。

〔寶石故事〕：綠寶石

綠寶石是屬於綠柱石（beryl）的礦石，綠柱石結晶的時候，鉻發生作用，於是產生鮮艷的綠色光芒。

像樹木一樣綠的綠寶石，充滿了人類渴望追求生命活力。像綠樹一般翠綠、不會枯萎永遠綻放綠色光芒的綠寶石，被認是榮光不滅的象徵。不論任何時代，國王或權力者均以綠寶石裝飾本身為最大願望。

———— 當天誕生的名人 ————

鈴木大拙（1870・佛教學者）　馬奇納・即普拉奇瓦（1956・網球選手）

———— 今天是什麼日子？ ————

第一屆全國運動會（1910）。

◆

他的生日

你的紀念日

10 |19日

桔梗（白色）♥ 藍寶石

花語：無盡的愛　　　　寶石語言：純潔

〔誕生花占卜〕

　　桔梗給人一種孤寂的印象，但純白的桔梗，像月光仙子般清純。桔梗的花苞很像紙摺成的氣球，英文名稱為 ballon flower。

　　今天誕生的你，不論到什麼地方，均能發揮指導性，成為領導人。但領導人不是更容易陷於孤獨中嗎？找個可以談心、依靠的朋友，同性比異性好。

〔寶石故事〕：藍寶石

　　藍寶石是天秤座的守護石。這種寶石具有催促實行的威力，不少人知道，它可以促使長期交往還不想結婚的戀人決定結婚。據說，天秤座的女神阿絲德莉亞，有一個測量人心善惡的天秤，當懷有邪惡心的人將寶石放在身上，寶石便會失去光澤。此外，它可以調整心與體、善與惡……等等趨於均衡，使人生遠離大災難。

―――――― 當天誕生的名人 ――――――
奧古斯都・魯米埃（1862・電影先驅者）
東惠美子（1924・演員）

―――――― 今天是什麼日子？――――――
旋翼機在英格蘭首度試飛（1925）。

他的生日

你的紀念日

10 | 20日

沒藥樹 ♥ 蛋白石

花語：真實的告白　　　寶石語言：得到幸福

〔誕生花占卜〕

屬於橄欖科，在尖刺之間開出綠色小花。愛上父親的國王之女梅拉（myrrh），被放逐到沙漠，神為了可憐她，將她變成花朵……。這就是有關沒藥樹的傳說。沒藥樹的葉，在古埃及時代，被用來當屍體的防腐劑。

今天誕生的你，總是無法抑制自己的購買慾，這也想買，那也想買。戀愛運20歲之後才會開啟。

〔寶石故事〕：蛋白石

好像將彩虹包在裡面，可以讓人們看見各種色彩閃耀光芒的蛋白石，自古以來就被視為是這個地球上最神秘的東西。古代的巫師，藉由蛋白石內各種色彩配合產生的光輝，占卜未來。

由於蛋白石具有神秘的性格，所以配戴蛋白石在身上，將有奇特的運勢。羅馬時代，蛋白石被視為應該奉獻給上帝之物，神殿內並設置蛋白石房間。

────── 當天誕生的名人 ──────

美智子（1934・日本皇后）　山口智子（1964・演員）

────── 今天是什麼日子？ ──────

賈桂琳甘迺迪嫁船業大王歐納西斯（1968）。

◆

他的生日

你的紀念日

10|21日

金 桂
花語：陶醉

♥ 月長石
寶石語言：純潔的愛

〔誕生花占卜〕

依據中國古典文獻記載，金桂是摩庫西得自天界之樹。深秋時節，從四處飄來陣陣香味，循著香味前進，會找到開滿橘色珊瑚粒般花朵的樹木，這就是桂花木。用桂花樹製成的酒也頗受好評。

今天誕生的你，很喜歡與人交往。明知自己的能耐有限，仍然答應別人的請求，這點必須節制。

〔寶石故事〕：月長石

「忍受漫漫長夜，獨嘗相思之苦……」。這是中世紀時代，以愛情主題的歌劇中的歌詞。據說，象徵月亮的月長石，是能夠使二人愛情更深、更高漲的寶石。

如果妳覺得，最近和他約會時經常發生口角……，那就請妳配戴月長石。有了月長石的庇佑，相信你們二人的愛情會比以前更甜蜜。

———— 當天誕生的名人 ————

A·諾貝爾（1833·化學家）　大場政夫（1949·專業拳擊手）

———— 今天是什麼日子？ ————

華僑節（1952）。

◆

他的生日

你的紀念日

10|22日

大麗花（斑點）♥ 鑽　石

花語：三心二意　　　　　寶石語言：清淨無垢

〔誕生花占卜〕

拿破崙的妃子喬瑟芙諾最喜歡此花。原產於墨西哥，十八世紀傳至西班牙，從此遍及歐洲各國。江戶末期傳至日本，被稱為天竺牡丹，備受重視。

今天誕生的你，挑戰精神非常旺盛，不斷向未知挑戰的姿態，獲得極高的評價。山、飛機、高層大飯店的酒吧等高處，是幸運地點。

〔寶石故事〕：鑽石

現在，訂婚戒指的價格，大概得花他三個月的薪水。大約在1940年代，美國流行訂婚送戒指的習慣，但獲贈的戒指大多是普通品，價格相當於一條領帶。然而，最近世界最高的鑽石企業聯合組織「The pierce」，展開「鑽石是永恆愛情的證明」之宣傳活動，因此，逐漸養成以鑽石為訂婚戒指的習慣。

―――――― 當天誕生的名人 ――――――

莎拉・伯恩哈特（1844・演員）

卡特利奴・特奴温（1943・演員）

―――――― 今天是什麼日子？――――――

美國大都會歌劇院開幕，首演「浮士德」（1883）。

他的生日

你的紀念日

10 | 23 日

迷你玫瑰 ♥ 紫水晶

花語：特別的功績　　寶石語言：內心平和

〔誕生花占卜〕

當阿弗羅狄蒂從海中誕生時，大地之神為了製造出不輸給阿弗羅狄蒂之美的物品，於是有了玫瑰花的誕生。直徑只有數公分的迷你玫瑰，楚楚可憐的模樣，吸引了眾多人的目光。

今天誕生的你，以自己天生的美貌與智慧，開拓自己的人生。這種堅毅精神為妳贏得一切。適合從事為他人服務的行業。

〔寶石故事〕：紫水晶

雖說有情人終成眷屬，但世上就是有相愛卻無法結合的悲劇戀情。安德烈·吉特的著書『狹門』中，亞歷山姆和潔洛姆就面對如此不幸的命運。亞歷山姆和潔洛姆，以紫水晶十字架做為二人愛情的證明，祈求來世必定結為夫妻。

自從這本小說上市暢銷以來，人們就相信，紫水晶具有成就來世姻緣的魔力。

當天誕生的名人

比利（1940·巴西足球明星）　渡邊真知子（1956·歌手）

今天是什麼日子？

迪士尼卡通「小飛象」首演（1941）。

◆

他的生日

你的紀念日

10|24日

辨慶草（景天） ♥ 蛋白石

花語：安穩的日子　　　　寶石語言：得到幸福

〔誕生花占卜〕

許多紅線組成的花，密集地開在莖的尖端。廣泛分布於中國、朝鮮、日本，將秋天的山野妝點得分外美麗。它的根、莖非常強韌，讓人想到粗暴的武士辨慶。

今天誕生的你，正像失去舵的船，在海上漂啊漂的。妳所需要的是絕對值得信賴的朋友，能對妳提出良性建議。與只會甜言蜜語的男友分手吧！重新尋找更有氣魄的男性。

〔寶石故事〕：蛋白石

蛋白石最大的特徵是，能看見各種絢爛的色彩。此外，只要稍微變換一下角度，就可以看出千變萬化的光波，這種情形的專門術語稱為「遊色現象」。簡單解釋，「遊色現象」就是石頭中的微小裂痕，碰到光波之後，產生的色彩變化。硬度為6，與玻璃差不多，很容易磨壞，必須小心對待。

—— 當天誕生的名人 ——

比爾・瓦瑪（1936・演員）　凱興・克賴（1947・演員）

—— 今天是什麼日子？ ——

聯合國成立（1945）。

◆

他的生日

你的紀念日

10 25日

針墊掌
花語：成功

♥ 鑽 石
寶石語言：清淨無垢

〔誕生花占卜〕

叭－地綻放在空中的火花似的花朵，屬於仙人掌科。它的樣子好像插滿大頭針的針墊，原產於南非，是最近很受歡迎的新面孔花朵之一。

今天誕生的你，自視甚高，很少會依照別人的意思行事。約會的時候，妳也總是居於領導位置，小心別傷了他的自尊心唷！

〔寶石故事〕：鑽石

「攝政王鑽石」是在世界歷史上，非常有名的鑽石之一。現在被收藏於羅浮宮博物館的這顆鑽石，是十八世紀初於印度挖掘出來的。1717年，據說以50萬美金賣給法國的攝政王。

從此以後，它就被稱為攝政王鑽石，而歷代君王也以此鑽的光芒彰顯本身的威嚴。

————當天誕生的名人————
畢卡索（1881・畫家） 大仁田厚（1957・職業摔角手）

————今天是什麼日子？————
台灣光復節（1945）。

他的生日
你的紀念日

10|26日

庭薺 ♥ 紅縞瑪瑙

花語：優美　　　　寶石語言：夫妻幸福

〔誕生花占卜〕

　　約10cm 左右高度的花，是一種具有十字花科特徵的十字架花。花色有白、粉紅、紫色等，變化非常豐富。原產地在地中海沿岸。具有清新的香味，只要沿著花香前進，即可找到這種花。

　　今天誕生的你，不論對什麼事都熱勁十足。但對人而言，這股力量太強了。到迪士尼樂園等遊樂園約會，可使二人感情更深入。

〔寶石故事〕：紅縞瑪瑙

　　當美與愛的女神阿弗羅狄蒂，在樹蔭下午睡時，身旁有個黑影悄悄地靠近。這個影子的主人，正是女神的兒子艾洛斯。艾洛斯剪下女神美麗的指甲，抱在胸前，洋洋得意地往天空飛去。但一個不留神，女神美麗的指甲竟然在印度的上空掉落地面。就這樣，指甲被埋在地底深處，長年累月後變成石頭，即為紅縞瑪瑙。

—— 當天誕生的名人 ——

托洛斯基（1879・俄政治家）

孫越（演員・社會義工）

—— 今天是什麼日子？ ——

蔣公聲明退出聯合國（1971）。

◆

他的生日

你的紀念日

10|27日

石 竹 ♥ 黃 玉

花語：痛苦的回憶　　寶石語言：希望

〔誕生花占卜〕

　　花徑只有3cm左右的可愛小花，其淡粉紅的高雅色彩，吸引不少人的矚目。原產地在中國。古代中國皇帝的妃子，喜歡用這種花佈置床舖，等待皇帝的駕臨。

　　今天誕生的你，具有向上進取心，經常只與對自己有益的人交往。因此被批評為以自我為中心。請多注意工作場所的人際關係。

〔寶石故事〕：黃玉

　　英國女詩人克麗斯汀・羅塞德曾經歌誦：「黃玉隨著早、午、晚不同的光線，展開麥桿（稻子）、花蜜（蜜蜂）、酒（葡萄酒）等不同色彩的變化。」沒錯，就像詩中所提，最高級的黃玉，在西班牙名酒雪莉酒中，反映出最成熟的色調。

　　據說，自古以來，這種雪莉酒黃玉就被視為值得以生命交換的珍品。

―――――― 當天誕生的名人 ――――――

半村良（1933・作家）　高嶋政伸（1966・演員）

―――――― 今天是什麼日子？ ――――――

史上第一部有聲新聞短片在紐約洛克斯戲院放映（1927）。

◆

他的生日

你的紀念日

¹⁰|28日

桐　樹　♥　綠寶石

花語：一拍即合　　　寶石語言：幸福

〔誕生花占卜〕

　　莖上開滿花徑2～3公分、深粉紅色的可愛花朵。原產地為澳洲。在日本非常受歡迎，並廣泛栽培。屬於橘科，有柑橘類特有的清香，這正是受歡迎的條件之一。

　　今天誕生的你，看起來是正義感十足的人。但你也了解，什麼事情都有多面性，而這正是成熟的象徵。與戀人分手，對你也算一種磨練。

〔寶石故事〕：綠寶石

　　大家所熟知的暴君，古代羅馬皇帝尼洛，特別喜愛綠寶石。據說，他將供奉在丘比特神殿中的巨大綠寶石，送給了愛妻波帕維亞。波帕維亞將這顆綠寶石製成尼洛的眼鏡及自己的項鍊，並且得意洋洋地展示。

　　但不知是否受到詛咒，尼洛和波帕維亞後來鉛中毒而發瘋，沒多久就死亡了。

───── 當天誕生的名人 ─────

茱莉亞・羅勃茲（1967・演員）　清水義範（1947・作家）

───── 今天是什麼日子？ ─────

法國革命領導者約爾士・傑克・丹頓被處死（1794）。

◆

他的生日

你的紀念日

10 | 29日

蒲　葦　♥　貓眼石

花語：奔放的愛　　　寶石語言：變心

〔誕生花占卜〕

　　亦稱潘帕斯草。給人氣勢磅礴的感覺，再加上整排的花，場面更豪華了。早熟禾科蒲葦屬植物。原產於南美地區，在日本也很常見。

　　今天誕生的你，絕不讓人看見自己的弱點，總是以最堅強的一面示人。但這種堅硬的外表，不知何時會斷裂。即使年齡大一點也沒關係，只要能讓妳覺得心安、能讓妳坦白以對就是好的對象。

〔寶石故事〕：貓眼石

　　正如其名，能讓人看見如貓的眼睛般變化的彩光的石頭，也是寶石中很受歡迎的種類。中央有一條粗線、兩側各有1～2條線平行通過，隨著光線的變化，這些線細細往上浮起者為最高級品。自古以來，人們就認為貓眼石能帶給擁有者超能力。我們可以看見，靈媒者的手邊，都會放置一個浮現不可思議光芒的貓眼石。

——當天誕生的名人——

哈雷（1656．天文學家）　　陳昇（歌手）

——今天是什麼日子？——

歷史上第一批美製原子筆開始發售（1945）。

◆

他的生日

你的紀念日

10 | 30 日

山梗花 ♥ 綠寶石
花語：沒有惡意的玩笑　　寶石語言：幸福

〔誕生花占卜〕

這是一種常被稱為半邊蓮的鮮紅花朵。鮮紅在基督教裡，是只有樞機主教才能穿著的高貴顏色。因此，這種花給人的印象也分外高貴。屬於桔梗科，每一朵花也具備桔梗科的特徵，浮現纖細的表情。

今天誕生的你，人生屬於起伏不定型。只要不向任何失敗低頭，最後的勝利終究屬於你。

〔寶石故事〕：綠寶石

從南美哥倫比亞的上空會俯看到一望無際的綠色。現在地球上80%以上的祖母綠即產自於這一帶。不斷往西航行，終於發現新大陸的哥倫布，其航海的主要目的，乃是奉葡萄牙國王之命，找尋祖母綠的礦山。代表神的睿智的祖母綠，在基督教徒們的眼中，是至高無上的寶石，因此，出產祖母綠的礦山，不斷地被挖掘。

當天誕生的名人
杜斯・妥也夫斯基（1821・作家）　小野（作家）
波爾・華雷利（1871・詩人）　馬拉度納（1960・足球選手）

今天是什麼日子？
中、美、英、蘇在莫斯科發表四外長「普通安全宣言」（1944）。
史懷哲獲諾貝爾和平獎（1953）。

◆

他的生日

你的紀念日

10│31日

洋 菊 ♥ 紅寶石

花語：謙遜　　　　　寶石語言：熱情

〔誕生花占卜〕

　　大朵火花般印象的菊花。隱隱約約看出皺折的樣子，呈現朦朧的色調。菊花的花名來自於手「掬」水的動作，取其同音為菊。

　　今天誕生的你，是能在特殊領域上發揮才能的人。請仔細觀察自己，發揮自己的潛能。由妳主動的戀情，不會有好結果，妳就等著終日以淚洗面吧！等待對方積極主動的追求。

〔寶石故事〕：紅寶石

　　中世紀的鍊金術師，不單純只是鍊金，還埋首於製造各種寶石的研究。他們最大的願望，是製造紅寶石。紅寶石是財富的象徵，擁有巨大的紅寶石，就意味著能夠匯集世界上的財富。

　　鍊金術師們認為，將藍寶石埋在地下深處，1000年後再取出，即成熟變成紅色，為紅寶石。現在仍有期待變成紅寶石的藍寶石，不知被埋在何處呢！

──────── 當天誕生的名人 ────────

蔣中正（1887·政治家）

威末爾（1632·荷蘭畫家）

──────── 今天是什麼日子？ ────────

蔣公誕辰紀念日·榮民節

◆

他的生日

你的紀念日

11│1日

仙丹花　♥　黃　玉

花語：神秘　　　　寶石語言：希望

〔誕生花占卜〕

好像小星星花束般的可愛花朵。與茉莉花很相似，香味也不輸給茉莉。有人稱它為娘花，與充滿年輕氣氛的婚禮很搭調。

今天誕生的你，乾脆、具有男性性格。頭腦非常清晰，適合當研究者、設計家等。建議妳選擇比妳年輕的戀人。經常由妳掌握主導權的婚姻不會失敗。

〔寶石故事〕：黃玉

黃玉是11月的誕生石。寶石語言為「希望」。古代羅馬人，以黃玉代表「白揚木的眼淚」。美麗的金黃色上，有白揚木的紅葉。但當秋末之時，紅葉便紛紛散落地面。

這個時節，白揚木流下惜別的淚水。多麼具有創造性的表現啊！含有氟的鋁之硅酸鹽礦物，為斜方晶系結晶，很容易切割。

───── 當天誕生的名人 ─────

荻原朔太郎（1886・詩人）　逢坂剛（1943・作家）

───── 今天是什麼日子？─────

歷史上第一次空襲發生在土耳其（1911）。

◆

他的生日

你的紀念日

11 2日

羽扇豆（紫色） ♥ 鑽 石

花語：母性愛　　　　　寶石語言：清淨無垢

〔誕生花占卜〕

別名 minaret，為伊斯蘭教寺院的尖塔之意。的確，羽扇豆的花是高聳地往上開。有人認為，從羽扇豆萃取的油是萬能的美容液，古羅馬時代，據說貴婦人們均悄悄栽培此花。

今天誕生的你，愛情運不安定，會被男人拋棄幾次。反之工作運相當強，不論你從事哪一行，保證你的名聲一定很響亮。

〔寶石故事〕：鑽石

到英國觀光的人，幾乎都會為了想一睹「世界最高級」的鑽石「Kohinoor（印度大金剛鑽）」，而到倫敦鐵塔的地下室去。這顆鑽石是太古時代在印度的哥達貝里河畔發現的，成為印度王侯的秘寶，代代相傳，並被包裹在國王頭巾內保存。後來輾轉流落至倫敦。

最近，印度要求英國歸還，結果如何，備受矚目。

—— 當天誕生的名人 ——

瑪麗・安彤奈特（1755・法國皇后）

歐陽菲菲（1947・歌手）　深田恭子（1982・演員）

—— 今天是什麼日子？ ——

歷史上第一次汽車保險—英國的「意外保險公司」（1896）。

◆

他的生日

你的紀念日

11月3日

馬鞭草
花語：為我祈禱

♥ 紅寶石
寶石語言：熱情

〔誕生花占卜〕

有點濃的粉紅色小花，亮麗地綻放在枝頭。在基督教中，馬鞭草被視為是神聖的花，經常被用來裝飾在宗教儀式的祭壇上。此外，在一般人認為疾病是受到魔女詛咒的時代裡，它常被插在病人的床前，以解除魔咒。

今天誕生的你，雖然比一般人更容易寂寞，但愛情運卻很薄。倒是晚年運大吉。到了中年，你的才華能夠開花結果。

〔寶石故事〕：紅寶石

紅寶石被稱為「國王的寶石」。英國國王戴冠式時所使用的戒指是純金製造的，中心鑲著一顆大十字架紅寶石。這顆四角周圍琢成斜面的紅寶石，在周圍26顆鑽石的襯托下閃閃發光。

這個時候，國王的配偶也能獲贈以鑽石及紅寶石製造的戒指。紅寶石是產量極少的寶石，正因為稀少，才更顯得尊貴。

——— 當天誕生的名人 ———

巴迪可（1801·作家·出版商）　向井亞紀（1964·演員）

——— 今天是什麼日子？———

湯川秀樹獲諾貝爾物理學獎（1949）。
法國畫家安利·馬帝斯逝世（1954）。

◆

他的生日

你的紀念日

11 | 4日

串　蘭　♥　綠寶石

花語：任性的美女　　寶石語言：幸福

〔誕生花占卜〕

　　在呈現出弧形的莖上，成列地開出幾朵白底粉紅配色，給人細長印象的花。屬於蘭科花，從泰國、新加坡大量進口，價格並不高，最近很受歡迎。

　　今天誕生的你，不喜歡將好惡很清楚地表現出來。健康運還不錯，但如果毫無節制的話，就得擔心過胖了。

〔寶石故事〕：綠寶石

　　綠寶石是很脆弱的寶石，經常戴在身上很危險。歐洲的貴婦們，會打造一個與真品綠寶石一模一樣的仿製品，平常只配戴仿製品。真品則置於瑞士銀行的保管箱中保存。當參加重要宴會或典禮的時候，才會取出真品配戴。

　　仿製的寶石，事實上正是無言地傳達了一個訊息，那就是「我擁有真品」。

當天誕生的名人

宏索斯特（1590·荷蘭畫家）　西田敏行（1947·演員）

今天是什麼日子？

袁世凱下令解散國民黨（1913）。艾森豪當選美國第34任總統（1952）。

◆

他的生日

你的紀念日

11 | 5日

黃金花　♥　貓眼石

花語：偷偷的來　　　寶石語言：變心

〔誕生花占卜〕

〔寶石故事〕：貓眼石

在鮮艷、深綠色的葉子之間，開出有茶色花蕊的黃色小花，呈現出明朗的氣氛，很受人喜愛。在原產地美洲大陸，幾乎都是自生種。銷到日本是最近的事，可愛的花朵相當受歡迎。

今天誕生的你，自小到大都得到家庭的照顧，這養成你的柔順性格，但問題是不獨立。如果永遠待在雙親的羽翼下，則成熟的戀情永遠都只是夢想而已……。

貓眼石和金綠寶石屬同一類，其中以橄欖綠為最優良品。接下來依序為米黃色、奶油色、灰色、深棕色、黑褐色。相同系列的寶石還有虎眼、鷹眼、狼眼等等，但和貓眼石比起來，均屬於比較通俗的石頭。

在市面上，也有不少以虎眼、鷹眼、狼眼充當貓眼石的情形，所以購買時必須仔細檢查。

――――――― 當天誕生的名人 ―――――――

費雯麗（1913‧演員）　莎姆雪帕德（1943‧劇作家）

――――――― 今天是什麼日子？―――――――

美國海軍第一次使用彈發機來使飛機起飛（1915）。

他的生日

你的紀念日

11 |6日

百會（卡薩布蘭加）♥ 綠松石

花語：**高貴**　　　　　寶石語言：**成功**

〔誕生花占卜〕

　　純白色的大朵花，這是一種令人心醉的美麗百合。也是百合當中最華麗的花。如果想打動情人的心，卡薩布蘭加可說是最佳獻禮。

　　今天誕生的你，是對於他人所言充耳不聞的我行我素型。你應該多留意周圍人的觀感。將這份毅力用在工作、戀愛上，夢想一定能實現。

〔寶石故事〕：綠松石

　　綠松石是藍色寶石的代表，但嚴格說起來，它包含了青綠色至水藍色各種色調。其中，被指為最高級色彩的是「青鳥蛋的藍色」。以幸福的青鳥蛋顏色為最高級顏色，真是絕佳表現。

　　自古以來，人們即認為綠松石擁有者，能夠避免一切災禍。結婚、生產等人生重要時刻，綠松石也被視為最佳贈禮。

當天誕生的名人

薩克斯（1814・樂器製造者）

莎莉・費爾特（1946・演員）　小田茜（1978・演員）

今天是什麼日子？

墨西哥脱離西班牙宣布獨立（1814）。林肯當選美國總統（1860）。

◆

他的生日

你的紀念日

11 7日

榛 樹　♥　珊 瑚

花語：恢復友誼　　　寶石語言：聰明

〔誕生花占卜〕

　　歐洲地區，有一種廣為人知的榛樹占卜。將寫上二人名字的榛果放在火爐上烤，如果果實同時裂開，則代表為「良好姻緣」。榛樹的花分為雄花與雌花開放，只有雌雄交配時才會結果。

　　今天誕生的你，是不是太過於拘泥勝負了？人生當中，也著實有輸即是贏的情形存在。與戀人約會，高原比海邊吉利。

〔寶石故事〕：珊瑚

　　據說，紅色珊瑚具有將損壞身心惡能源的波動，調整成正常波長的效果。

　　希臘、羅馬時代，最初給小孩的寶石就是珊瑚，將珊瑚配戴在小孩子的脖子上，據說能防止蟲的侵襲。當戴在身上時，珊瑚裂傷、褪色，就代表這串珊瑚代替小孩承受危難，在這種情況下，有將珊瑚擲回大海的習慣。

──── 當天誕生的名人 ────

居禮夫人（1867・物理學家）　長瀨智也（1978・演員）

──── 今天是什麼日子？ ────

賽璐珞底片發明人約翰・卡巴特在費城公開展示（1888）。

◆

他的生日

你的紀念日

11｜8日

鼠尾草（白色）♥ 鑽　石

花語：不動的精力　　　　寶石語言：清淨無垢

〔誕生花占卜〕

花季從春初至秋末，花期長達半年。鼠尾草將歐洲等地的公園及樓房窗台，妝點得非常美麗。鼠尾草以紅色為代表，但白色鼠尾草的清新之美，也不容忽視。

今天誕生的你，直覺力絕佳，適合藝術、音樂方面的工作。選擇戀人也靠直覺，必須找與自己相合的伴侶。你沒有再婚，一生只有一次結婚機會，請務必謹慎。

〔寶石故事〕：鑽石

在倫敦的肖像美術館中，看見伊莉莎白一世的肖像畫，我們可以很清楚的知道，女王在正式宴席上，與其說是配戴寶石，還不如說她穿著寶石裝。那是用無以計數的鑽石，製成如水珠般模樣的洋裝。看起來像方格布的蕾絲上，擺著交叉的絲質蝴蝶結，交叉處則以鑽石及珍珠交互固定。其豪華之程度，不禁令人瞠目結舌。

―――――― 當天誕生的名人 ――――――

巴納特（1922・醫師）　阿藍・多隆（1935・演員）

陳亞蘭（歌手・演員）

―――――― 今天是什麼日子？ ――――――

「失樂園」作者英國詩人約翰・米爾頓逝世（1664）。

◆

他的生日

你的紀念日

11│9日

枸　桔　　♥　琥　珀

花語：回憶　　　　寶石語言：比任何人溫柔

〔誕生花占卜〕　　　　〔寶石故事〕：琥珀

「枸桔開花了～」這首歌每個日本人都會唱。常言道，有刺的花最美麗，的確，白色的小枸桔花之美，深深打動人心。屬於藪柑子科落葉低木，散發出清香。

今天誕生的你，有流浪的習慣，連工作都沒辦法固定在一處。令人感到不可思議的是，戀愛另當別論，一生只愛一個男人。

古代覆蓋住地球的樹林，其精華經過數億年之久的時間，變化成如礦物般堅硬之物，即為琥珀。大約西元前七世紀，從埃特利亞至波羅地海海岸，為琥珀商人們的交易通道，因此稱為琥珀之道。這個時代，只要你手上有琥珀及一位奴隸，即可從事交易。

琥珀具有使人健康、長壽的威力。

―― 當天誕生的名人 ――
屠格涅夫（1818‧作家）　賈秀全（1963‧足球選手）

―― 今天是什麼日子？――
美國總統雷根訪問日本（1983）。

◆

他的生日

你的紀念日

11 | 10日

金銀花 ❤ 珍　珠

花語：拒絕　　寶石語言：健康、長壽

〔誕生花占卜〕

在柔和往上延伸的藤蔓上，開出青綠色、令人感覺有點孤寂的房狀花朵。屬於瓜科植物，原產地在亞洲一帶。花很可愛，但5片一組向外開的葉子更是迷人。

今天誕生的你，具備傳統的穩重氣質。內在的堅強，為妳增添現代的魅力。對男性而言，妳是很理想的結婚對象。但妳一定得仔細選擇終身伴侶。

〔寶石故事〕：珍珠

在歐洲的上流社會裡，女孩一到了十八歲，父母就會為她舉辦一場與社交界初次接觸的宴會。在這個宴會中，大家都認同小女孩已經長成亭亭玉立的淑女了。接下來，便一步步地往戀愛、結婚之途邁進。在此宴會上，成為淑女配戴在身上的第一件寶石，就是珍珠。

散發出優美柔和光芒的珍珠，令人聯想到含苞待放的花朵，與少女最相稱。

當天誕生的名人

馬丁路德（1483・宗教改革家）　松尾嘉代（1943・演員）

今天是什麼日子？

世界上第一位機車騎士鮑爾達姆在路上行駛（1885）。

◆

他的生日

你的紀念日

11│11日

夕霧草
花語：遙遠之戀

♥ 翡 翠
寶石語言：幸運

〔誕生花占卜〕

這好像是從萬葉時期就有的日本花名，事實上，它是從地中海沿岸傳過來的品種。小花像雨傘般密集綻放，從遠處看，彷彿一片紫色的霧。令人稍感落寞的花朵，反而非常受歡迎。

今天誕生的你，屬於大而化之的性格。不拘小節是很好，但如果工作上也馬馬虎虎，可就不好了。與年齡相差多一點的人結婚為吉。

〔寶石故事〕：翡翠

相對於鑽石、紅寶石、綠寶石等是反射外在光，變化美麗光芒的寶石，翡翠則是吸收周圍光線的寶石。翡翠吸收光後再發出魅力十足的光。它是與東方深遠的靈魂世界最相符的寶石。中國人相信，翡翠具備「仁、義、禮、智、信」五德。只有具備仁義禮智信五德的人，才有資格擁有翡翠。

───── 當天誕生的名人 ─────
黛咪摩兒（1962・女演員）
李奧納多（1974・演員）　天心（演員・節目主持人）
───── 今天是什麼日子？ ─────
工業節。

他的生日

你的紀念日

11|12日

霞　菊　♥　石榴石

花語：貞節　　　寶石語言：真實的愛

〔誕生花占卜〕　　〔寶石故事〕：石榴石

它是屬於無以計數的菊花種類中的中型種。直徑達30cm 的單瓣花，幾乎呈平面綻放，讓人們完全看見它的美麗面貌。日本皇室的徽章上的菊花，即以此花為圖案。

今天誕生的你，是個美食家，只要聽說哪裡有美味的食物，便立刻飛奔前往，屬於行動派。不妨將積蓄投注在食品業上。新的道路上，也可找到新的戀情。

石榴石當中，稍微帶點紫色的暗紅色，稱為鐵鋁榴石。自古以來，紫色即被視為是最高級的顏色，鐵鋁榴石也被認為，只有依照神的旨意所選擇出來的人，才有資格配戴。反過來說，身上配戴鐵鋁榴石的人，能夠去除邪惡心，像神一樣地待人，逐漸累積人望之後，不論任何願望，均能在不知不覺中達成。

—— 當天誕生的名人 ——

孫中山（1866・政政家）　羅丹（1840・法國雕塑家）

克莉絲・凱莉（1928・演員）

—— 今天是什麼日子？ ——

國父誕辰紀念日。醫師節

◆

他的生日

你的紀念日

11 |13日

吊鐘草
花語：誠實

♥ 鑽　石
寶石語言：清淨無垢

〔誕生花占卜〕

如果你在沈浸於日照中的山斜面上，看見紫色小吊鐘般的花，那就是吊鐘草。它的花期很長，從螢火蟲飛舞時期至秋末。因為讓人想起教會的鐘，所以又稱為風鈴草。

今天誕生的你，任何時候均依照自己的方式去做。應該多尊重他人。約會也一樣，不要只顧著去自己想去的地方，也應配合他的興趣。

〔寶石故事〕：鑽石

雖然被稱為夕陽之國，但也有一說，認為只要英國將在倫敦鐵塔上閃閃發光的巨大鑽石賣掉1、2顆，國家立刻能夠再生。不過，英國女王伊莉莎白二世戴在手上的戒指，是只有3克拉的鑽石。這是身為公主時代，菲利普殿下所贈的訂婚鑽戒。雖然不大，但是伊莉莎白女王始終不離身地戴著它。

――――――當天誕生的名人――――――

史蒂文生（1850・蘇格蘭作家）　木村拓哉（1972・歌手・演員）

――――――今天是什麼日子？――――――

史上第一架直升機，由法國人鮑柯爾魯做首航（1907）。

◆

他的生日

你的紀念日

11|14日

番紅花　♥　水　晶

花語：有節制的態度　　寶石語言：純潔

〔誕生花占卜〕

　　花之女神弗羅拉，在休息時期拜託牧草仙子，「希望能成為秋天的花草，留名世間」，於是變成番紅花開放。利用番紅花的雌蕊製造料理，可以染成令人垂涎三尺的美麗黃色。法式濃魚湯就是使用番紅花的顏色與香味。

　　今天誕生的你，生活得非常自由奔放，達到超自然的地步。妳是朋友口中經常談戀愛的女孩。但因為妳的純潔，使妳受的傷害也不少。

〔寶石故事〕：水晶

　　古代的感性，封存於現代人的心底。水晶能刺激人的內心深處，將這種潛在的感性重新喚醒。在人們希望與神成為一體感共同生活的古代，人與人之間的憎恨、嫉妒等關係是不存在的。

　　水晶具有強大的威力，將善良的關係送至人們的內心，因此，古代人的內心能夠澄澈透明，人與人之間能夠很單純地結合。

——當天誕生的名人——

尼赫魯（1889・政治家）　力道山（1924・職業摔角選手）

——今天是什麼日子？——

手術室護士節・世界糖尿病日。

他的生日

你的紀念日

11|15日

鋸 草　　♥ 藍寶石
花語：戰鬥　　　　寶石語言：慈愛、誠實

〔誕生花占卜〕

　　淡紅色的小花密集綻放。當你在河邊或原野看見類似花朵時，請檢查它的葉子，如果葉子呈鋸齒狀，那就是鋸草。莖長得筆直，平安時代被用來做占卜的筮竹。

　　今天誕生的你，得到眾人信賴，使人不管遇到什麼事，都會想找妳商量。但實際上，妳是想向他人撒嬌的孤寂者。乾脆投入他的懷抱，向他撒嬌吧！

〔寶石故事〕：藍寶石

　　十九世紀的歐洲，藍寶石被視為能帶來神的祝福的寶石。如果將藍寶石配戴在胸前，定能和心愛的人結合；希望生小孩的夫妻，只要將藍寶石放在二人共眠的床舖，必定能得到愛的結晶。

　　至今，歐洲貴族家庭還流傳很重要的習慣，那就是選擇以藍寶石及鑽石組合成的訂婚戒指，並且設計成家徽圖案。

———— 當天誕生的名人 ————

坂本龍馬（1835・幕末志士）　笹澤左保（1930・作家）

———— 今天是什麼日子？ ————

美國人米勒・李斯・哈其生獲得「助聽器」專利權（1901）。

◆

他的生日

你的紀念日

11│16日

紫牡丹　♥　檸檬石

花語：平靜　　　寶石語言：友情

〔誕生花占卜〕

原封不動地取用牡丹之名，它是一種顏色更深，如牡丹般大的花。很想摘一朵插在衣襟上，但又想到不可以攀折花木。當然，最後還是忍不住摘下一朵別在胸前。

今天誕生的你，即使在陌生的場所，面對陌生的工作，也能很自在地發揮自己的特性。交往時間越長，愛情越刻骨銘心。家庭也很美滿。

〔寶石故事〕：檸檬石

這是一種檸檬色的寶石，其中以淡黃色、透明度高者為上等品。檸檬石就像匯集太陽光一般的外表，讓人想到它和太陽一樣，具有帶給萬物溫暖、培育生命的威力。檸檬石和黃玉一樣，被選為11月的誕生石之一，寶石語言是「友情」。

不可思議的是，未達戀人關係程度的男女，若以檸檬石為禮物送給對方，則必定能升格為情人。

當天誕生的名人

藍心湄（歌手‧節目主持人）　達朗伯赫（1717‧數學家）

今天是什麼日子？

台灣省政府與美國印第安那州締結姊妹省（1971）。

◆

他的生日

你的紀念日

11|17日

菊花（黃色） ♥ 紅玉髓

花語：忍耐困難　　　　寶石語言：充滿希望

〔誕生花占卜〕

中國古代的皇帝，得知遙遙異鄉有長生不老的植物，便命令臣子渡海尋求，這個地方正是日本。據傳，所謂長生不老的植物，就是菊花。不僅花朵令人喜愛，還可配茶、酒、佐飯……樂趣無限。

今天誕生的你，不害怕受傷害，果敢地進行各式各樣的挑戰。但有時是有勇無謀。平凡的戀情無法滿足妳。

〔寶石故事〕：紅玉髓

一提到「英雄好色」，一般人只會想到喜歡女色，但以拿破崙來說，他喜歡的不只是女性，還包括了各種類的寶石。他喜歡色彩分明的寶石。其中，拿破崙認為與自己的權勢、財富象徵最相符的寶石，就是鮮紅色的紅玉髓。據說，他找到一塊巨大紅玉髓，刻成印章，當成自己的象徵，並且絕對不准臣子碰觸。

當天誕生的名人

內田裕也（1939‧音樂家）　本田宗一郎（1906‧實業家）

今天是什麼日子？

全世界反侵略國家代表舉行紀念大會（1943）。

他的生日

你的紀念日

11 | 18日

玉 簾 ♥ 珍 珠

花語：苦難中的力量　　寶石語言：健康、長壽

〔誕生花占卜〕

百合水芹與石蒜很相似，但它為純白色，屬石蒜科，一根花莖上，綻放出數朵花，令人感受到華麗的氣氛。分布於澳大利亞至馬來半島附近的熱帶地方，屬於自生種。日本則進口球根及盆栽。

今天誕生的你，笑容是最迷人之處。妳的強大運勢很罕見，結婚對象很可能是富裕人家。身為女性的妳，魅力隨著年齡有增無減。

〔寶石故事〕：珍珠

據稱，世界上最大的珍珠珍藏品，是希望珍珠。但也有一說，認為還有更大的珍珠存在。被稱為「Pearl of Asia」的這顆珍珠，據說存在於十六世紀的中國，實際重量達121g。

現在可以見到以這顆珍珠為基礎，搭配各種有色寶石製成的飾品之照片，但真品被捲入鴉片戰爭當中，現在行蹤不明。

當天誕生的名人

温兆倫（歌手・演員）　森進一（1947・歌手）

米老鼠米奇（1928・卡通人物）

今天是什麼日子？

東京第一屆國際女子馬拉松賽（1979）。

他的生日

你的紀念日

11 |19日

小米花 ♥ 綠寶石

花語：豐收　　　　寶石語言：幸福

〔誕生花占卜〕

在結婚典禮之後，對於新人的祝福，盡在小米花當中。小米花就像滿佈祝福之米似的，讓人感覺出大豐收的喜悅。花色由白至紅，變化豐富。原產於澳洲。

今天誕生的你，好像具有吸引人的磁性，天生魅力十足。你的愛情運也很活潑，但是在以實力分勝負的商場上，成功的可能性較大。也許你正徘徊於該選擇工作或愛情的苦惱當中呢！

〔寶石故事〕：綠寶石

綠寶石比鑽石等寶石的硬度低，如果鑽石的莫氏硬度為10，則綠寶石就只有7.5～8左右。最重要的是得讓大家知道，綠寶石很脆弱，只要稍微的衝擊，即可能使它破裂。要鑲嵌住這麼脆弱的東西，又要安心地戴在身上，更得將它最美麗的一面呈現出來，這時候就得用斜切四角的方法，稱為綠寶石切割法。

────── 當天誕生的名人 ──────

茱蒂・芳絲達（1962・演員）　勒西普（1805・外交家）

────── 今天是什麼日子？ ──────

美國「紐約世界日報」首創增刊報導，並有彩色插圖（1892）。

他的生日

你的紀念日

11|20日

草莓花 ♥ 黃 玉

花語：有勇氣的戀情　　寶石語言：希望

〔誕生花占卜〕

　　像一顆巨大的粉紅色草莓。這是一種自生於澳大利亞的植物，引進日本栽培後，因為其個性氣氛獨特，所以經常被用在花藝設計上。不少人也喜歡這種乾燥花。

　　今天誕生的你，具有豐富的想像力，以及一顆天真爛漫的心，如果成為童話作家，必定能夠成功。與喜歡動物的他相性最佳。

〔寶石故事〕：黃玉

　　中世紀基督教世界中，認為這個世界上所有不幸的人，都是被惡魔附身的緣故。黃玉則是具備驅逐惡魔威力的寶石。當遭遇不幸、困難的時候，只要戴一塊黃玉在身上，藉著此寶石的強大威力，即可平安越過不幸與困難。不知是否習慣成自然，現代人們也相信，配戴黃玉能為自己帶來好運，並且終身與不幸、困難無緣。

—— 當天誕生的名人 ——

羅勃・甘迺迪（1925・政治家）　市川崑（1915・電影導演）

—— 今天是什麼日子？ ——

俄國小說家托爾斯泰因肺炎逝世（1910）。

◆

他的生日

你的紀念日

11|21日

星簇花 ♥ 橄欖石

花語：威風凜凜　　　寶石語言：相信的心

〔誕生花占卜〕

這個花名是取自於代表星星的語詞。無數的花密集綻放，看起來像一朵花一樣。花色為淡綠色或粉紅色。楚楚可憐的模樣，充滿野花的氣息。在花店中販售的花，多半已將葉子去除，只剩花而已。

今天誕生的你，具研究的性格。不論對什麼事都很認真，所以不管在學校或公司，都頗受信賴。

〔寶石故事〕：橄欖石

橄欖石的別名為夜綠寶石，即使在黑暗中，它仍放射出鮮艷的綠色光芒。對於古代人而言，黑暗比什麼都恐怖，當時人們相信，日蝕或月蝕代表神的憤怒。在這種情況之下，橄欖石放射的光芒，讓人們彷彿找到了化解神怒的良藥。

即使今日，橄欖石仍被認為具有驅逐惡魔、使人安穩度日的威力。

──────── 當天誕生的名人 ────────

柯南（1787‧船業鉅子）　許景淳（歌手）

──────── 今天是什麼日子？ ────────

防空節（1934）。

◆

他的生日

你的紀念日

11│22日

鞘蕊花 ♥ 石榴石

花語：絕望的愛情　　　寶石語言：真實的愛

〔誕生花占卜〕

這是與雞冠花的葉子類似，色彩豐富的植物。夏末至秋季，在葉子裡悄悄開出不醒目的花。切開葉莖，插在玻璃瓶水中，它的根就會不斷伸展、增加。

今天誕生的你，只是默默地等待機會來臨。有時候，自己不表現出行動，道路是不會為你開啟的。在提出建議之餘，自己也應該身體力行。

〔寶石故事〕：石榴石

石榴石是天蠍座的守護石。天蠍座象徵著觸怒大地女神而被帶到天上的蠍子，因此擁有此星座的人，具有卓越的能力與優秀的靈力，但卻背負著得不到他人喜愛的宿命。

石榴石能夠化解足以燙傷對方的愛情火焰，用溫暖包裹人生，使熾熱的火焰變成溫柔的愛，它能夠教導我們，什麼是真正的幸福。

────── 當天誕生的名人 ──────

戴高樂（1890．政治家）　波利斯．培卡（1967．網球選手）

────── 今天是什麼日子？ ──────

西德國會通過准許美國在該國境內部署潘興二型飛彈（1983）。
美國甘迺迪總統被暗殺（1963）。

◆

他的生日

你的紀念日

11|23日

甘草　♥　蛋白石

花語：傲慢的愛　　　　寶石語言：得到幸福

〔誕生花占卜〕

　　甘草（licorice）是希臘神話中海之女神的名字。這種花的氣氛，彷彿美麗女神艾芙羅蒂從海中出現一般。屬於石蒜科，但給人的印象比較華麗、明朗。

　　今天誕生的你，不論和誰都能立刻成為好朋友。妳就像女演員一樣，能在自我表現的工作上成名。妳很可能會有同母異父的小孩，或成為未婚媽媽後再結婚。

〔寶石故事〕：蛋白石

　　正如莎士比亞所描述的，「妳的心像蛋白石一樣」，蛋白石最適合三心二意。奔放的女性。不論古今，戀愛都是女性的勳章。

　　如果妳遇見心目中的白馬王子，請在胸前別蛋白石胸針，當他約妳跳舞時，讓他的手碰觸蛋白石胸針。如此一來，妳在他心目中的印象，就是今晚好想和妳共渡…。托蛋白石的福，妳和他將有個浪漫之夜。

───── 當天誕生的名人 ─────

法雅（1876・作曲家）　十朱幸代（1942・演員）

───── 今天是什麼日子？ ─────

美國 Life 雜誌創刊（1936）。

◆

他的生日

你的紀念日

11│24日

八角金盤　♥珍　珠

花語：分別　　　　　　寶石語言：健康、長壽

〔誕生花占卜〕

　　像芭蕉扇一樣的形狀，八角金盤的葉子大家應該不會太陌生吧！葉大形而質厚，開出一叢叢白色球狀小花。屬於五加科，原產地在日本。

　　今天誕生的你，經常以自己的步調與他人相處。妳很開朗、具行動性，看起來絕不會讓人討厭。他很疼妳，妳應該更重視他。

〔寶石故事〕：珍珠

　　十五世紀，文藝復興高峰時期，佛羅倫薩的大富豪梅帝奇家的小姐瑪莉·梅帝奇，為了誇示家中的財富。用3萬2000個珍珠製成一件衣裳。這件衣裳的邊緣，則使用3000個鑽石當花邊。

　　如上所述，可以想見這件衣裳多麼的燦爛奪目、金碧輝煌。然而，如果實際穿在身上，恐怕是重得連氣也喘不過來吧！

────當天誕生的名人────

科洛帝（1826·作家）　洛特雷克（1864·畫家）

────今天是什麼日子？────

中國國民黨建黨紀念日。

他的生日

你的紀念日

11|25日

海石榴（紅色）♥藍寶石

花語：客氣的告白　　　　寶石語言：慈愛、誠實

〔誕生花占卜〕

艷麗的葉子，以及有厚重感的大朵花。當自然界缺乏色彩時，造化之神即讓海石榴開花，多麼有智慧啊！原產地為日本，但在世界各地也以山茶花之名盛開著。

今天誕生的你，呈現出高雅的氣質，內心充滿情熱，屬於不越矩型。從外表看起來連想都不敢想的事情，不妨乾脆做做看。

〔寶石故事〕：藍寶石

為這片土地帶來恩惠，呈現出清朗的天空顏色，正如天空顏色之結晶體一般的藍寶石，被尊崇為代表神的睿智、對神的服從、神的恩惠、神的慈悲……等。

古代至中世紀，只有法王等最高職僧者，或者一國之王，被允許配戴藍寶石在身上。反之，配戴藍寶石者，即意味著能夠登上最高之位。

───── 當天誕生的名人 ─────

賓士（1844・工程師）　安德魯・卡內基（1835・實業家）

───── 今天是什麼日子？ ─────

日本作家三島由紀夫自殺（1970）。

◆

他的生日

你的紀念日

11│26日

石蠟花
花語：傾吐衷情

♥紅縞瑪瑙
寶石語言：夫妻幸福

〔誕生花占卜〕

灑在指尖的一小粒一小粒花兒，多麼可愛啊！整體好像塗上一層蠟似的，充滿光澤，因此稱為石蠟花。原產於澳大利亞，有紅、粉紅、淡紫色等。

今天誕生的你，外表看起來很嬌柔，但實際上，內心卻非常堅強。經濟運安定，但愛情運就不怎麼順利了。可能得重複幾次沒有結局的戀情。

〔寶石故事〕：紅縞瑪瑙

法國中世紀詩人雷米‧倍洛稱紅縞瑪瑙為「艾弗羅蒂的指甲」。艾弗羅蒂是美與愛的女神。其指甲化成石頭後，人們相信，它能化解夫妻、戀人之間的紛爭，具有使愛情更強烈的威力。

如果你覺得和他之間有什麼解不開的結，那麼在下次約會時，請配戴一顆紅白花紋的瑪瑙，相信二人一定能和好如初。

──── 當天誕生的名人 ────

舒爾茲（1922‧漫畫家）　　況明潔（歌手‧演員）

──── 今天是什麼日子？ ────

首列電車上路（1832）。

◆

他的生日

你的紀念日

11 |27日

醉魚草（粉紅色）♥ 紅寶石

花語：信仰心　　　　　寶石語言：熱情

〔誕生花占卜〕

如紅酒般鮮艷的色彩，喇叭狀的花密集綻放。它有很豐富的存在感，而且香甜氣味洋溢四周，蝴蝶非常喜歡，英文名稱為 butterfly bush。

今天誕生的你，一看到喜歡的人就黏著不放，但沒多久又膩了，便將對方甩掉。和男性以這種方式交往，沒多久就會成為眾人敬而遠之的對象，到時候，妳就得每天孤孤單單一個人了。

〔寶石故事〕：紅寶石

舊約聖經的「約伯記」中，有一句「智慧的價值勝於紅寶石」之言。在當時，紅寶石被視為是價值最高的寶石。從梵文的翻譯語即可得到證明，「紅寶石」被譯為「寶石之王」、「寶石的領導者」之意。透明澄澈的光，像人類的血液般純淨，再也找不出這麼清晰的有色寶石了，因此備受重視。

—— 當天誕生的名人 ——

松下幸之助（1894・實業家）　小室哲哉（1958・音樂家）

—— 今天是什麼日子？ ——

英國史上第一次婦女進入警界工作（1914）。

◆

他的生日

你的紀念日

11|28日

尼潤花
花語：夢中人

♥綠寶石
寶石語言：幸福

〔誕生花占卜〕

這是取自 nerina 希臘神話中，水仙子之花名。它並不是開在水邊的花，而是取自它給人仙女般的印象。花色有暗紅色、粉紅色。有石蒜科的特性，數朵花開在一根莖上，是很受歡迎的花。

今天誕生的你，很會烹飪，但卻不會整理物品。如果沒找到一位愛整潔的對象，那你的婚姻生活一定雜亂無章。光是戀愛，就得好好整理一番。

〔寶石故事〕：綠寶石

古代的埃及，必定在神像中鑲入綠寶石。因為人們相信，綠寶石有透視宇宙真理的神秘威力。繼承此項傳統，古代的羅馬，流行將貴重的綠寶石磨成粉末，塗在眼睛四周，他們認為綠寶石能消除眼睛疲勞，具有治療眼疾的威力。

而那些買不起綠寶石的平民百姓，就只好在眼皮上塗綠色的眼影。

———當天誕生的名人———

布雷克（1757・藝術家）　原田知世（1967・演員）

蓮舫（1967・藝人）

———今天是什麼日子？———

英國威廉布施創組「國際救世軍」（1865）。

◆

他的生日

你的紀念日

11│29日

一枝香
花語：理想之戀

♥藍寶石
寶石語言：慈愛、誠實

〔誕生花占卜〕

就像圓圓的果實一般，中央花蕊呈丸子狀隆起，周圍則開出看起來像花瓣的舌狀花朵。原產地在北美，花色有黃、紅、淡黃等等，日本名為團子菊。

今天誕生的你，只要一點點小事，就會弄得精疲力盡，一個人沒辦法做什麼大事。學習嘴巴甜一點、向人撒撒嬌，不但自己愉快，也受人歡迎。

〔寶石故事〕：藍寶石

中世紀，藍寶石是代表聖職者權威的寶石，羅馬法王就將巨大的藍寶石，鑲在戒指上，隨身配戴。由於規定只有男性才能成為法王，雖然有女扮男裝者登上法王之位的史實，但與其說這位女性憧憬聖職，不如說她目的在於得到藍寶石。

為了藍寶石，她歷經重重困難，以瞞天過海的手法登上法王之位。

———— 當天誕生的名人 ————

尾崎豐（1965‧音樂家）　澤木耕太郎（1947‧作家）

———— 今天是什麼日子？ ————

英國發行國內第一份報導新聞的報紙（1641）。

◆

他的生日

你的紀念日

11 |30日

山茶花　♥鑽　石
花語：理想的愛　　　　寶石語言：清淨無垢

〔誕生花占卜〕

「山茶花開在寒雨中」，每當山茶花盛開時，早晚氣候寒冷現象也明顯起來。特徵是花小、花瓣一片片散開。花色有白、淡紅、雜色斑點等等。

今天誕生的你，外表看起來好像連一隻蟲也不敢殺，但實際上，卻能平靜地面對殘酷之事。好惡不坦白說出來，若無其事地和對方交往，這是最殘忍的事。與命中註定的人相遇，將改變你的一生。

〔寶石故事〕：鑽石

英國國王戴冠式中所戴的王冠中央，鑲嵌著一顆稱為「kohinoor（印度大金鋼鑽）」的巨大鑽石。各位知道「kohinoor」是什麼意思嗎？當波斯的蘇丹・巴貝爾從印度王族手中奪取這顆鑽石時，第一眼見到的瞬間便叫道：「光之山。」從此之後，這顆鑽石即名為波斯語「光之山」意思之「kohinoor」。

───── 當天誕生的名人 ─────

馬克吐温（1835・作家）　邱吉爾（1874・政治家）

鍾漢良（歌手）

───── 今天是什麼日子？ ─────

他的生日

你的紀念日

12 |1日

蘭花（紅色）　♥綠松石
花語：旺盛的探究心　　寶石語言：成功

〔誕生花占卜〕

　　世界上的蘭花種類，多達1萬2000種，每種都受到相當高的評價，由此可見，蘭花是多麼有氣質、高格調的花啊！一般人認為，收集蘭花是王者的興趣，財界及政治人物，也有不少蘭花迷。

　　今天誕生的你，比一般人格調高一點。立即在床上翻雲覆雨的戀情不是妳想要的。妳比較適合畫廊經營等藝術色彩濃厚的工作。

〔寶石故事〕：綠松石

　　綠松石是12月的誕生石，寶石語言是「成功」。鮮艷的藍色寶石，雖然不透明，但卻具有異國情調的魅力。在有色寶石當中，它算是相當受歡迎的一種。

　　原本在波斯一帶採出，後來經由駱駝商隊傳至歐洲。土耳其一帶並沒有生產，但由於經土耳其而傳出，因此稱為 Turkey 石（土耳其石）。

───── 當天誕生的名人 ─────

塔索德夫人（1761・蠟像製作人）　伍地・阿雷（1935・電影導演）

───── 今天是什麼日子？ ─────
世界愛滋病日。
◆

他的生日

你的紀念日

12 2日

非洲紫羅蘭　♥ 鑽　石

花語：小小的愛　　　　寶石語言：清淨無垢

〔誕生花占卜〕

　　在鮮艷佈滿白色細毛的葉子中心，悄悄開出如紫羅蘭一般的花。種類很多，即使在室內也能開花，因此深受居住在公寓裡的人喜愛。岩煙草科，原產地為南非。

　　今天誕生的你，屬於典型的易冷易熱型。這種反覆無常的性格，使得戀人感覺你很難理解，過不了多久，他便會離你而去。

〔寶石故事〕：鑽石

　　近代之前，鑽石一直被視為是男性的寶石。它是地球上最高價的寶石，因此在那個時代，很自然地就落在最高權力者、國王、高僧之手中。看看流傳至今的當時肖像畫，會發現當時的權力者，不論身上衣裳、配戴飾品、手中物品、身旁之物……，均鑲嵌著鑽石。

　　他們好像希望吸取鑽石中所藏的寶石威力。

當天誕生的名人

卡拉絲（1923・女高音）　山崎努（1936・演員）

今天是什麼日子？

第一輛摩托救護車在巴黎展覽會中首次展出（1895）。

◆

他的生日

你的紀念日

12 3日

花 梨　　♥紅寶石

花語：唯一之戀　　寶石語言：熱情

〔誕生花占卜〕

　　蘋果與梨接枝開出的花。淡淡白色的花，一到秋天便結出彎彎的果實。在歐洲地方，它是很受歡迎的樹，利用它的果實製成的雪莉酒，是法國及瑞士的名產。

　　今天誕生的你，天生是個幸運兒，這種福氣沒有多少人享受得到。應該會出現星星王子般的男性向妳求婚。只有一點必須擔心，那就是健康問題。尤其要特別留意血管方面的毛病。

〔寶石故事〕：紅寶石

　　自古以來，紅色即被認為是生產的象徵。當紅色的血液堆積在體內時，即解釋為體內有胎兒。因此，紅寶石是祈願多子多孫的婚禮當中不可或缺的寶石。中世紀時代，王族或貴族的女兒之結婚禮服上，會很慎重地繡上紅寶石圖案。當出嫁的女兒懷孕時，娘家便竭盡所能地找一顆大紅寶石，祈求女兒生產平安。

────────── 當天誕生的名人 ──────────

康拉德（1857・小說家）　金大中（1925・政治家）

────────── 今天是什麼日子？ ──────────

檳榔防治日。

◆

他的生日

你的紀念日

12｜4日

黃絲帶　♥紫青石
花語：永遠等著你　　寶石語言：戀愛的誘惑

〔誕生花占卜〕　　〔寶石故事〕：紫青石

被稱為是「幸福的黃色蝴蝶結」。在細枝上成列開出蝴蝶結狀的黃色小花。當丈夫或兒子出征時，有在門口繫黃絲帶，祈求親人平安歸來的習慣，因此，這種花被視為是幸福的象徵。

今天誕生的你，屬於雙重性格。周圍的人內心總是噗咚噗咚地跳，不知道妳擁有的兩極化性格，哪一面會呈現於外在。小心不要捲入金錢糾紛當中。

這是閃耀紫色光芒，很像天青石的一種新寶石，為射手座的守護石。由於它會發出一種招來戀人的超波動，所以只要隨身配戴這種寶石，則在此季節當中，妳心目中的白馬王子就會和妳立下山盟海誓。

此外，這種石頭具有使全身震動的強大心靈治療威力，在美國，於整體醫療領域內，也有讓病人接觸此石頭治病的情形。

──────當天誕生的名人──────
傑拉爾・菲利普（1922・演員）
盧泰愚（1932・政治家）　淺香唯（1969・歌手）
──────今天是什麼日子？──────
高雄縣政府與美國西雅圖市締結為姊妹市（1977）。

◆

他的生日

你的紀念日

12 |5日

孔雀翠菊　　♥ 瑪　瑙

花語：友情　　　　寶石語言：夢的實現

〔誕生花占卜〕　　　〔寶石故事〕：瑪瑙

分為白孔雀和紅孔雀二種，白花和深粉紅色的花開滿寬廣的空間。就像霞草一樣，它分量大得占滿整個空間，非常受歡迎。

今天誕生的你，天生具有音樂細胞，在舞者、演員、音樂等相關領域中可成功。健康運扶搖直上，但金錢運卻一波三折。避免浪費，量入為出。

在透明的石頭裡，朦朦朧朧地飄著黑色雲，這是蒙塔納瑪瑙。蒙塔納瑪瑙潛藏著未知的不可思議威力，能夠引導在四次元世界裡生活的人，進入五次元的世界，據說能完全消除這個人過去的一切。在古代，它被認為具有淨化死者靈魂，引領死者的靈魂往天國的效果，所以是地位崇高者的葬禮中不可或缺的石頭。

———————當天誕生的名人———————

卡斯特（1839・美國將領）　渥特・狄士尼（1901・電影導演）

———————今天是什麼日子？———————

保眼愛盲日。

◆

他的生日

你的紀念日

12 |6日

康乃馨（黃色）♥珍　珠

花語：藐視　　　　　　寶石語言：健康、長壽

〔誕生花占卜〕

古希臘時代，康乃馨被認為是美女蘇克沙斯的化身。屬於石竹科植物，花色有紅、白、粉紅等等。它也是母親節的象徵花朵。

今天誕生的你，充滿幽默性格，不論身在何處，均是最受歡迎的人物。即使出生於缺乏愛情的家庭，婚後也能與伴侶共築充滿愛情的家庭。妳的子女運不錯，未來家中一定充滿小孩的嘻笑聲。

〔寶石故事〕：珍珠

世界最大的珍珠，長5cm，圓周最大12cm，最小8.5cm，重量約90g。這顆珍珠稱為荷普珍珠，為寶石收藏家，英國銀行家亨利·荷普的收藏品。

荷普珍珠收錄在1839年編纂的「荷普收藏品」一書中，現在行縱成謎。荷普先生死後，收藏品分散四處，這顆世界上最大的珍珠，也不知流落何處。

當天誕生的名人

鶴田浩二（1924·演員）　宍戶錠（1933·演員）

今天是什麼日子？

美國小姐曼麗惠素在舊金山機場披上1566朵蘭花圈，創新世界記錄(1954)

◆

他的生日

你的紀念日

12|7日

龍船花　♥水　晶

花語：凝視我　　　寶石語言：純潔

〔誕生花占卜〕

　　深綠色的葉子、鮮紅色的花……充滿盛夏情懷。自生於亞洲至非洲的熱帶地方，將熱帶樹林妝點得更加艷麗。有黃、橘、白、粉紅等多達400種之豐富色彩。屬於茜草科，為主要盆花材料，不喜多水。

　　今天誕生的你，是在與人接觸中自我磨練的人。因此，婚後最好能夠繼續工作，不要關在家裡。

〔寶石故事〕：水晶

　　古代安第斯文明的首都魯巴安達的神官們，使用水晶製成的神具，進行各種咒術。因為當時人們相信，水晶具有超自然的威力，以水晶為神具，能夠使咒術力量更強大。

　　古代安第斯文明領域內，具備無以計數即使連現代人的智慧也無法解明的技術，或許，這些都是水晶的超自然威力所帶來的成果吧！

──────當天誕生的名人──────

西鄉隆盛（1827・政治家）　森下洋子（1948・芭蕾舞女演員）

──────今天是什麼日子？──────

英國上尉喬治門比製成世上第一具滅火器（1816）。

◆

他的生日

你的紀念日

12 |8日

海石竹（黃色）♥ 鑽　石

花語：**若無其事的關懷**　　寶石語言：**清淨無垢**

〔誕生花占卜〕

　　鮮花狀態下，就讓人感覺乾乾燥燥的花……，但一般人認為是花的部份，事實上是花萼。從中探出頭的小穗狀部份才是花。插花之後可當乾燥花。屬於磯松科。

　　今天誕生的你，喜歡各種動物，或許前輩子是貓或狗吧！與學生時代的戀人走上婚姻之路的可能性不大，大失戀後相遇的男性，才是命中註定之人。

〔寶石故事〕：鑽石

　　決定鑽石等級的四項條件之一是顏色（color）。帶有粉紅、藍、黃（鮮黃）、綠等色彩的鑽石，因為稀少的緣故，所以格外尊貴。

　　歐洲地區有名的珠寶飾品商店，絕對不會將這些超俗不凡的尊貴鑽石，擺在櫥窗中展示，而是像寶物一樣的收藏，只讓上流階級的女士們鑑賞，並且為她們做合適的設計。

當天誕生的名人

稻垣吾郎（1973・歌手・演員）　劉嘉玲（演員）

今天是什麼日子？

約翰・雷諾被暗殺（1980）。

◆

他的生日

你的紀念日

12 |9 日

山 菊
花語：愛情復甦

♥ 藍寶石
寶石語言：慈愛、誠實

〔誕生花占卜〕

山菊的葉子非常有光澤，它的花更是美麗無比。屬於菊科植物，花是黃色的菊花。晚秋時分，於海岸地方呈現出明亮的色彩。

今天誕生的你，如果發揮出天賜的靈感，必定使周圍人瞠目結舌。隨著修行的深度，也許能成為一位靈能者。戀愛機會一一造訪，卻無法長久持續。

〔寶石故事〕：藍寶石

「只要望著藍寶石，我就具有無比的勇氣、充滿滿心的喜悅。接下來，身體感覺朝氣蓬勃，眼睛裡也佈滿色彩鮮艷的光芒。」這位愛藍寶石愛得入骨的，是奠定帝俄繁榮基礎的伊凡皇帝。

這位熱愛藍寶石的國王，夢想用藍寶石砌滿王宮中自己的臥室，終其一生，他將全部精力都花在收集藍寶石上。

──────當天誕生的名人──────

温克曼（1717・藝術家） 雅子（1963・日皇太子妃）

──────今天是什麼日子？──────

他的生日

你的紀念日

12｜10日

紅桐樹
花語：印象派

♥ 珊 瑚
寶石語言：聰明

〔誕生花占卜〕

　　散發淡淡的香味，在冬日陽光照射下，開出紅色花朵。紅桐樹在日本屬於新面孔，但最近經常是使用在花束上。花謝之後，讓花瓣浮在水盤上，也是另一種美……。

　　今天誕生的你，給人馬馬虎虎的印象。但實際上，你是很重視自己的人。不合適的戀情，該捨就得捨，反而出乎意外地提早開花結果。

〔寶石故事〕：珊瑚

　　說到珊瑚，一般人印象中是以美麗的紅色、粉紅色、純白色為主，但在珠寶迷之間，最受歡迎的是黑色珊瑚。只有在夏威夷近海才能採擷到的這種貴重珊瑚，據說是地球誕生之際，最初成為核心的物質碎片。

　　阿拉伯的貴族們，通常會準備黑珊瑚念珠，他們相信，手持黑珊瑚祈禱，任何願望均可實現。

──────── 當天誕生的名人 ────────

魯司（1870‧建築師）　呂良煥（1936‧高爾夫名人）

──────── 今天是什麼日子？────────

世界人權節（1950）。

◆

他的生日

你的紀念日

12|11日

鳳尾草
花語：信賴

♥綠寶石
寶石語言：幸福

〔誕生花占卜〕

鳳尾草經常開在水井邊，是鄉下孩子熟悉的花朵，但近來卻愈來愈少見了，令人有種失落感。屬於羊齒類，數根小花枝集中伸展，悄悄地開出小花。

今天誕生的你，很難適應團體行動。學生時代在班上往往被孤立。但這種個性如果很自然地表現出來，則會散發與眾不同的光芒。往東方旅遊為吉。

〔寶石故事〕：綠寶石

「想找一顆完全無瑕疵的綠寶石，比找一位毫無缺點的人還困難。」正如這句話所表現的，綠寶石幾乎都含有雜質。當然，這種天然礦石所含的色體，也正是天然綠寶石的證明。在日光的照射之下，綠寶石內所含的色體，會以各種形狀浮上表面，藉由此形狀的不同，人們得知吉凶的徵兆。

───── 當天誕生的名人 ─────

原由子（1956·音樂家）　黎明（歌手·演員）

───── 今天是什麼日子？ ─────

台灣臨時省議會成立（1951）。

◆

他的生日

你的紀念日

12 | 12日

小波斯菊
花語： 追憶的愛情

♥ 紅玉髓
寶石語言：充滿希望

〔誕生花占卜〕

　　這是菊科的花，普通為代表秋天的花朵。它的花季稍遲，從新春才開始綻放。給人感覺像西洋花一般華麗，但它原產於韃靼，為東方花。

　　今天誕生的你，個性比一般人來得強烈，因此往往導致誤解。在戀人面前，請恢復你原本的樸直面貌。你的金錢運很好，一生不必為錢苦惱。

〔寶石故事〕：紅玉髓

　　中世紀的鍊金術們已經摸索到，使紅玉髓當中的所有物質，發揮其擁有的最大能源，當其力量消失之後，能再度產生出超級旺盛的能量。當一段戀情結束，正在摸索新的戀情時；或考慮換工作時，都可以利用紅玉髓的威力。它是一定會依照你所要求的方向行動的「行動石」，使你如願以償。

———— 當天誕生的名人 ————
法蘭克‧希那多拉（1915‧歌手）
詹尼華‧高娜利（1970‧演員）

———— 今天是什麼日子？————
世界上第一家汽車旅館，美國加州的「摩特爾汽車旅館」開業（1925）。

◆

他的生日

你的紀念日

12 | 13 日

草 綿　♥鋯 石

花語：優秀　　　　　寶石語言：只能看著我

〔誕生花占卜〕

　　最初從草綿抽取纖維製成衣裳的是印度人。當花謝了之後，即可拿包住孢子的纖維來紡織。從此之後，草綿為人類帶來的經濟效益難以計數。屬於葵科植物，開出白色溫和表情的花。

　　今天誕生的你，像聖母瑪莉亞一般溫柔，個性非常沈穩。雖然有豐富的戀愛經歷，但事實上，妳是在追求心目中那位男性的影子吧！

〔寶石故事〕：鋯石

　　有些人認為，鋯石是鑽石的代用品。事實上，鋯石並非均為無色，而是有黃綠色、橘色、紅色等美麗的色彩。美不勝收。尤其紅色的鋯石稱為風信子，不但澄澈透明，而且綻放鮮艷的色光，充滿華麗的氣氛。鋯石是具有「使努力開花結果」威力的寶石，配戴鋯石參加考試，一定能過關。

―――――― 當天誕生的名人 ――――――

織田裕二（1967・歌手・演員）　亨利海涅（1797・詩人）

―――――― 今天是什麼日子？ ――――――

他的生日

你的紀念日

12 | 14日

松 樹　　♥黃 玉
花語：長生不老　　　寶石語言：希望

〔誕生花占卜〕

　　古代羅馬，視松樹為不滅之愛的象徵。很多人知道松樹，卻不知道松樹的花。松樹的花分為雌花與雄花，雌花是黃色、雄花是紅色。五月左右開出特有香味的花

　　今天誕生的你，是罕見的浪費型。只要看見什麼就想要什麼。即使看見別人的戀人也想據為己有，是很不好的習慣。應該重視本命中的他。

〔寶石故事〕：黃玉

　　就像光焰燃燒一般，令人感覺溫暖，它所發出的光芒，就像古代人視為富裕象徵的黃金溶化顏色……。

　　發現黃玉的古代人，相信黃玉這種寶石才是天神國度中的黃金，配戴多一些黃玉在身上，即可與天神國度相通。因此，當遇到生產、婚禮、病癒等等值得祝福的事情時，人們都習慣購買黃玉保存。

當天誕生的名人

納斯特拉達馬斯（1503‧預言家）

今天是什麼日子？

英國倫敦郊外的上空，是史上第一次發生空難的地方（1920）。

他的生日

你的紀念日

12|15日

仙客來
花語：嫉妒

♥翡翠
寶石語言：幸運

〔誕生花占卜〕

仙客來屬植物，可說是裝飾聖誕節、春節的代表花。日本名稱為篝火花。屬於櫻草科，原產地為地中海沿岸。

今天誕生的你，讓人乍看之下覺得妳很內向，但事實上卻是內在潛藏能量的人。應該將才能充分展現出來才對。在若無其事的交往中，戀情已經開始結果了，才剛起步，隨即到達終點，跌破眾人眼鏡。

〔寶石故事〕：翡翠

中國的戰國時代，秦昭王為了一個翡翠，不惜犧牲十五座城。因為只要得到具有絕世之美的翡翠，便可受到世人的尊敬、得到百姓的支持。為了匯集天下民心，秦昭王以十五座城池的代價，換得一個翡翠，這段歷史很有名。而值十五座城池的翡翠，現在已經消失在歷史的陰暗中，但真的令人想看看它一眼。

——— 當天誕生的名人 ———

張洪量（歌手）　細川俊之（1940‧演員）

——— 今天是什麼日子？ ———

美國的人類第一艘太空船發射成功（1965）。

◆

他的生日

你的紀念日

12 |16日

花　團
花語：高雅之美

♥矽孔雀石
寶石語言：知性美

〔誕生花占卜〕

　　帶有紫色的深粉紅色花朵，展現出成熟女性般的魅力。原產地為東南亞。適合當盆花或婦女胸衣前的裝飾花朵。

　　今天誕生的你，是很輕易隨聲附和的人，而且容易自我吹噓，應該以更嚴謹的態度反躬自省。有人約你一起去運動，務必要參加，透過運動可與他結成良緣。

〔寶石故事〕：矽孔雀石

　　就像被春雨滋潤過一般，矽孔雀石呈現出澄澈的綠色光芒。它的硬度和綠松石差不多，以茂密的凸圓形磨光法切割，能顯現出豪華的氣氛。自古以來，綠色就是象徵知性的石頭。一般人認為，只有決定國家政策的領導人，才有資格配戴矽孔雀石。由於它具有使智力發揮至極限的威力，所以是考試時不可或缺的守護石。

———— 當天誕生的名人 ————

貝多芬（1770・作曲家）　松山千春（1955・音樂家）

———— 今天是什麼日子？ ————

英國文人艾克薩・華爾致逝世（1683）。

◆

他的生日

妳的你的紀念日

12|17日

蝴蝶蘭（白色）♥ 鑽　石

花語：嚴肅的愛　　　　寶石語言：清淨無垢

〔誕生花占卜〕

　　純白的蝴蝶蘭花束，靜悄悄地躺在婚禮的殿堂中……。這是每位女性都曾幻想過的一幕。白色的蝴蝶蘭經常被當成婚禮的花束，它也是豪華盆花的代表。白色最受歡迎，另外還有深淺粉紅色、雜色斑點等種類。

　　今天誕生的你，是個愛做夢的浪漫主義者。只要具備實行力，偉大夢想必定實現。

〔寶石故事〕：鑽石

　　從前，有顆堅硬的石頭，掉落在於印度墾荒的農夫身旁，農夫拾起來一看，原來是大鑽石的原石……。這顆大鑽石歷經印度國王、波斯的蘇丹、法國歷任的路易王，輾轉流傳後，1803年於倫敦的拍賣會場上再現蹤影，最後落到銀行家荷普先生手中。

　　現在，這顆被稱為「荷普鑽石」的舉世珍品，被收藏於史密索尼安博物館中。

──────── 當天誕生的名人 ────────

基斯・李查茲（1943・音樂家）　牧瀨里穗（1971・演員）

──────── 今天是什麼日子？ ────────

萊特兄弟日（1903）。

◆

他的生日

你的紀念日

12│18日

百日草
花語：幸福

♥水　晶
寶石語言：純潔

〔誕生花占卜〕

在南美里約熱內盧的嘉年華會當中，人們手持花朵舞蹈的情景，是不是讓人印象深刻呢？他們所拿的花就是百日草。屬於菊科植物的百日草，生命力很強，也象徵著愛情的堅定。

今天誕生的你，腦筋轉得很快，不論做什麼事都講求速度。他第一次約妳，妳可以回絕，如果對方不死心繼續展開攻擊，即可證明他的愛是真心的。

〔寶石故事〕：水晶

現在沈入海底深處之古代希臘傳說中的極樂世界，是用水晶打造的神殿，這個神殿被視為是宇宙的中心。

一般人相信，透過水晶，一切能量之源的太陽光線，能夠集中至最大極限。住在極樂世界中的人，不斷地向神殿參拜，感受宇宙的大道理，並在冥想中累積知識，終於築起壯碩的文明。

———— 當天誕生的名人 ————

史蒂芬・史匹柏（1947・電影導演）　布施明（1947・歌手）

———— 今天是什麼日子？ ————

他的生日

你的紀念日

12|19日

燈籠花
花語：熱情的視線

♥天青石
寶石語言：永恆的誓言

〔誕生花占卜〕

在彎彎曲曲往上伸展的莖上，開出幾朵黃色如南瓜般的小花。英文名稱為 christmas bell。在聖誕禮物上附加此花，更增添情意。

今天誕生的你，在溫柔的表情下，隱藏著強烈的自我愛，結果造成不會愛自己以外的人。你應該會有一次慘痛的失戀經驗，但也從這項體驗當中，開啟嶄新的人生。

〔寶石故事〕：天青石

古代的埃及，不知道有多麼重視天青石。以此為故事主軸的，就是圖坦卡蒙國王的假面具。

不要說這位國王的墓被盜之後了，其實在埋葬當時，就被發現是劃時代的墳墓。充滿期待的研究人員一打開墓，映入眼簾的就是天青石鮮艷的藍色。人們都相信，天青石具有死後能再回到這個世界的威力。

──────── 當天誕生的名人 ────────

艾狄德・西亞夫（1915・鄉村歌手） 反町隆史（1973・歌手・演員）

──────── 今天是什麼日子？ ────────

英國女作家愛蜜莉・白朗特逝世（1848）。

◆

他的生日

你的紀念日

12 |20日

白　鶴
花語：清爽的

♥蛋白石
寶石語言：得到幸福

〔誕生花占卜〕

　　清爽的白色花苞與光潤美麗的綠色葉子，讓人感到心神舒暢。最近白鶴盆栽非常受歡迎。只要照顧得妥當，能開好幾次花。

　　今天誕生的你，是能100％發揮內在潛力的人。你的雙手很靈巧，以技術職業為目標，一定能成功。綽號為透明人，是由於缺乏個性、印象淡薄之故，不論對於任何事情，你應該更發揮出自己的個性。

〔寶石故事〕：蛋白石

　　蛋白石的語源，是代表石頭意思的古代梵文。羅馬皇帝最愛的寶石就是蛋白石，當遠征途中遇見心愛的女子克婁巴特拉時，為了博取她的歡心，立即以蛋白石相贈，因此蛋白石別名丘比特石。

　　當他送妳蛋白石時，表示他對妳說：「我真心愛妳。」在希臘地方，人們相信蛋白石中住著愛情天使。

——————當天誕生的名人——————

北里柴三郎（1852・化學家）　櫻井幸子（1973・演員）

——————今天是什麼日子？——————

他的生日

你的紀念日

12│21日

鬱金香（黃色）♥藍　晶

花語：沒希望的愛　　　寶石語言：聰明

〔誕生花占卜〕

小孩一開始畫的花，大概都是鬱金香。據說鬱金香（tulip）之名，來自代表小旅店之意的土耳其語Tulipa。被三位騎士求婚的少女，因為無法拒絕任何一位男士，便央求天神將自己變成花姿，這就是鬱金香。

今天誕生的你，總是看見事物美好的一面，好像經過特別訓練一般。希望妳更重視交往中的他。

〔寶石故事〕：藍晶

雖然名稱很像海水的意思，但藍晶在礦物當中，和綠寶石一樣，同屬於綠柱石（beryl）。它給人的感覺很清純，所以自古即廣受喜愛，在中世紀的歐洲，被認為是幸福、健康、勇氣、不老的象徵。尤其在搭乘船隻時，它會化身為海之女神，引導航程順利平安。雖然有點不搭調，但在討海男子的胸前，往往可見到藍晶墜子一閃一閃地綻放光亮。

─────── 當天誕生的名人 ───────

本木雅弘（1965·演員·歌手）　珍·芳達（1937·演員）

─────── 今天是什麼日子？ ───────

華盛頓協調總部發現暴徒放置的炸彈（1979）。

◆

他的生日

你的紀念日

12|22日

土荊芥
花語：幸福之戀

♥紅縞瑪瑙
寶石語言：夫妻幸福

〔誕生花占卜〕

這是日本於1980年才引進的外來品種。短短幾年，便在道路兩旁開出黃色花朵。雖然已知它容易導致花粉症，但它的確是非常柔和美麗的花朵。

今天誕生的你，是個很向上進取的人。即使踩著別人的頭也要往上爬，這使妳陷於孤獨的深淵當中。與其追求高處不勝寒的生活方式，不如享受被愛的感覺。平凡的幸福才是最可貴的。

〔寶石故事〕：紅縞瑪瑙

世界上每個人的內心深處，都住著一位看不見的魔鬼，那就是恐怖心。想將這種恐怖心打碎，擁有一顆向上進取、充滿希望的心，就得靠紅縞瑪瑙的威力。

因此，希臘克里特島北部的克諾薩斯城居民，自古以來即習慣隨身配戴紅縞瑪瑙當護身符，一旦遇到什麼不如意的事情，只要握住紅縞瑪瑙，隨即神清氣爽。

———— 當天誕生的名人 ————

普契尼（1858・作曲家）　東鄉平八郎（1847・軍人）

———— 今天是什麼日子？ ————

英國女作家治・埃利維特逝世（1880）。

他的生日

你的紀念日

12 |23日

雪片蓮
花語：埋葬的愛情

♥ 石榴石
寶石語言：真實的愛

〔誕生花占卜〕

　　雪花一片片……，多麼美麗的花名啊！就像花名給人的印象一樣，是外表非常清純的花朵，夢幻般潔白的花瓣，像雪片的模樣。它是象徵期待白色聖誕的花朵。

　　今天誕生的你，不論對任何事情均保持開朗積極的態度，這也是你受人喜愛的原因。20多歲有大病之兆，只要順利渡過，即可終身安定、毫無牽絆。

〔寶石故事〕：石榴石

　　希臘神話中的諾亞，在逃難的方舟之中，據說就是以石榴石當光源。在石榴石的紅光中，蘊藏了積極活下去的強大力量。特別值得一提的是，它具有強化金錢運的威力，所以渴望富裕生活的人，應該將石榴石當守護石，經常戴在身上。

　　石榴石容易對女性發揮強大威力，如果是夫妻或情侶，建議由女性配戴。

───── 當天誕生的名人 ─────

丸山健二（1943・作家）　庄野真代（1954・歌手）

───── 今天是什麼日子？ ─────

東京鐵塔完成（1958）。

◆

他的生日

你的紀念日

12|24日

聖誕薔薇　♥紅寶石

花語：追憶　　　　寶石語言：熱情

〔誕生花占卜〕

在耶穌誕生的以色列伯利恆地方，每當聖誕節時分，整片大地都覆蓋上純白的聖誕薔薇。眼前盡是牧羊少女盡情摘花的情景。屬於金鳳花科植物。

今天誕生的你，是個嬌生慣養的大小姐，有好的一面，也有壞的一面。為了享受成熟戀情，妳非得自我成長蛻變不可。是不是談過可以拒絕的戀愛呢？

〔寶石故事〕：紅寶石

無止境地綻放鮮紅色光芒的紅寶石。發現紅寶石的古代人認為「這種石頭中，一定不斷燃燒著永遠不會消失之火」。而燃燒永恆之火的地方，正是天上的樂園。

一般人相信，生產紅寶石之處＝天神居住的國度，紅寶石正是天國與地面連結的羈絆。只要配戴紅寶石，來世必能在最接近天神之處，享受永遠的幸福。

──────當天誕生的名人──────

平尾昌晃（1937・作曲家）　柏木由紀子（1947・演員）

──────今天是什麼日子？──────

平安夜。

他的生日

你的紀念日

12 |25日

聖誕紅
花語：神聖的希望

♥血　石
寶石語言：勇敢

〔誕生花占卜〕

　　耶誕節不可或缺的花……。雖說如此，但如火焰般燃燒的鮮紅色部分不是花，而是葉片，只有中心如花蕊的部分才是花。屬於澤漆科，原產地為墨西哥。

　　今天誕生的你，天生充滿愛情，即使對小如螞蟻般的動物亦然，你適合從事使用語言的工作，不妨以廣播界為目標。

〔寶石故事〕：血石

　　血石的基本色是深綠色，再加上如照明般投射的鮮艷紅色……。血石彷彿抽象畫一般，充滿抽象之美。人們相信這是被釘在十字架上的耶穌之血所製成的寶石，所以也被稱為聖石。

　　血石具有使人心穩定、柔和的神秘威力，據說，女性只要將血石配戴在身上，即可獲得內心深處心儀男性的愛。

──────當天誕生的名人──────

郁特里羅（1883・畫家）　金子光晴（1895・詩人）

──────今天是什麼日子？──────

行憲紀念日（1962）。

◆

他的生日

你的紀念日

12|26日

酢漿草　　　　♥綠寶石
花語：閃亮的心　　　寶石語言：幸福

〔誕生花占卜〕

　　屬於酢漿草科，分布於全世界，葉與莖均具有酸味。酢漿草的葉子及花朵，一到白天就打開，一到夜晚則閉合，最好置於窗邊日光照射得到之處。

　　今天誕生的你，有點三心二意，使周圍的人對你感到不耐煩。雖然你對金錢很執著，但最後拯救你的不是金錢，而是友情及愛情。

〔寶石故事〕：綠寶石

　　巴比倫王國的人們認為，綠寶石是金星的女神伊修達爾的寶石。金星是在天亮與黃昏時閃耀光輝，被認為具有堅毅的生命力，因此，綠寶石也被認為具有帶來新生命的神秘威力。

　　它也是象徵產下新生命、孕育下一個世代的女性的母性愛。不僅在歐洲，它是最適合送給初為人母的女性的寶石。

當天誕生的名人

毛澤東（1893‧政治家）　音無美紀子（1949‧演員）

今天是什麼日子？

里約熱內盧市伊巴尼馬海岸區後的水庫因豪雨而決裂坍塌，造成慘劇(1983)

◆

他的生日

你的紀念日

12|27日

香豌豆花（粉紅色） ♥ 黑瑪瑙

花語：我行我素　　　　寶石語言：戀愛魔術

〔誕生花占卜〕

〔寶石故事〕：黑瑪瑙

　　有如天使的歌聲一般淡雅美麗的花朵。當一陣風吹過來，好像世界上所有的香豌豆都要被吹散了。它就是帶有這種短暫而無常的風情，讓人感覺它楚楚可憐。

　　今天誕生的你，是那種會規規矩矩穿著洋裝的類型。20歲後期開始運勢轉強，在此之前，不論婚姻或工作都不甚得意。與結婚有緣的戀情只有二次，得好好把握機會。

　　黑瑪瑙是山羊座的守護石。黑色花紋模樣的石頭，正確說法應該是黑色的不透明水晶。乍看之下是非常通俗的石頭，但實際上它具有很深的內涵，尤其珍貴的是其寶石威力。

　　黑瑪瑙能使感情出現裂痕的情侶重修舊好，讓二人愛情更加穩固。雖然相愛卻老是吵架的伴侶，必須戴一對黑瑪瑙，如此可使二人避免爭吵，感情穩定。

——— 當天誕生的名人 ———

約翰尼斯・開普勒（1571・天文學者）

瑪烈妮・狄德莉琦（1901・演員）

——— 今天是什麼日子？ ———

建築師節。

他的生日

你的紀念日

12 |28日

千鳥草
花語：溫柔體貼

♥ 珍　珠
寶石語言：健康、長康

〔誕生花占卜〕

千鳥草和紫羅蘭很相似，但花開得比紫羅蘭零散，給人清爽的印象。花色很豐富，從白色至粉紅色均有。屬於金鳳花科植物，又稱為雲雀的爪。

今天誕生的你，是一心一意，不知勞苦型的人。這種奔放的個性，有時會成為周圍人的救星，有點不可思議。雖然男朋友很多，但不太可能談戀愛而結婚，一輩子單身的可能性很大。

〔寶石故事〕：珍珠

太古時代，漁夫若發現大粒珍珠，就像現代得到同樣重的金塊一樣。埃及女王克婁巴特拉將如此貴重的珍珠項鍊從頸部取下，浸泡在醋裡，之後飲用珍珠醋，這段小故事非常有名。

看見此番情景的古羅馬帝國將領安東尼，在那一瞬間成為克婁巴特拉的愛情俘虜。因此，也可以說珍珠改變了歷史。

當天誕生的名人

石原裕次郎（1934・演員）　渡哲也（1941・演員）

今天是什麼日子？

電信節（1947）。

◆

他的生日

你的紀念日

12|29日

黑種草
花語：無盡的思念

♥水　晶
寶石語言：純潔

〔誕生花占卜〕

在四散延伸的細莖上，隱隱約約地開著晚霞般紫藍色的花朵。種子散發出淡淡的香味，以前常被用來當蛋糕的香料。屬於金鳳花科，原產地為地中海沿岸。

今天誕生的你，是做事一板一眼、有稜有角的人。這樣子並沒有什麼不好，但如果因此而沒注意到對你有情有意的眼神，那就很可惜了。一一審視周圍的異性吧！

〔寶石故事〕：水晶

占卜師的眼前，通常會放置一個圓形的水晶球。水晶是充滿超自然威力的石頭，當透視石頭時，具有特殊超能力的人，即可聽見不知來自何方的靈魂叫聲及傾訴。占卜師凝聽這種聲音，並進行解讀，藉以預言未來，透過言語向人們傳達訊息。

配戴水晶在身上，會使靈魂力量愈來愈強化，具有使未來命運好轉的效果。

──────── 當天誕生的名人 ────────

岸本加代子（1960・演員）　加勢大周（1969・演員）

──────── 今天是什麼日子？ ────────

美國山諾多斯公司製造的史上第一具助聽器首次在市場出售（1952）。

◆

他的生日

你的紀念日

₁₂│30日

大甲草
花語：初吻

♥白　金
寶石語言：不向任何人提起

〔誕生花占卜〕

〔寶石故事〕：白金

在深淺變化柔和的綠色葉子上，開出黃色的小花。花是看起來像雄蕊的部分。直線延伸的莖葉呈一節一節的，好像刻意打扮過一般。

今天誕生的你，屬於埋頭苦幹型，得到的成果往往使得周圍的人大吃一驚。在創作文學或劇本的領域中能夠成功。努力讓初戀開花結果，你們將是令人稱羨的一對。

也許有人覺得好奇，為什麼訂婚或結婚紀念時，一定要用戒指。戒指是圓形的，永遠找不到終點。另外，不論今天做何種打扮，都一定能以戒指當飾品，應用範圍非常廣，是珠寶飾品中的佼佼者。而且，戴在手上時，就算配戴者本身也可自己欣賞，這是一大魅力。

戴在經常活動的手指上當裝飾品，最佳素材就是不易變質的白金。

───── 當天誕生的名人 ─────

開高健（1930‧作家）　老虎‧伍茲（1975‧職業高爾夫選手）

───── 今天是什麼日子？ ─────

英國的約爾‧巴尼斯‧特爾，在倫敦舉行史上第一次公演的音樂會(1672)。

◆

他的生日

你的紀念日

12 |31日

臘 梅　　♥綠寶石
花語：慈愛　　　　　寶石語言：幸福

〔誕生花占卜〕　　　〔寶石故事〕：綠寶石

　　好像經過細蠟加工一般的花朵，香味與烏梅的香味很相似，所以稱為臘梅。它是增添冬天色彩的代表花之一，經常與山茶花、南天竹一起被種植於庭院中。

　　今天誕生的你，表裡一致的性格是受人喜愛的原因。妳天生烹飪感敏銳，是與生俱來的烹飪家。20歲後期戀愛運才開啟，在此之前的戀愛均為遊戲性質。

　　是水滴般的綠色結晶的綠寶石，被稱為是宇宙睿智的結晶，一般人認為，這種綠色中隱藏著解開宇宙奧秘的鑰匙。因此，探索宇宙奧秘的科學家或學者，會在半夜悄悄地捧著水晶祈禱，願自己擁有透視真實的力量。

　　也許正是因為這種傳統的緣故，使得綠寶石給人的印象更加知性了。

———— 當天誕生的名人 ————

小錦八十吉（1963・力士）　江口洋介（1967・演員）

———— 今天是什麼日子？ ————

英國威林電燈光招牌公司，第一次為電燈光招牌作廣大的觀賞片（1881）。

◆

他的生日

你的紀念日

生活廣場系列

① 366 天誕生星

馬克・矢崎治信／著
李 芳 黛／譯

定價 280 元

② 366 誕生花與誕生石

約翰路易・松岡／著
林 碧 清／譯

定價 280 元

③科學命相

淺野八郎／著
林 娟 如／譯

定價 220 元

品冠文化出版社　總經銷
郵政劃撥帳號：19346241

大展出版社有限公司　圖書目錄

地址：台北市北投區(石牌)　　電話：(02)28236031
　　　致遠一路二段 12 巷 1 號　　　　28236033
郵撥：0166955～1　　　　　　傳真：(02)28272069

・法律專欄連載・ 電腦編號 58

　　　　台大法學院　　　法律學系／策劃
　　　　　　　　　　　　法律服務社／編著
1. 別讓您的權利睡著了① 200 元
2. 別讓您的權利睡著了② 200 元

・秘傳占卜系列・ 電腦編號 14

1. 手相術 淺野八郎著 180 元
2. 人相術 淺野八郎著 180 元
3. 西洋占星術 淺野八郎著 180 元
4. 中國神奇占卜 淺野八郎著 150 元
5. 夢判斷 淺野八郎著 150 元
6. 前世、來世占卜 淺野八郎著 150 元
7. 法國式血型學 淺野八郎著 150 元
8. 靈感、符咒學 淺野八郎著 150 元
9. 紙牌占卜學 淺野八郎著 150 元
10. ESP 超能力占卜 淺野八郎著 150 元
11. 猶太數的秘術 淺野八郎著 150 元
12. 新心理測驗 淺野八郎著 160 元
13. 塔羅牌預言秘法 淺野八郎著 200 元

・趣味心理講座・ 電腦編號 15

1. 性格測驗① 探索男與女 淺野八郎著 140 元
2. 性格測驗② 透視人心奧秘 淺野八郎著 140 元
3. 性格測驗③ 發現陌生的自己 淺野八郎著 140 元
4. 性格測驗④ 發現你的真面目 淺野八郎著 140 元
5. 性格測驗⑤ 讓你們吃驚 淺野八郎著 140 元
6. 性格測驗⑥ 洞穿心理盲點 淺野八郎著 140 元
7. 性格測驗⑦ 探索對方心理 淺野八郎著 140 元
8. 性格測驗⑧ 由吃認識自己 淺野八郎著 160 元
9. 性格測驗⑨ 戀愛知多少 淺野八郎著 160 元
10. 性格測驗⑩ 由裝扮瞭解人心 淺野八郎著 160 元

11. 性格測驗⑪ 敲開內心玄機　　　淺野八郎著　140元
12. 性格測驗⑫ 透視你的未來　　　淺野八郎著　160元
13. 血型與你的一生　　　　　　　淺野八郎著　160元
14. 趣味推理遊戲　　　　　　　　淺野八郎著　160元
15. 行為語言解析　　　　　　　　淺野八郎著　160元

·婦幼天地· 電腦編號 16

1. 八萬人減肥成果　　　　　　　黃靜香譯　　180元
2. 三分鐘減肥體操　　　　　　　楊鴻儒譯　　150元
3. 窈窕淑女美髮秘訣　　　　　　柯素娥譯　　130元
4. 使妳更迷人　　　　　　　　　成　玉譯　　130元
5. 女性的更年期　　　　　　　　官舒妍編譯　160元
6. 胎內育兒法　　　　　　　　　李玉瓊編譯　150元
7. 早產兒袋鼠式護理　　　　　　唐岱蘭譯　　200元
8. 初次懷孕與生產　　　　　　　婦幼天地編譯組　180元
9. 初次育兒12個月　　　　　　　婦幼天地編譯組　180元
10. 斷乳食與幼兒食　　　　　　　婦幼天地編譯組　180元
11. 培養幼兒能力與性向　　　　　婦幼天地編譯組　180元
12. 培養幼兒創造力的玩具與遊戲　婦幼天地編譯組　180元
13. 幼兒的症狀與疾病　　　　　　婦幼天地編譯組　180元
14. 腿部苗條健美法　　　　　　　婦幼天地編譯組　180元
15. 女性腰痛別忽視　　　　　　　婦幼天地編譯組　150元
16. 舒展身心體操術　　　　　　　李玉瓊編譯　130元
17. 三分鐘臉部體操　　　　　　　趙薇妮著　　160元
18. 生動的笑容表情術　　　　　　趙薇妮著　　160元
19. 心曠神怡減肥法　　　　　　　川津祐介著　130元
20. 內衣使妳更美麗　　　　　　　陳玄茹譯　　130元
21. 瑜伽美姿美容　　　　　　　　黃靜香編著　180元
22. 高雅女性裝扮學　　　　　　　陳珮玲譯　　180元
23. 蠶糞肌膚美顏法　　　　　　　坂梨秀子著　160元
24. 認識妳的身體　　　　　　　　李玉瓊譯　　160元
25. 產後恢復苗條體態　　　　　　居理安·芙萊喬著　200元
26. 正確護髮美容法　　　　　　　山崎伊久江著　180元
27. 安琪拉美姿養生學　　　　　　安琪拉蘭斯博瑞著　180元
28. 女體性醫學剖析　　　　　　　增田豐著　　220元
29. 懷孕與生產剖析　　　　　　　岡部綾子著　180元
30. 斷奶後的健康育兒　　　　　　東城百合子著　220元
31. 引出孩子幹勁的責罵藝術　　　多湖輝著　　170元
32. 培養孩子獨立的藝術　　　　　多湖輝著　　170元
33. 子宮肌瘤與卵巢囊腫　　　　　陳秀琳編著　180元
34. 下半身減肥法　　　　　　　　納他夏·史達賓著　180元
35. 女性自然美容法　　　　　　　吳雅菁編著　180元
36. 再也不發胖　　　　　　　　　池園悅太郎著　170元

·青春天地· 電腦編號 17

29. 愛與性心理測驗	小毛驢編譯	130元
30. 刑案推理解謎	小毛驢編譯	180元
31. 偵探常識推理	小毛驢編譯	180元
32. 偵探常識解謎	小毛驢編譯	130元
33. 偵探推理遊戲	小毛驢編譯	130元
34. 趣味的超魔術	廖玉山編著	150元
35. 趣味的珍奇發明	柯素娥編著	150元
36. 登山用具與技巧	陳瑞菊編著	150元
37. 性的漫談	蘇燕謀編著	180元
38. 無的漫談	蘇燕謀編著	180元
39. 黑色漫談	蘇燕謀編著	180元
40. 白色漫談	蘇燕謀編著	180元

·健康天地· 電腦編號 18

1. 壓力的預防與治療	柯素娥編譯	130元
2. 超科學氣的魔力	柯素娥編譯	130元
3. 尿療法治病的神奇	中尾良一著	130元
4. 鐵證如山的尿療法奇蹟	廖玉山譯	120元
5. 一日斷食健康法	葉慈容編譯	150元
6. 胃部強健法	陳炳崑譯	120元
7. 癌症早期檢查法	廖松濤譯	160元
8. 老人痴呆症防止法	柯素娥編譯	130元
9. 松葉汁健康飲料	陳麗芬編譯	130元
10. 揉肚臍健康法	永井秋夫著	150元
11. 過勞死、猝死的預防	卓秀貞編譯	130元
12. 高血壓治療與飲食	藤山順豐著	150元
13. 老人看護指南	柯素娥編譯	150元
14. 美容外科淺談	楊啟宏著	150元
15. 美容外科新境界	楊啟宏著	150元
16. 鹽是天然的醫生	西英司郎著	140元
17. 年輕十歲不是夢	梁瑞麟譯	200元
18. 茶料理治百病	桑野和民著	180元
19. 綠茶治病寶典	桑野和民著	150元
20. 杜仲茶養顏減肥法	西田博著	150元
21. 蜂膠驚人療效	瀨長良三郎著	180元
22. 蜂膠治百病	瀨長良三郎著	180元
23. 醫藥與生活㈠	鄭炳全著	180元
24. 鈣長生寶典	落合敏著	180元
25. 大蒜長生寶典	木下繁太郎著	160元
26. 居家自我健康檢查	石川恭三著	160元
27. 永恆的健康人生	李秀鈴譯	200元
28. 大豆卵磷脂長生寶典	劉雪卿譯	150元
29. 芳香療法	梁艾琳譯	160元

4

4.	讀書記憶秘訣	多湖輝著	150元
5.	視力恢復！超速讀術	江錦雲譯	180元
6.	讀書36計	黃柏松編著	180元
7.	驚人的速讀術	鐘文訓編著	170元
8.	學生課業輔導良方	多湖輝著	180元
9.	超速讀超記憶法	廖松濤編著	180元
10.	速算解題技巧	宋釗宜編著	200元
11.	看圖學英文	陳炳崑編著	200元
12.	讓孩子最喜歡數學	沈永嘉譯	180元
13.	催眠記憶術	林碧清譯	180元
14.	催眠速讀術	林碧清譯	180元

·實用心理學講座· 電腦編號21

1.	拆穿欺騙伎倆	多湖輝著	140元
2.	創造好構想	多湖輝著	140元
3.	面對面心理術	多湖輝著	160元
4.	偽裝心理術	多湖輝著	140元
5.	透視人性弱點	多湖輝著	140元
6.	自我表現術	多湖輝著	180元
7.	不可思議的人性心理	多湖輝著	180元
8.	催眠術入門	多湖輝著	150元
9.	責罵部屬的藝術	多湖輝著	150元
10.	精神力	多湖輝著	150元
11.	厚黑說服術	多湖輝著	150元
12.	集中力	多湖輝著	150元
13.	構想力	多湖輝著	150元
14.	深層心理術	多湖輝著	160元
15.	深層語言術	多湖輝著	160元
16.	深層說服術	多湖輝著	180元
17.	掌握潛在心理	多湖輝著	160元
18.	洞悉心理陷阱	多湖輝著	180元
19.	解讀金錢心理	多湖輝著	180元
20.	拆穿語言圈套	多湖輝著	180元
21.	語言的內心玄機	多湖輝著	180元
22.	積極力	多湖輝著	180元

·超現實心理講座· 電腦編號22

1.	超意識覺醒法	詹蔚芬編譯	130元
2.	護摩秘法與人生	劉名揚編譯	130元
3.	秘法！超級仙術入門	陸明譯	150元
4.	給地球人的訊息	柯素娥編著	150元

5.	密教的神通力	劉名揚編著	130 元
6.	神秘奇妙的世界	平川陽一著	200 元
7.	地球文明的超革命	吳秋嬌譯	200 元
8.	力量石的秘密	吳秋嬌譯	180 元
9.	超能力的靈異世界	馬小莉譯	200 元
10.	逃離地球毀滅的命運	吳秋嬌譯	200 元
11.	宇宙與地球終結之謎	南山宏著	200 元
12.	驚世奇功揭秘	傅起鳳著	200 元
13.	啟發身心潛力心象訓練法	栗田昌裕著	180 元
14.	仙道術遁甲法	高藤聰一郎著	220 元
15.	神通力的秘密	中岡俊哉著	180 元
16.	仙人成仙術	高藤聰一郎著	200 元
17.	仙道符咒氣功法	高藤聰一郎著	220 元
18.	仙道風水術尋龍法	高藤聰一郎著	200 元
19.	仙道奇蹟超幻像	高藤聰一郎著	200 元
20.	仙道鍊金術房中法	高藤聰一郎著	200 元
21.	奇蹟超醫療治癒難病	深野一幸著	220 元
22.	揭開月球的神秘力量	超科學研究會	180 元
23.	西藏密教奧義	高藤聰一郎著	250 元
24.	改變你的夢術入門	高藤聰一郎著	250 元
25.	21 世紀拯救地球超技術	深野一幸著	250 元

・養 生 保 健・電腦編號 23

1.	醫療養生氣功	黃孝寬著	250 元
2.	中國氣功圖譜	余功保著	230 元
3.	少林醫療氣功精粹	井玉蘭著	250 元
4.	龍形實用氣功	吳大才等著	220 元
5.	魚戲增視強身氣功	宮 嬰著	220 元
6.	嚴新氣功	前新培金著	250 元
7.	道家玄牝氣功	張 章著	200 元
8.	仙家秘傳祛病功	李遠國著	160 元
9.	少林十大健身功	秦慶豐著	180 元
10.	中國自控氣功	張明武著	250 元
11.	醫療防癌氣功	黃孝寬著	250 元
12.	醫療強身氣功	黃孝寬著	250 元
13.	醫療點穴氣功	黃孝寬著	250 元
14.	中國八卦如意功	趙維漢著	180 元
15.	正宗馬禮堂養氣功	馬禮堂著	420 元
16.	秘傳道家筋經內丹功	王慶餘著	280 元
17.	三元開慧功	辛桂林著	250 元
18.	防癌治癌新氣功	郭 林著	180 元
19.	禪定與佛家氣功修煉	劉天君著	200 元
20.	顛倒之術	梅自強著	360 元

·精選系列· 電腦編號25

·運動遊戲· 電腦編號26

| 5. | 測力運動 | 王佑宗譯 | 150元 |
| 6. | 游泳入門 | 唐桂萍編著 | 200元 |

·休 閒 娛 樂· 電腦編號 27

1.	海水魚飼養法	田中智浩著	300元
2.	金魚飼養法	曾雪玫譯	250元
3.	熱門海水魚	毛利匡明著	480元
4.	愛犬的教養與訓練	池田好雄著	250元
5.	狗教養與疾病	杉浦哲著	220元
6.	小動物養育技巧	三上昇著	300元
7.	水草選擇、培育、消遣	安齊裕司著	300元
20.	園藝植物管理	船越亮二著	220元
40.	撲克牌遊戲與贏牌秘訣	林振輝編著	180元
41.	撲克牌魔術、算命、遊戲	林振輝編著	180元
42.	撲克占卜入門	王家成編著	180元
50.	兩性幽默	幽默選集編輯組	180元
51.	異色幽默	幽默選集編輯組	180元

·銀髮族智慧學· 電腦編號 28

1.	銀髮六十樂逍遙	多湖輝著	170元
2.	人生六十反年輕	多湖輝著	170元
3.	六十歲的決斷	多湖輝著	170元
4.	銀髮族健身指南	孫瑞台編著	250元
5.	退休後的夫妻健康生活	施聖茹譯	200元

·飲 食 保 健· 電腦編號 29

1.	自己製作健康茶	大海淳著	220元
2.	好吃、具藥效茶料理	德永睦子著	220元
3.	改善慢性病健康藥草茶	吳秋嬌譯	200元
4.	藥酒與健康果菜汁	成玉編著	250元
5.	家庭保健養生湯	馬汴梁編著	220元
6.	降低膽固醇的飲食	早川和志著	200元
7.	女性癌症的飲食	女子營養大學	280元
8.	痛風者的飲食	女子營養大學	280元
9.	貧血者的飲食	女子營養大學	280元
10.	高脂血症者的飲食	女子營養大學	280元
11.	男性癌症的飲食	女子營養大學	280元
12.	過敏者的飲食	女子營養大學	280元
13.	心臟病的飲食	女子營養大學	280元
14.	滋陰壯陽的飲食	王增著	220元

國家圖書館出版品預行編目資料

366 天誕生花與誕生石／約翰‧路易‧松岡著；林碧清譯。
－初版－臺北市，大展，民 88
371 面；21 公分－（生活廣場；2）
譯自：誕生花＆誕生石物語 366
ISBN 957-557-939-9（平裝）

1. 花卉　2.寶石　3.改運法

298.4　　　　　　　　　　　　　　　88009289

TANJO-KA & TANJO-SEKIMONOGATARI 366 by Rui Matsuoka
Copyright © 1997 by Jan Rui Matsuoka
All rights reserved
First published in Japan in 1997 by Nihon Bungei-sha
Chinese translation rights arranged with Nihon Bungei-sha
Through Japan Foreign-Rights Centre/Keio Cultural Enterprise Co., Ltd.

版權仲介：京王文化事業有限公司

366 天誕生花與誕生石

ISBN 957-557-939-9

原 著 者／約翰‧路易‧松岡
編 譯 者／林 碧 清
發 行 人／蔡 森 明
出 版 者／大展出版社有限公司
社　　　址／台北市北投區（石牌）致遠一路 2 段 12 巷 1 號
電　　　話／(02) 28236031‧28236033
傳　　　真／(02) 28272069
郵政劃撥／01669551
登 記 證／局版臺業字第 2171 號
總 經 銷／品冠文化出版社
郵政劃撥／19346241
承 印 者／國順圖書印刷公司
裝　　　訂／嶸興裝訂有限公司
排 版 者／千兵企業有限公司
初版 1 刷／1999 年（民 88 年）9 月

定　　價／280 元

9/co